カントが語り得たもの

——廣松渉の事的世界観に寄せて——

余語　ルリ

信　山　社

君看双眼色　不語似無憂

良寛

目次

カントが語り得たもの

――廣松渉の事的世界観に寄せて――

一　カントが語り得たもの

ウイリアム・ジェイムズは哲学者の傾向を二つに分類し、「軟い心」と「硬い心」と名付けたりするが、彼自身が属す「硬い心」の経験論は、「全体を捉えるよりは部分になじもうとする衝動を持つ」ということを言っている。

「明瞭さや知覚に映じたままの状態に忠実であり、ぼやけた輪郭や漠然とした同一化を嫌うところにその特色がある。この熱情は特殊なものを完全に知りきわめることを好み、特殊なものが多ければ多いほど幸福になれる。どれほどまとまりなく、唐突で、断片的なものであっても（個々別々の事実の細目がまさしく保たれるかぎり）ものごとを単純化するがそれと同時にその具体的内容を解消してしまう抽象的なものの考えかたよりは、それにとって好ましい。明瞭さと単純さとはこのように敵対する要求をひきおこし、思想家にとってまぎれもないディレンマとなる。

ある人の哲学的態度は、その人におけるこれら二つの渇望の均衡のいかんによって決められる。そのどちらかの欲求をひどくふみにじるか、あるいはその一方を他方にまるきり従属させてしまうような哲学体系は、人びとのあいだでひろく受けいれられることを期待できない。一方においてあらゆるものごとを一つの実体に味気なく統合してしまうスピノザの運命、また他方においては、いかなるものごとをもひとしく味気なく「個々ばらばらの状態」にしてしまうヒュームの運命は、――このどちらの哲学者もこんにちその体系を厳密にうけつぐ一人の弟子も持ちあわせず、おのおのが後世にたいする刺激であるとともに戒めとなっているが――唯一の可能な哲学は抽象的単一性と具体的異質性との折り合いでなければならぬことをわれわれに物語っている。」(『信ずる意志』日本教文社、九一～九二頁)

折り合いが必要であるということは勿論理解できるし、ジェイムズ自身が「根本的経験論」でその真の折り合いを追求したわけだろうが、二人の哲学者に対する評については、哲学者は影響を及ぼすものであると共に必然的に孤独な存在でもあるだろうし、しかしヒュームはカントの思索を生み、スピノザはヘーゲルに繋がっているのだから、勿論その関係を弟子と呼ぶことはできないにしても、二人とも大いなる影響を世界に及ぼしたと言うことができると思う。「多様と統一との仲だちをする唯一の途は、多様な諸項目をそれらのうちに見いだされるある共通な本質の事例として組いれることである。」と、先の文章に続けてジェイムズは言っているが、本当にその通りであるだろう。

ジェイムズ自身は、個々の人間の心の傾向が思想を生むということを常に言っており、それはすべての人にとってそうであると共に哲学者においても然り、と言われている。それが根本であるとしても、哲学は当然のことだが、心の傾向が丸出しになっているわけではなく、書かれた言葉の連なりは、それが正しい推論であるという前提に拠っている。その推論の道筋が正しいかどうか、客観的に成立するものかどうかということが勿論大切だが、更にどんな理論も全く無前提に始まるということはできず、必ず何らかの前提を持つ。その前提は心の傾向に拠るだろうから、どんな心の傾向によって、どんな前提が立てられたかということを探ることにも意味があるだろうが、人間を理解しようとするのではなく、少なくとも哲学をどのようにか解釈しようとするのであれば、決して明らさまに立てられてはいない、その論証の前提を見出さなければならない。

ヒュームからの刺激によって――それがどの程度のものであれ――カントが「純粋理性批判」を生み出した時、その理論の全体がそこに依拠したはずの前提は何だったのだろうか。カント自身は、「何ものも無批判に前提としない、或いは真としない」という原則を立てたかも知れないが、それは推論の過程、論証の過程に必要な原則であって、それ自体が哲学を生み出すような、つまり思索そのものの前提となるものではない。経験論が自ずからそこに依拠していた前提こそ、カント自身にとっても思索そのものの前提となったものであるはずだと思う。ジェイムズは、先に引用した「信ずる意志」以外にも、「根本的経験論」等で、繰り返しヒュームに対して「個々ばらばら」という言葉を呈している。ヒュームはその徹底的な懐疑論の末にも、自らの「主観」の実在をその手に残しているので、「個々ばらばら」の評は勿論間違ってなどいないのだが、その「主観」の実在が前提としたもの、つまりそこに依拠したものがあったはずであり、それがカントが依拠したものであると共に、それをこそ彼が分析し、その分析が「純粋理性批判」そのものであったのではないだろうか。

「我々の認識がすべて経験をもって始まるということについては、いささかの疑いも存しない。」という、緒言の冒頭の言葉がそれなのだが、実際にはカントはその経験それ自体を分析しているのだから、この命題は前提ではなく、この命題そのものが依拠する、論証し得ない前提があり、それは単に生成するすべてのものは、あるいはすべての事物事象は、その現象する一個としてのそのもの自身にとっての外界である、その全周囲との根源的で本質的な連続の内にある、というものであるはずだ。それはまだ単に何らかの連続という以外にないものだが、そこに生じる営みこそ生成であり、現象であり、意識にとっては経験であることを、カントは論証している。生命とは、この連続の内に投じられたものである、ということだが、しかしこれは実存哲学などが語るような意味で、認識する一個の主体としての精神が、多くの或るものが存在する雑多な世界に投じられている、というものではない。認識もまた、そこに生じる営みなのであり、——すべての経験がそうであるように——カントはその営みを分析している。それをするのは認識する精神としてのカントの精神だが、そのすべての心の営みがそこに生じる関係そのものの本質を、カントは分析している。それは認識する精神が、何か或る外界との連続の内に投じられてあるというべき状態ではなく、認識とは、あるいは経験とは何か、ということが問われるのであり、その問いと答えの全体が「純粋理性批判」であるはずだ。営みはすべて外部世界との連続の内に生じたものである、というその前提は、答でもあるわけで、つまり営みとは関係であるということだ。カントは自分自身の実在は外部世界の実在と深く結び付いており、その外界の実在を証するものは自己の営みそのものである、ということを語っている。自己の営みとは、意識にとっては認識であり経験であり、つまり自己それ自身であり、その実在は外部世界なしに考えられないということだ。外界の実在を証するものは実在する自己の営みであるということは、その逆もまた、真であるということなのだ。だから、認識する意識が世界に投じられてあるわけではなく、強いて言うなら、投じられてあるものは一個の生命、一個の「先験的主体」でしかない。この「先験的主体」はまだ何ものでもないものであり、営みとして現実化した認識する意識は、外部世界との関係であるということだ。カントは、「外的なものを私の内感と分離しがたく結びつけるところのものは、経験であって仮構ではない」と言い、また、「外感はすでにそれ自体、私のそとにある何か現実的なものと直観との関係である。」と言っている。

ところが「先験的感性論」の冒頭の文章である、「認識がどんな仕方で、またどんな手段によって対象に関係するにもせよ、認識が直接に対象と関係するための方法、また一切の思惟が手段として求めるところの方法は直観である。」という、この表現では、認識が直接に対象と関係する方法と手段が問われるのだから、認識する意識が存在しており、何らかの方法で互いに離れた外界と関わる、その道筋が問われているかのようだ。認識する意識としてのカントの意識がそこに既に存在しているのだから、矛盾を孕むのは仕方がないと言うべき問題ではなく、カント自身の立脚地が曖昧であり、あるいは曖昧というよりは、むしろ認識する意識が既に存在しているという認識の中にこそ、彼は立っている。それにも拘らず、カントの「先験的主体」は、その認識する意識の生成に先立つものであり、それをこそカントは論証したと思う。こんなことは不合理な解釈と思うかも知れないが、そう考えないとカントの思想はその全体が曖昧で不明瞭なものとなり、整合性を持った解釈は全くなし得ない。おそらくその環境や、それ以前にその心にもたらされたすべてのものの制約を超えて、最も誠実な思索と分析によって、カントはそれを捉えたのだ。彼自身の、全く混乱した立脚地にも拘らず。「先験的主体」が認識する意識に先立っているということは、それが意識の本体としての実体であるということでは全くなく、むしろそれは何ものでもないということ、一個の生命であるということ以外に何ものでもなく、カントの言葉で言えば、「思考における先験的主体X」でしかないということだ。しかし私達は皆、認識する意識であり、つまり現実化し具体化した意識であり、そしてその営みは外部世界との関係以外のものではないわけで、だからその認識する意識である私達には、この「先験的主体」はただ互いにとっての「先験的主体X」としか言いようがなく、何かを言うべき根拠を私達は誰も何も持っていないのだ。

「先験的主体」をこのように解釈しない限り、カント哲学は曖昧で不明瞭なものに転落してしまう。そうすると、その曖昧さを是正して、もっと明瞭なものを捉えようとするために、「純粋意識」や「超越論的主体」を立てる、フッサールの現象学が登場してしまうだろう。カントは、私達の認識する意識がそれ以上分析し得ない——分析の材料はすべて経験の中にあるのだから——「先験的主体」から立ち戻って、認識と経験を分析するのであり、それは一つの逆説だが、しかしカントはそれをしたのだと思う。

認識と経験はすべて意識の営みであるわけだが、それは必ず外部世界との関係としてあるということだ。「外的なものを私の内感と分離しがたく結びつけるところのものが経験であり」、また、「外感はすでにそれ自体、私のそとにある何か現実的なものと直観との関係である」のだから。その関係は、必ず自己自身、つまり意識それ自身と、その全周囲との関係であり、決して一個の自立し個立した主体と、他の或る主体との関係ではない。そういう関係を、勿論人間的共存において私達は互いに生きるけれど、その関係より先にあるものとしての、自己と全周囲との関係であり、それは、そこに一個としての自己が生起する関係なのだ。

ジェイムズは「根本的経験論」において、意識はその営みの襞を互いに重ね合わせている、ということを言っている。個々の「主観」という、そのモザイクの一つ一つは、決して何か絶対的なものとしての土台で繋ぎ合わされているのではなく、その心の縁を重ね合わせて、いわばモザイクそれ自体がくっつき合っているというのである。この表現も理解できないものではなく、人は互いに個立した一個の「主観」として、そのような存在としてあるかも知れない。しかしその前に私達は、ジェイムズが『心理学』の「意識の流れ」の章で指摘しているように「自我」と「非自我」という二分割の中にあると思う。

「全宇宙を二分する一大分割がわれわれ一人一人によってなされているのである。そしてその一半に対して各人の興味のほとんどすべてが向けられているが、分割線を引く位置はすべての人によって違っているのである。分割された二つの部分をわれわれは同じ名称で呼び、その名前が「自

我」と「非自我」であると言えば、私の言っていることが何であるか分かるであろう。」（『心理学』上、岩波文庫、二四三頁）

ここでは『心理学』の中の文章である以上、自我意識の分析として語られており、いわば一個の自我がそこに既に存在しているわけだが、カントの先験的主体の分析においては、そこに経験が生起し、一個の自我、一個の意識の現実化した営みが生起する、その営みが論証されるわけで、そこに見出されるものが、自己とその全周囲、つまり外部世界との、本質的で根源的な連続であると思う。経験論が自ずから依拠していた前提であり――それを前提としていると考えない限り、整合性を持ち得ない理論を彼らは語っていると思う――カントもまた、その前提の中に立ったのだ。

勿論単に全周囲である外部世界との連続の内にあるというだけでは、その自己はまだ何ものでもない。「先験的主体」が、まだ何ものでもないように。もっとも「先験的主体」は、おそらく何ものかであるだろう。ただ人がそれを思惟し分析する素材はすべて経験の内にあるのだから、私達はそのものの、真実を手にし得ないとカントは語ったのだ。客観的真理として、それを明らかにし得ない。他者と共有し得る経験を逸脱した私念としてのみ可能であるだけだ。客観的真理と言い得るものは、互いに経験的意識としてある人間的共存における、私達の心の営みの重なり合いの内にのみあるものなのだ。だからこそ、「先験的主体」それ自体は、私達にとってまだ何ものでもない。単に全周囲としての外界との連続の内にあるというだけでは、少なくとも私達の意識は自己自身を意識し得ないだろう。心の営みとは認識であり経験であるわけだが、カントはその認識の成立の、最も本質的なものを分析している。

「もし個々の表象がいずれも他の表象とまったく無縁であり、いわば孤立して他から分離されているとしたら、認識は決して生じないであろう、認識は比較され結合された表象から成る一つの纏まりのある全体だからである。感性は、その直観において多様なものを含んでいる、そこで私がかかる感性に、多様なものを通観する作用を認めるならば、この通観には綜合が対応する、そして〔感性の〕受容性は〔綜合の〕自発性と結合してのみ、認識を可能ならしめ得るのである。かかる綜合は、一切の認識に必然的に存する三通りの綜合の基礎をなしている、即ち直観における心意識の変容としての表象の覚知、構想力による表象の再生、および概念による表象の再認である。この三者は、我々を導いて三個の主観的源泉〔感官、構想力、統覚〕に到らしめる手引きである。そしてこれらの認識源泉が悟性をすら可能ならしめ、またかかる悟性によって、悟性の経験的所産としての一切の経験を可能ならしめるのである。」（『純粋理性批判』下、岩波文庫、一四八頁）

単に世界の内に投じられてあるというだけでは、生命は、少なくとも人間の意識は、まだ何ものでもない。意識は必ず個々の或るものを外界に対象として認識していくだろう。カントは「個々の表象が——」と言っているのだが、私達が単に自己の全周囲としての世界の内に投じられてあるという所から考えるならば、私達はそのまだ何ものでもない全周囲から、必ず個々の或るもの、個々の表象を摑み取っていくと考えられる。乳児が自己の全周囲から、或る音のするものや、或る人物、つまり母親を摑み取っていくように。そうして意識は、覚知し、再生し、再認する。対象が眼前にない時にも、その認識は保持され、再び眼前に現われた時、同一のものとして認識されるのであり、カントの言う意識の綜合は、認識の営みの内に成立していると思う。そしてこの覚知や再生、再認という、意識における認識の営みの内に私達が確認し得るものは、意識における対象の実在の受容であるはずだ。対象の実在が客観的に認識される、ということではない。対象の認識そのものが、――それは結局心の営みそのものが、ということなのだが――その一個の営みである意識そのものにおける、対象の実在の受容そのものだということだ。そのものの実在の受容を伴うことなしに、表象の再生や再認はあり得ないはずだ。勿論、一個の意識にとって対象が実在であるということ、その営みが必然的にその実在の受容であるということであって、客観的真理として実在が認められるということではない。ただ私達は互いに自らの心の営みを考察する時、その真理を客観的なものとして見出し得るだろうと、カントは語ったのではないだろうか。再生の綜合については、次のように言われている。

「二つ以上の表象がしばしば継起し或は同伴して現われると、これらの表象は、遂には互に連合って一つの結合をなすものである。すると今度は対象が現に存在していなくても、心意識は、一定不変の原則に従ってこれらの表象の一つから他の表象へ移っていく、そしてこの場合にかかる表象が従うところの法則は、まったく経験的な法則である。しかしこのような再生の法則は、現象そのものが実際にこの法則に従っているということ、および或る種の法則に従うような同伴或は継起が、現象の表象における多様なものにおいて生起するということを前提している。こういうことがないと我々の経験的構想力は、その能力を発揮できずに、我々自身にも知られないいわば死んだ能力として、心意識の内奥に埋もれたままで終わることになるからである。もし辰砂が、赤かったり黒かったり、或は軽かったり重かったりしたら、また人間があれこれと姿かたちを変じるとしたら、或はまた夏至になって土地が作物に蔽われたり氷雪に蔽われたりしたら、私の経験的構想力は、例えば赤い色の表象によって重い辰砂を思い浮べることすらできないであろう。また一つの語が、それぞれ異なった物に勝手に付せられたり、或は同一物にそれぞれ異なった名称が与えられるとしたら、現象自身がすでに従っているところの或る種の法則が支配しないことになり、そうなると再生という経験的綜合は決して成立し得ないだろう。」(前掲書、一五〇~一五五頁)

カントは私達の認識の営みが現にこのように働いている、ということを言っているわけだが、現象そのものが意識の法則に従うということは、結局現象それ自身が既に従っている法則に従って、私達はそれを意識することができるだけだ、ということでもある。私達は認識を他者と共有するのだから、経験的意識が互いに共有し得る法則に従って、それを現象として認識するのだ。また、再認の綜合については、次のように言われている。

「我々がいま考えているところのものは、一瞬時前に考えたところのものとまったく同一である、という意識がないとしたら、表象の系列における再生はまったく不可能になるだろう。さもないと我々が現に考えているところのものは、現在の状態における一つの新しい表象であって、系列をなしている表象を逐次に産出してきたところの作用にまったく属しないことになり、従ってまたこの新らしい表象の含む多様なものは一つの全体をなさなくなるからである。つまり我々がいま考えているところのものは、一瞬時前に考えたところのものとまったく同一であるという意識だけが与え得るところの統一を欠くわけである。もし我々が数を算える場合に、いま私の心に浮んでいる単位は、私が逐次に付け加えてきたものであるということを忘却するならば、私はこうして一に一を順次に加えていって数量を産出する次第を認識できないし、また数そのものをも認識できないであろう。数の概念は、まったく統合のかかる統一の意識によってのみ成立するものだからである。」(前掲書、一五二〜一五三頁)

カントの論証は、認識が現実に今あるように成立しているのだから、意識の綜合は働いているだろう、というものになっているが、この認識の綜合の成立から必ず導き出せるものは、意識の営みにおける対象の実在の受容であるだろう。対象の実在の受容が意識の営みであるということは、それは外なるものを内なるものとし、内なるものを外なるものとする営みであるということであり、本質的に未分化であると共に分化としての営みであると思う。ところで最初の引用文の最後でカントが言っている、「一つの語が、それぞれ異なった物に勝手に付せられたり、或は同一物にそれぞれ異なった名称が与えられるとしたら、現象自身がすでに従っているところの或る種の法則が支配しないことになり——」ということは、意識の純粋能力としての構想力や概念による対象の実在の保持そのものとは、少々異なる問題を含んでいると思う。意識は或るものを覚知し、——それはそのものの意識自身にとっての実在の受容であるはずだが——更に必ず何らかの概念化によってその認識を保持し、再生、再認する。この概念化は、当然のことだが言語を必ず伴うというわけではなく——いずれは伴うようになるが――乳児が母親を認識する時にも、その認識の純粋能力としての概念による認識の保持、再生が成立しているわけで、つまり意識の営みは必ず何らかの概念化の働きを伴うわけだが、言語はこの同じ概念化の働きの内にはない。概念化において意識が対象の実在を保持する時、それは勿論外なるものとして認識し、保持するわけだが、同時にその実在の受容の営みそのものが意識自身の営みであるのだから、その営みは最も根源的には内と外との未分化において生起していると言える。勿論、未分化であると共に分化であるわけだが、それが意識の純粋能力としての認識の本質的な姿だと思う。しかしここに言語が介入すると、この未分化は消滅するしかない。言語は意識と対象との間に成立するものではなく、私達の人間的共存の内にあるものであり、「同一物に同一の名称が与えられる」ということは、それによって私達が対象の概念や認識を共有するということだが、この人間的共存は互いに或るものを自己自身の存在の外側に共有するということであり、ここで初めて互いに個立した人間と人間の共存が成立する。外部に認識するのでなければ、私達はその認識を共有するなどということはできないのだから。ユダヤ・キリスト教世界では、人間存在の根拠としての神が言語的で個人的な、個立した存在者であるために、恰もその互いに個立した人間と人間の共存の姿こそが、人間存在の本質であるかのように捉えられ、だからこそカントでさえ、既に個立した、その人間的共存における意味での、認識する精神としての意識が、既に存在しているという前提に立っている。しかも彼は、その個立より前にあるはずの、まだ具体的、現実的には何ものでもない、つまり経験的意識より前にあるはずの「先験的主体」や「物自体」の存在を問い、つまりその個立より前にある、個立を成立せしめる意識の営みや、そこに生起する関係性を分析してもいるため、大変に混乱した立脚地に立つものとなっている。つまり立脚地が混乱し、カント自身の意識に曖昧さや暗さが存在するために、カント自身がそれを個立そのものを成立せしめる意識の営みであり、関係性であるものの分析であると明瞭に言っていないのだが、しかしそのように捉えることが可能だし、そのように捉えない限り、その理論に整合性を見出すことができないものになっていると思う。

二　「関係の一次性」について

——カントの認識論の解釈——

「関係の一次性」の理論化が悲願であったはずの廣松渉は、カントの認識論に対しては懐疑的で、ヘーゲルとの対比の中で否定的な引用ばかりしている。「物自体―現象―先験的主観という三項図式」などと呼んで、廣松自身がその「関係の一次性」の理論化のために超えねばならないものとしている「三項図式」の、独自の一つの構造としてしか、それを見ていない。三項図式を斥けて直接的な主観―客観関係を立てた、ということを、ヘーゲル哲学の功績の一つのように言っている。「ヘーゲルは、知的直観の理説と相即するこの二項図式から出発します。その限りでは、彼はそもそも近代合理主義が前提するかの三項図式を初めから免れていたとも申せます。」などと言っている。しかし三項図式がもし駄目だというのなら、二項図式も同じように駄目だとしか思えないはずではないか。「関係の一次性」が成立しているとするなら、その理論化においては、項が何処かで崩壊していなければならない。勿論廣松自身がそのことを理解していなかったわけではないだろうが。

敢えて崩壊させるというのではなく、哲学史上に、その崩壊が出現している。廣松はヘーゲルとの対比の中ではあるが、カントには比較的多くふれている。ところがこの崩壊の哲学者であるヒュームには、不思議なことに殆んどふれていない。誰か別の哲学者との対比の中でその名を語る時にも、殆んど彼自身の血肉的な興味の外のものとしてしか、それを語っていない。

ヒュームの哲学は、私にとってはヨーロッパ哲学史上の珠玉と言うべきものだった。フッサールは客観主義の崩壊と、それを呼んでいるが、客観主義の崩壊こそ、私達にとっては血肉と言うべきものだからだ。哲学として問うなら、客観主義の崩壊は認識主体としての主観の崩壊であり、関係の崩壊でもある。ヒュームはすべてを擬制——フィクションにしてしまったと、フッサールは言っている。

「同一の「自己」は決して所与ではなく、所与のたえず変移する束である。同一性とは、心理学的擬制である。必然的な継起である因果律も、この種の擬制に属する。内在的経験の示すのは、ただ「そのもののちに」ということだけなのであって、それを「そのものによって」、すなわち継起の必然性とすることは、擬制的なすりかえである。こうしてヒュームの著作『人性論』においては、世界一般、すなわち同一の物体の総体である自然も、同一の人格の世界も、さらにはそれらをその客観的真理として認識する客観的学も、擬制に変わってしまう。その当然の結果として、われわれは、理性も認識も、真の価値の認識や倫理的なものを含めたすべての純粋理想の認識も、すべて擬制であるといわねばならなくなる。

こうしてこのことは、実際上は客観的認識の破産なのである。ヒュームは根本においては独我論に到達している。というのは、所与から所与への推論は、どうしても内在的領域を超えることができないからである。もちろんヒュームは、この理論を真理として基礎づけたり、この心の分析を遂行したり、この連想の法則を証明したりしたヒューム自身の理性、その理性はどうなのか、というような問いは提出していないし、その一言も触れていない。連想的結合の法則というものは、一般にどうして「結合」するのであろうか。たとえわれわれがその法則を知っていたとしても、その知識そのものもまた、心という板に書かれた所与ということにならないであろうか。

あらゆる懐疑論、あらゆる非合理論と同じく、ヒュームのそれも自己矛盾におちいる。ヒュームの天才には驚嘆すべきものがあったが、それにふさわしい偉大な哲学的性格がそれに伴っていないことは惜しいことである。そのことは、ヒュームがその叙述全体のうちで、背理的な結果に穏やかな外衣を与え、無害なものに解釈し直そうと努力している点に現われている。もっとも彼は「人性論」第一巻の終章において、首尾一貫した理論哲学者の落ち込む大きな困惑のことを描いてはいるが。ヒュームは背理との闘いをいどんでこの感覚主義、一般的にいって心理主義がもとづいているいわゆる自明性の仮面をはぐことをしないで、アカデミックな懐疑主義の非常に印象深い役割を気楽に受けもつにとどまっている。」(『世界の名著27』中央公論社、四五四〜四五五頁)

この最後の批判は、本当にその通りだとしか言いようのないものだと思う。ただそれでもなお、ヒュームの哲学は私達にとって珠玉の一編であると思う。フッサールは、心理物理的な全自然を遮断し無化してもなお残る或るものとしての、絶対的な純粋意識というものを言う人なのだ。しかしヒュームは、そのようなものを自分は見出すことはできなかったと言っているのであり、その内観を覆すに足る言葉を現象学は語っていない。『人性論』は実際、世界一般を崩壊させ、同一の物体の総体である自然も、同一の人格の世界も、客観的学も崩壊させたかも知れない。だからそれについてヒュームに問う権利を、私達すべてが持っているだろう。私達が現実にそれらの成立を実質として受容して生きているのは何故なのかと、問うことができる。しかし、「純粋意識」や「純粋自我」を、ヒュームに対して語ることはできない。もし語ることができるとするなら、私達が皆誰でもヒュームが見出した以上のものを心の底に見出し得ないとしても、ヒューム自身もルソーと出会ったりしたように、この綾なす現象の総体としての世界が存続しているのは何故なのか、という問いだけなのだ。そしてこの問いを問うた人はカント一人だと思う。カントが自らそう告白し、また自負を持ってそれを語ってもいるように、ヒュームを正当に批判する権利を持つ人はカント一人だと私は思う。ヒュームに対して、「純粋意識」の存立をもって答えることはできないからだ。ただフッサールの客観主義の崩壊という指摘は大変興味深いものだった。どちらかというと認識主体の崩壊、関係の崩壊としてヒュームを受け取り勝ちなので、新鮮で心に残るものだった。次のように語られている。

「デカルトにおいては、内在的感性が世界像を生むことには、何の支障もなかった。しかしバークリにおいては、この感性は物体の世界そのものを生むことになり、ヒュームにおいては、心全体がその「印象」と「観念」とをもって、物理的な力と類似的に考えられた力と連想法則（重力の法則と並行して考えられた）とをもって、世界全体を、しかも単に世界の像といったものではなく世界そのものをさえ生むことになった。しかしこの生産物はもちろん単なる擬制、すなわち内的に整えられた、本来はまったくばく然とした表象にすぎなかった。」

「デカルトは、感性的世界、日常の世界が感性的意識作用の意識対象であるのと同様に、学的世界が学的意識作用の意識対象であるという点にまで深く思いを潜めることなく、彼がおちいっていた循環論にも気づかなかった。すなわち彼は、神の証明において、自我を超越する推論の可能性を前提してはいるが、この可能性はこの証明によってはじめて基礎づけられるはずなので、循環論におちいっているのである。

全世界自体が、さまざまな流れ方をする意識作用の普遍的綜合からなる意識対象でありうるということ、さらに高い段階においては、その上に立てられた学的意識作用の理性能作が、学的世界に対して構成的でありうるということ、こういう思想はデカルトには思いもおよばなかった。しかしこの思想は、バークリとヒュームによって手近なものとなったのではなかったろうか。もっともそういえるのは、この経験論の背理が内在的理性をあらかじめ締め出してしまった、ある種の自称の自明性にあるということを前提してではあるが。われわれの批判的記述という見地から見れば、バークリとヒュームによって、デカルトの根本問題が再びとりあげられ徹底させられることによって、「独断的」客観主義は根底からゆり動かされた。当時の人々を熱中させた数学化する客観主義、すなわち、世界自体がもともと数学的、合理的な即自〔それをわれわれは、さまざまの程度の完全さをもつ理論によって、しかもたえず改善しつつ、いわば模写するのであるが〕であるとする客観

主義だけではなく数千年にわたって支配しつづけていた客観主義一般がゆり動かされたのである。」（前掲書、四五六～四五七頁）

ヒュームの哲学がもし客観主義の崩壊であるとするなら、それは私達の立っていた場所であり、歴史的に私達の血肉の地であると思う。しかしこれは勿論フッサールが語るものとは、全く異なった意味においてなのだが。私達にとって近代が何であったのかの分析はさまざまにされていると思うが、それが客観主義としてもたらされたことは確かなことだろう。福沢諭吉はヨーロッパ近代と当時の日本とを比較して、彼我の相違を人間精神の独立と物理学の成立において捉えている。近代とは客観主義であり、物理学が成立し得る地であり、人間精神が独立し得る地なのだ。そして私達にとってはヒュームの哲学もまた、客観主義であり、人間精神の独立によって生まれ出たものだ。私達は世界を擬制はしないだろうし、心の営みが世界そのものを生み出すなどとは言わない。おそらくそこには客観的世界というものが存在しない。個々の心の営みを離れて、それは存在しなかっただろう。福沢が打ち捨てて乗り越えねばならない憎むべきもののように語っている、主として儒教によってもたらされた封建主義の中で、人の心が自己の生きるべき関係性のみを自己の存在そのもの、意味そのものとして受容しているなら、世界が意識作用の意識対象として捉えられるなどということはないのだ。しかしそれならば何故ヒュームの哲学を、私達にとって珠玉の哲学であるなどと言い得るのだろうか。人がこの心の奥底を何処まで覗いても、何も見出し得ないと言っていることにおいてなのだ。フッサールがそう言っているように、この哲学は一つの独我論でもある。自己というものがただ只ら一個の主観であるばかりで、主観以外の何ものでもないということにおいて、これは独我論だ。しかしそれは「我在り」や「純粋意識」や「純粋自我」を見出し得ないといっているのであり、これこそ私達の立脚地でもある。太陽が昇るべく運命づけられ、季節が巡るべく運命づけられているように、すべての生命あるものはそれの置かれた関係性の中に運命づけられて、奥底に何も所有していない。それが私達の哲学だったと思う。儒学者は、「貧福ともに天命なれば、この身このままにて足る」ことの教えなどと言っている。このような思想の中では、人は或る独自の具体的な関係性の中に運命づけられて、それが存在自体を形成してしまうだろう。その営みの底に絶対的な純粋意識などを見出し得るものは何もなかったはずだ。

　廣松は三項図式を斥けて、直接的な主観—客観関係を立てるヘーゲル哲学の二項図式というものの意味を語っている。しかし私達にとっては、項が崩壊している。認識主体も客観主義も崩壊しているのだ。私達にとっては崩壊ではなく、喪失と言うべきかもしれないが。しかしこれはヒュームの哲学の地点なのだ。

　ここに残されているものは、只ら主観であるばかりの一個の自己だ。この自己を、ヒュームは崩壊させていない。絶えず変移し、流動する知覚の束に過ぎないものとしてであれ、人はその一個の「主観」として存在し、生成を繰り返している。ヒュームはそこまでしか語っていないが、その印象と観念の充溢である心の営みに対して、私達が確実に持ち得る認識は、その営みがとにかくどのようにか自己の周囲の、自己同様に絶えず変化しつつある一切のものの営みとの、どのようにかの連続の内にある、必ず何らかの関わり合いの内にある、ということだけではないだろうか。印象と観念を、私達は自己一人の心の底から作出することはできないのだ。「激しく心に流れ込んでくる印象」と、ヒュームも言っている。もっとも私達自身は歴史的に、この自己の全周囲の一切とのどのようにかの連続と関わり合いを捉えるのに、印象が心に流れ込んでくる、などという捉え方はしないのだが。私達にとっては「心」の独立が、この連続の前に保持されていないからだ。だから私達にとってはヒュームの哲学も、基本的に人間精神の自己所有性を持った独立と客観主義の地に立つものであるわけだが。私達は連続を問うのに、その前に「心」の独立ということを決して言わない。「心」の営みが連続と関わり合いとの中から生起する、と言うだろう。だからこそ、その自己の全周囲との関わり合いというものが、それ自体は人間の生み出した封建思想における関わり合いであったとしても、恰も自然界の法則同様の、生命の本質に備わったものであるかのように生きられて、この封建主義は内側からは容易に崩壊し得ない。只ら主観であることだけが、その一人の自己の所有として、そこに残されているのだが――ヒュームがそれを語ったように――その自己の営みは与えられた全周囲との関係性を生きること以外の何ものでもない、と語られているのだ。このような哲学に支えられているからこそ、その哲学の世界では封建思想が崩壊しない。大いなる連続の内にあるもの、というこの哲学の根源を誰も破壊し得ないからだ。

勿論ヒュームは、そこで言い放しにしたと言うことができる。カントがそう言ったように、人を懐疑の海に捨て置いただけであるだろうし、フッサールが言うように、気楽な懐疑主義であるかも知れない。人間の社会が成立し、人間精神の歴史が成立し、客観的学問が成立していることを、それは理論化し得ていない。ただ、そんなものは無しにも、この哲学は一編の珠玉であると私は思うが。人がそこに一度は立たねばならない地なのだから。

フッサールはそこで、純粋意識というようなものを立てるわけだが、おそらくそれなしに客観的学問の成立を問うわけにいかないと思われたかもしれないが、――勿論そんな理由よりも、現実にフッサールの心には純粋意識の存在が感じられたのだろうが――事実は逆であり、このヒュームが心の底に見出しえなかったと言っているものを定立することで、哲学が客観的学問として存在し得ることから遠ざかってしまっていると思う。フッサールの目が見るものは、フッサール一人の主観の内のものとして以外に、私達はその現象学を受け取り得ない。実際、ノエシス・ノエマの構成についてなど、あまりに微妙なことが語られており、誰も確実にその理解をフッサールと共有することができそうになく感じられる。フッサールの純粋意識についてそう言うのなら、カントだって先験的主体ということを言っているではないかと言われるかも知れないが――廣松はカントの先験的主体と物自体が持つ三項図式よりは、フッサールの現象学の方に同情的なのだが――また、実際カント自身の視点と立脚地が少々混乱した曖昧なものであるため、私達の理解を苦しめるものでもあるのだが――しかし私は廣松にとって悲願であった関係の一次性の理論化に、また三項図式の崩壊に少しでも近づき得るものとして、ヨーロッパ哲学史上にカントの認識論以上のものはないと思う。

二　「関係の一次性」について

廣松はカントの認識論については、比較的多くふれている。結論として言うなら、廣松の視点は、カントが先験的主体と不可知な物自体を定立したことで主客を分離したこと、また演繹論においては、純粋悟性概念の存立が語られるにしても、それが決して主体と客体との関係の成立の論証にはなっていない、ということだ。先験的主体は、カントはそれを思考における先験的主体Xとしてしか言いようのないものと言っているのだから、そこでのカントの視点はヒュームと等しい。先験的主体は決して、意識の底に実体として見出し得るものなどではなく、意識自身が意識の内に見出し得るものは、思考の流れだけであり、自己は単に流動する知覚の束に過ぎない。カント自身が明瞭にヒュームの地点に立っているわけではないために、大変混乱するのだが、そうなっていると思う。演繹論は勿論、カントの言葉で、「純粋悟性概念の演繹論」であるわけだが、純粋悟性概念の存立と共に、ここで初めて、先験的主体と言うべきものの、私達の意識の内での存立も、論証されていると思う。そのために、論理が循環している感じの強いものになっている。認識は現実に私達の心の中に成立しているのだから、先験的主体は存立しているだろうし、純粋悟性概念も存立しているだろう、と言われているかのようだ。しかしこれはヒュームの地点からの、最も誠実な論証ではないだろうか。

意識は只ら一個の主観であり、主観であることより他に何も持っていない。ただそこに唯一、意識が意識自身の内に見出し得るものは、この営みと流動が自己の全周囲の一切の営みや変化との何らかの連続の内のものであるということだけであり、私達にとってはそれが私達の歴史的な哲学だったものだ。この連続だけでは、まだ何ものでもない。もしもそこで意識が「判断停止」をするとするならば。まだ何ものでもない全周囲があるばかりだ。しかしカントが言うように心は認識をし、それが働き出す時には、それはいつでも印象と観念の充溢としてある。流動する知覚の束なのだ。しかし束であるということは、つまり意識が成立しているということは、そこで意識はその営みの中で「私」であるわけで、この「私」という意識の成立には、先験的主体の実在の要請が現に成立していると、カントは語ったのではないだろうか。勿論、実際にはカントはそう語ったのではなく、心の底にもしかしたら実体たる先験的主体が存在すると考えていたかも知れない。論証はし得ないが、しかしそれは存在するのだと、おそらく考えたのだろう。しかし少なくともその実在を意識は決して確実に捉え得ないというヒュームの地点を守ったことも事実であり、むしろカントの論証はそこに立つものだと思う。カント自身の心はその実在を疑わなかったとしても。またその実体としての実在を云々する必要などなしに、その理論は私達の心の営み自体における、その先験的主体の存立を論証するものになっていると思う。

私達が根源的な連続の内にあるとしても、全周囲はまだ何ものでもないのだ。しかし私達は、決して全周囲と共になどなく、全周囲を認識したりしない。必ず何か或るものと関わっているのであり、本当に意識は常に或るものの意識なのだ。それでなければ印象が激しく心に流入する、などということもあり得ないだろう。それが流入するのであれ、心がそれを捉えるのであれ、必ず或るものとして意識がそれを意識するということは、決して単なる全周囲との連続などというものを意識は生きることができないのであり、私達は或るものしか認識できない。そこにはカントがカテゴリー表に分類しているように、分量であるとか様態などを認識する、純粋悟性概念の成立があるだろう、とカントは語ったのではないだろうか。そうでなければ、或るものを認識することなどできないのだ。意識が常に或るものについての意識である、という現実を理論化できない。また、カントが言うように、私達の思考においては、

「私が考えのなかで一本の線を引き、或は或る日の正午から次の日の正午までの時間を考え、或はまた或る数を表象してみるとする。そうすると我々はまず考えのなかでこれらの多様な表象を一つずつ順次に考えていかねばならない。この場合にもし私が、先行する表象を（線の最初の部分、先行した時間の部分、或は逐次に表象された単位）その都度忘却してはこれに続く表象に進み、そのために前の表象を再生できないとしたら、全体の表象も対象に関する思考も、それどころか空間および時間という最も純粋な根本的表象すら生じ得ないだろう。」（『純粋理性批判』下、岩波文庫、一五一〜一五二頁）

だから意識の綜合は成立しているのだというカントの論証なのだが、これを遡及的であるというような批判は、カントの立脚地を否定するのでなければ意味のないものだ。不明瞭であるとはいえ、カントはヒュームの地点に立っているのであり、そこからは遡及的である以外にない。カントが言うように、「直観における心意識の変容としての表象の覚知、構想力による表象の再生、および概念による表象の再認」という、この綜合が意識に成立していることを私達が認めるならば——それを認める以外にない仕方で意識の営みは現にあるはずだと、カントは言っているわけだが——それは意識の営みにおける先験的主体の存立の証明であると共に、純粋悟性概念の存立の証明なのだと、カントは言

っているのだ。それによって、意識の営みの自発性、内発性、自立性が証明されもする。「意識は自然の立法者」なのだから。ただ、この「意識は自然の立法者である」ということは、カントの場合、物自体の実在と結び付いている。決して意識の自由にはなり得ないものの実在を、カントは認めているのだ。

この決して意識の自由になり得ない、そこから独立したものとしての外的な或るものの実在、という意味での物自体の実在は、人間の理性、あるいは知性に関わる問題だ。この理性における物自体と、更に認識する意識の営みにおける物自体の実在の必然的な要請という、二つの意味をこの概念は持つと思う。カントの捉え方は重複して多義的なのだが、どちらかというと理性における物自体という印象が強いかも知れない。しかし認識作用の物自体という解釈をとらないと、理解し得ない理論の構造をカントの理論の全体が持っていると思うし、また純粋悟性概念の演繹には、必然的にその解釈が伴うと思う。廣松はこの物自体については全く否定的な解釈以外しておらず、どちらかというと親近感を感じていたらしいマッハの哲学を語りながら、マッハがカントから離反したのは、この物自体の思想においてだったということを言っている。

「元来、カントの「物自体」は多義的な解釈に途を残しているが、マッハが理解した物自体は、のちにアディッケスなどが解釈した物自体に近い。例えば、目の前にあるリンゴから、色、ツヤ、香、味、等々、可感的な諸性質をすべて剝奪していき、さらには思惟可能なあらゆる性質を剝奪していった際、あとに何ものかが残るかどうか？　この問いに対して、(a)何ものかが残る、(b)残るかどうか何とも云えない、(c)何も残らない、という三通りの回答が可能だろう。(a)にいう「残る或るもの」こそが、マッハの理解する物自体である。マッハはかかる「物自体」を棄て、併せて先験的構成主義を棄てることによって、現象主義の立場を採るに至ったのである。

しかるに、マッハの理解するところでは、ヒュームも(c)を採っているのであって、この限り、両者の立場は「本質的には異ならない」とされるのである。成程、第三者的に見るとき、ヒュームが(b)(c)いずれをもって答えているかについては解釈が岐れうるであろう。また、「単純知覚」と「要素」とは同じものを指しているにしても、果して把握のしかたにおいても合致するであろうか？このような疑問も残されるであろう。しかし、ともあれ、マッハの方がラディカルだという点を措けば、要素一元論がヒュームの知覚一元論と事態的にはほぼ相覆うということは認めることができよう。」（『廣松渉著作集3』岩波書店、五〇五〜五〇六頁）

このように言っている。勿論ヒュームは問われれば最終的には(c)をもって答えるだろう。厳密に公正な理論としては(b)を採るべきだろうが、ヒュームは自分自身の心の内に実体的な何ものも見出し得なかったのだから、それを外界に見出すことは更にできない。(c)をもって答える以外にないということだが、しかし要素一元論と知覚一元論とは全く異なっていると思う。マッハは色、ツヤ、香、味、形、等の可感的な諸性質を実在すると言っているのだが、ヒュームもそれを実在しないとは言わないわけだが、しかしそれはあくまでも主観の内に実在するのであり、意識が確実に実在と言い得るものは自分自身の主観のみなのだというのが、ヒュームの思想なのだ。そしてカントは彼自身が不明瞭であったにも拘らず、そこから思索していると思う。アディッケスが認めるのは、勿論理性における物自体の実在であり、この実在をカントは認めていたのだということを、「カントと物自体」で彼が語る様子は、まるで悲憤慷慨の中から必死で語っているかのようで、全編が『歎異抄』のようであり、これ程までに「物自体」という概念が邪険にされていたのかと私達は驚くばかりだ。

自己が一個の主観としてある、ということ以外に意識の所有は何もないという所から私達が思索するなら、そしてカントがそうしたように意識の営みを分析した時、私達がまだ何ものでもない単なる全周囲との連続の中から、必ず或るものを意識するとするなら、——それ以外の意識の仕方を私達は持ち得ないのだから——そこには或るものを或るものとして意識する純粋悟性概念としてのカテゴリーが成立しているはずだし、また私達は時間の経過の中で、つまり意識の流動の中で、或るものを或るものとして保持し、再生もするということは、おそらくそこで自分自身の意識の営みに対する或るものの実在を実在として受容しているということであり、その実在性の保持は或るものの概念化である物自体の要請なしにあり得ない、とカントは考えただろうと思われる。それは意識の内の、認識の営みにおける物自体という概念の実在なのだが、人間の理性は更にそこから、自分自身の認識の営みにおけるものを追認する形で、自己にとっての外なるものとしての或るものの実在を実在として認識するはずだ。それが理性における物自体の実在であると思う。おそらく厳密に公正な理論としては、先程の廣松の問いの答えとしては、(b)が正しい。しかし私達の理性は外なる或るものとしての物自体の実在を、互いに認識し、その認識を共有しているはずだ。

この認識の営みの中の物自体の実在は、演繹論の構造の中に見出されるものだが、ここで初めて先験的主体の意識における実在も論証されていると思う。カント自身が明瞭な自覚をもってそれを論証していると言えないかも知れないが。特に第二版では、「私は考える――」が常に意識に伴う、と言われていて、初めから前提されているようでもあるが、意識の営みが現実にそうなっていると言われているわけで、それより前にはカントは先験的主体を単に思考における先験的主体Xとしか考えようのないもの、と言っているのだから、演繹論において初めて、先験的主体と純粋悟性概念と物自体との、意識の営みにおける実在が論証されると考えることの方が正しいと思う。

「実際、(純粋統覚)の常住不変な「私」は、この「私」が我々の一切の表象を意識し得る限りにおいてのみ、これら一切の表象の相関者なのである。」(前掲書、一六九頁)

と言われている。「我々がいま考えているところのものは、一瞬時前に考えたところのものとまったく同一である、という意識がないとしたら、表象の系列における再生はまったく不可能になるだろう。」(一五二頁)などとも言われているが、そのように或るものを或るものとしてその同一性を保持し、再生もする、その意識の営みの中でのみ、私達は自分自身の意識の営みにおける常住不変な「私」を意識し続けることができるわけで、この「私」という意識は、外界の或るものの意識なしにあり得ないと、カントは言っているのだ。この演繹論において、先験的主体と純粋悟性概念と物自体との、意識の営みにおける実在が論証されていると私は思うが、これらはすべて主観の内に見出されるのであり、決して主観が外へ歩み出て、外なる物自体と出会う、などと言い得るものではない。そうでなければ、主観のみが実在すると語ったヒュームの哲学からの、真の転回と呼べるものであり得ないのだ。

先にもふれたように、廣松はカントよりマッハに対して親しく、明らかにその哲学を一つの哲学的進歩と考えている。フッサールには更に同情的だったように思うが――基本的に物象化的錯視に立つものとして斥けてはいるが――しかし私は現象学はカントからの退行だと思う。フッサールが望んだ客観的学の定立への道も、むしろ閉ざされるものだと思う。ヒュームが既に崩壊させてしまっている絶対的な純粋意識などというものを立てて――心の底にそのようなものを見出すことができなかったと語ったことが、ヒュームの哲学の本質なのだ――その意識の営みの構造をどれほど探ろうとしても、その探る営みや見出される理論が、フッサール自身の主観の内のものであるという、この構造を少なくともヒュームに対して払拭できない。ヒュームから客観的な思想を見出すとするなら、誰にとっても一個の主観としての意識の流れがあるばかりであり、それだけが意識における確実な実在だということなのだ。この主観の主観としての営みの内に、先験的主体と、純粋悟性概念と、物自身の実在を見出す、カントの理論の方が根源的であり、またカント自身の自負の通り、ヒュームに対する正当な答となるものだと思う。現象学は、その言う、「それ自身を示す当のものをその現われるがままに看取する」という、この立脚地の言葉からして既におかしい。一つの意識の流れとしての主観であることと以外に、人には何もない、というヒュームの立脚地は、――これをヒュームの立脚地と考えるとするならば、だが――その本質において、仏教と等しいものだ。禅における「非論理の理」など、この立脚地に立っている。勿論それだけでは、そこには人に語るべき客観的な真理の言葉もないわけで、そこからは引き返す以外にないのだが、そのそこからは引き返す以外にない究極の地において、その主観にとっては「それ自身を示す当のもの」などというものが眼前に存在しないのであり、もし只ら意識の流れである主観としての自己の営みをそこで「停止」するとするなら、まだ何ものでもない全周囲があるだけであり、「それ自身を示す当のもの」などは何処にも存在しない。そんなことが言えるのは、自己の内部に絶対的な純粋意識を定立するからなのだが、それではヒュームに対する答になっていない。たとえヒュームが気楽な懐疑主義者に過ぎない人だとしても。強いて言うなら、自己の意識の営みを「現われるがままに看取する」ということができるだけなのだが、私はそれをした人はカントだと思う。カント自身の自覚的な立脚地が少々曖昧で不明瞭であり、暗闇をまさぐる言葉も多いのだが、私達はそれを読み取ることができるはずだと思う。

私達の意識は、対象が現に存在していなくても、一定の法則に従って、その或るものの存在の法則を保持し、再生もするわけだが、それは、意識の営みが対象の実在の受容そのものとしてあるということと共に、現象自身が既に従っている法則に従って、それを認識する以外のことを私達の意識はなし得ないということだ。だから或るものの認識は、必ず或るものとしての客体Xに結び付いており、結び付いていることが意識自身の生成なのだ。意識の営みは、それ以外の何ものでもないのだから。カントが言うように、一切の表象を意識し得る限りにおいて、純粋統覚における常住不変な「私」が、その表象の相関者として意識自身に意識されるし、またそれが意識の生成そのものであるということだ。だから認識の営みにおいて、対象は必ず意識にとって内なるものであると共に外なるものであるということだ。外なるものとして、意識はそれを意識するのだから。そしてそれが、内なるものでもあるということにおいて、関係の一次性は成立しているのであり、この関係を意識の外に求めるということはできない。客体Xへ向かって、意識は歩み出て行くわけではないのだ。だから認識は必ず客体Xと結び付いているといっても、それはまだ一個の意識の内で、主観の内で結び付いているに過ぎない。

ところで前述の引用文で（一三―一四頁）、カントが最後にいっている、一つの語が一つの物に結び付いていなかったり、同一物にさまざまな名が付せられてしまったら、認識に支障をきたすと言っている問題は、最も本質的な意識における認識の純粋能力と言うべきものとは、異なる問題だと思う。意識が必ず或るものを意識し、或るものへと向かう営みであり、またそこで対象の自己にとっての実在を受容し、その認識を保持するといったことは、意識の純粋な認識能力に属すことで、その能力を最も基本的には私達は他の思惟的存在者と共有しているだろう。カントは空間と時間に関する純粋直観の形式を、人間の感性だけに限定する必要はない、と言っている。「人間以外の一切の有限な思惟的存在者も、この点で人間と必然的に一致しなければならない（我々はこのことを決定するわけにいかないが）かも知れない。」と言っている。純粋悟性概念としてのカテゴリーにも、私達はそれを認める必要があるだろう。勿論決定するわけにはいかないわけだが、ただ私達の認識が言語と結び付いて一般化、普遍化し、言語を介しての概念的思考それ自体も一般化、普遍化するということは、この言語を介した概念的思考を共有する、人間の精神的共存の営みの中のもので、意識作用の純粋な認識能力に属すものではない。特に私達はこれを分離しないと、関係の一次性を理解できなくなってしまう。関係の一次性は、意識の純粋な認識能力に見出されるもので、私達はそれを他の思惟的存在者とも共有している。ただ、私達自身はこのような思想をカントから教わる必要は全くなく、仏教が、特に禅が、繰り返し語っているものだ。意識にとって対象Xが必ず内なるものであると共に外なるものとして、その間に分離がないということを、禅は嫌というほど語っている。ただ、それは意識の純粋能力の中のもので、言語を伴う概念的思考においては、そうではない。そのことも禅が語っている。つまり概念的思考におけるものの方を、純粋能力から分離しなければならない。カントもそれを混同しているのだが、少なくとも全く曖昧で不明瞭であるのだが、しかしカントは純粋直観の形式を、人間は他の思惟的存在者と共有しているかも知れないと言うなど、それをカントの不明瞭と混乱であるものとして私達が理解し得る仕方で、その混乱の内にあると思う。ところがその分離しなければならないものを、もっと明瞭な仕方で結び付けてしまっているのは、カントの思索の曖昧と不明瞭、暗さについて語っているハイデッガーなのだ。次のように言われている。

「認識は第一次的には直観であり、換言すれば、存在者そのものを直接に表象する表象作用である。しかるに有限な直観が認識であるべきだとすれば、この直観は存在者そのものを誰に対しても、またいつでも顕わなものとして、それが何であり、またいかにあるかに関して近づきうるものとしうるのでなければならない。直観する有限存在者〔人間〕は、存在者〔事物〕のその都度の直観を共に分け合うことができなければならない。ところが有限な直観は直観として差し当たり常に、その時々に直観される個別的なものに拘束されている。直観されたものが認識された存在者であるのは、誰もがそれを自分および他人に理解しうるものとし、またこのことによってそれを共に分け合うことができる場合に限られる。そこで、例えばこの直観された個物、ここにあるチョークは、われわれが共々にこの存在者そのものをわれわれにとって同一のものとして認識しうるためには、チョーク乃至は物体として限定されなければならない。有限な直観が認識であるためには、それはいつも直観されるものをこのようにしかじかのものとして限定することを必要とする。」(『カントと形而上学の問題』理想社、四一頁)

しかし意識の純粋能力としての認識においては、勿論その認識は、「その時々に直観される個別的なものに拘束されている」わけだが、しかしその営みにおいてこそ、一個の主観は一個の主観として、自らも個別的なものとして、最も本質的な生成としてあるのであり、意識における純粋な認識能力や関係の一次性というものは、そこにしか見出されない。そこでだけ、意識にとって客体Xが、内なるものであると共に外なるものとしてあり、関係の一次性が成立している。勿論それは一個の主観の内においてだけなのだが。私達がチョークをチョークとして、あるいは或るものを一般的に規定された或る物体として、共に認識することができるのは、言語を伴う概念的思考を共有する人間的共存の中だけであり、それは純粋な認識能力と言うべきものではなく、関係の一次性もそこにはない。大体、その認識を共に分け合うことができるようなものは、全く外にあるものであり、もう意識にとって内なるものではあり得ないのだ。勿論厳密に言うなら、意識の純粋能力と言うべきものは意識の営みに何処までも基本的には伴うと言うべきだろうが、しかし理論的にこれを分離しない限り、その純粋能力そのものを私達は認識することができない。これを分離するために、禅者は言葉と、弟子達とを足蹴にし、論理的思考をあざ笑うような態度さえ見せている。私達はその歴史の中に生きてきているのだ。

或るものの認識とその実在の受容とが、人間としての私達の共有となり、共に分け合うことのできるものとなる時、それは私達すべてにとって外なるものとして共有されるわけだが、その時私達は互いに一個の主体としての自己自身というものをも、互いにとって外なるものとして、その実在を共有する。幼児が母親を初めて認識する時、その意識の営みの内で、母親は幼児にとって、内なるものであると共に外なるものとして、その主観の生成の内側にあると思う。言語と、概念的思考の共有によって、私達はそこから離れるが、しかしその人間的共存において、私達はすべての外なるものの、意識にとっての実在の受容とその認識とを共有し、それによって客観的学というべきものも成立させているだろう。そのようにヒュームに対して語る権利を、私達のすべてが持つはずだと、カントは考えたのではないだろうか。実際、そうでなかったら、人間精神の歴史も、人間の社会も、私達の文化も、成立しなかったはずだと思えるだろう。ヒュームもまた、そこに生きていたはずの。ただ、そう考えることができるのは、最も本質的なものを私達はヒュームと同様に、必ず自己一人の内で、主観の内でのみ、問い、また認識もしなければならないということだ。そして哲学は基本的にこの主観の内にあると思うので、そう考えると決して哲学自体が厳密な学であるということは、不可能なものになるかも知れない。しかし哲学がもしそこで客観的学の成立を蓋然的なものとしてであれ支えることができるとするなら、それこそ哲学の本懐と言うべきものではないだろうか。

私達にとってはもともと哲学は厳密な学などでは全くなく、禅者の言葉など時に放埓なものと感じられるものだと思う。しかし不思議なことに、おそらく廣松もそのことを感じ取っていたのだと思うが、私達はそのように時に放埓な印象のものとしての禅者の言葉や、そこで語られた仏教的な思想をもってせずには、元来ヨーロッパ哲学が語ってきたはずの客観的学としての科学の成立や民主思想というものを真に理解することができないと思う。私達はその真の理論化を、ヨーロッパ思想の中だけでは、見出すことができないのだ。

客観的学としての科学が成立するといっても、真理は蓋然的であり、真実は九十九％の確率以上のものではないということだ。しかしそれを――つまりそのようなものとして、真理は人間的共存の内にあり得るかも知れないということを――私達は皆、自己一人の主観の内に見出すことができるのだ。私達は人が皆平等であり、尊厳を持っているということを学んでいるが、何処に本来備った平等が見出されるのだろうか。すべての主観の営みが、私達が互いに共有する外界の対象と、――カントの言う客体Xと――その営みそのものにおいて関係しているということにおいて、それは平等なのだ。それが主体の営みそのものであり、私達が皆それ以外の状態ではあり得ない、意識の純粋能力なのだから。判断がどんなにさまざまであるとしても、それが自分にとっての対象なのだという権利を、すべての人が持っている。そしてそこに見出されるものは「関係の一次性」なのだが、またその「関係の一次性」と共に見出されるものにおいて、私達はすべての生成するものの尊厳と平等をも見出すことができると思うのだが、しかしその尊厳と平等を現実に生きることは、「関係の一次性」の中に止まることでは勿論なく、カントがヒュームの主観の哲学から一歩外へと歩み出たように、私達は必ず一元性の中から二元性へと歩み出ていくことによって、それを生きるはずであり、決してその逆ではあり得ない。カントの二元論を否定して「関係の一次性」へと歩むことはできないと思う。勿論、最も本質的なものを私達は存在の一元性の中に、「関係の一次性」の中に認識するのであり、またそれが意識の純粋能力と言うべきものであるとするなら――カントはそう語ったはずだと私は思うのだが――その営みは私達の生成の営みそのものに常に伴うだろうが、しかし意識はそこで、必ず先験的主体としての「私」と、「私」にとって内なるものであると共に外なるものである対象を、必ず外なる或るものとして概念化することで、その実在を受容し、認識を保持するのであり、私達が他なるものの実在を認識し、その認識を共有するのは、そこにおいてなのだから、この二元論の先に、より善い一元論があり得ると考えることはできない。意識は概念化することで、実在を受容するという、この概念化は、必ずしも言語を伴うものではなく――人間の意識においては言語がそこから分離していないかも知れないが――基本的にカントが純粋悟性概念として語った、言わばカテゴリーに属するものであり、おそらくだからこそ、そこでの二元性は、意識の営みの最も本質的で根源的なものであり、この二元性を揚棄することはできない。それは人間の尊厳の否定なのだ。

B・ラッセルは、「人に目が二つあることが、どうしてあなたに解るのか、と問えば、普通の人は皆、それは見れば解ると答えるだろう、しかし哲学はそれを何故なのかと問う」、ということを言っている。経験論の哲学者達はそのような問い方をしているから、イギリス哲学の伝統なのだろうか。ラッセルは『西洋哲学史』でカントに対して、驚くほど無意味な論評しかしていない。もっと無意味な哲学者としか思えない（私にとって）、ベルクソンに対して、大変力のこもった論駁ぶりで（この論駁はすべて正当と思えるものだが）、この対比に驚かされる。ドイツ観念論の全体に懐疑的だったからかも知れないが、カントを殆んど理解していないとしか思えないものだった。「目が二つあることが何故解るのか」と問うことが哲学なのではあり得ない地点に、カントは立っていると思う。実際にはカントは、その問いの地点にも立っており、その立脚地は曖昧で不明瞭なのだが、しかしヒュームの哲学の帰結は、何であれ人の心の営みの内の、判断も解釈も、感覚がもたらすものも、知性の営みも、基本的にその主観の内のものであり、意識は決して外へ歩み出ては行かないだろうし、客観的真理と人が見なしているものも、惰性で人がそのように見なしているだけかも知れない、というものであるなら、そこで客観的に確実と思えるものによって、この哲学に対して答えることができない。だからこそ絶対的な「純粋意識」などを定立することは、ヒュームに対する答になり得ないのだ。

「目が二つあることが何故解るのか」という問いに、どのように答えたとしても、その答える者の主観の内の判断かも知れない、という懐疑にも答えることができない。そこから答えたものが、カントのコペルニクス的転回であると思うのだが、勿論そのカントの答も、ヒュームに対する答になっていないと、やはりラッセルは考えるかも知れないが、しかしその思想はラッセルの論評以上の意味を持っていると私は思う。

認識主体としての人間の主観が根拠を失い、人間的共存における客観性も見失われたといっても、そこでヒュームは意識する主観としての自己を崩壊させてはいない。だからこそフッサールには、「気楽な懐疑主義」などと評されたりするのだが、この意識は只ら一個の主観であって、目覚めている時だけ持続する、印象と観念の充溢であるばかりのものなのだが、もしそうであるなら、その意識は只ら一個の意識であること以外に何ものも与えられていないとしても、その一個の意識である自己以外の外界の営みと、どのようにかの連続の内にある、ということだけは言えるだろう。私達にとっては、このように理解することは簡単なことだと思う。それは私達自身の哲学なのだから。現象界のすべての営みと、大いなる連関の内にある、という認識を、私達は歴史的に持っている。木が土や水や太陽に結び付けられているように、人は封建社会の営みの中に置かれて、その連関を生きることを運命づけられているが、それを支えるものは大いなる連続の思想なのだ。ヒュームは勿論その連続をも断ち切っているのだが、そこから主体を回復するカントの理論は、私達にとっても驚かずにはいられないものだと思う。しかしこの哲学がヒュームに対する答であるということを、私達も理解することができると思う。

ドイツ観念論の完成者であるヘーゲルは、「主体—実体」論として形成される汎神論を定立した上で、言わばその絶対精神の内側で、自己と他者との流動を語り、その根拠を他のものの内に持たないものはない、などと言っている。しかしもし厳密にヒュームがもたらした崩壊を見据えるなら、そこでは汎神論も崩壊しているのだから、この哲学の前提はヒュームに対する答になり得るものではない。意識する主観としての、その営みのみが、その主観に対して確実に残されるものである、というのが、その思想なのだ。

意識は印象と観念の充溢に過ぎず、目覚めている時だけ、その意識の持続が意識される存在でしかない。それは当然意識にとっての外界との何らかの連関の内にあるだろうといっても、意識が印象と観念の充溢であるように、外界は意識にとって、多くの「或るもの」の充溢であり、そこで「人に目が二つあることが何故私に解るのだろう」と問うても、納得し得る答が得られると思うことはできないだろう。しかし私達が「或るもの」を外界に意識していることは確かであり、私達はそれらの「何か或るもの」以外のものを意識することはできない。乳児だって、或る動くものを意識し、鳴る音を意識し、乳をくれる母親を意識するだろう。或るものを認識する以外のことを、私達の意識はなし得ないということは、端的に「純粋意識」や「純粋存在」などと言い得るものを、私達は認識し得ないということだ。私達はこの現象界において、何ものでもないようなものを認識することはできないのだから、私達の意識がその何か或るものを認識する時、必ずその或るものの分量や性質、様態等を認識する、純粋悟性概念としてのカテゴリーが成立しているだろう、というカントの演繹論の構造と、だからその或るものXと意識の営みとは、離れてはいるが決して全然関係し合っていないわけではないとする、カントの認識の理論は、私達にとっても驚くべきものと感じられるものであるのだが、しかし意識がまだ単なる連続以外には何ものも与えられていないというところから思考するなら、ヒュームに対する正当な答と言うべきものであると思う。目が二つあるのが解るのは、「純粋悟性概念」の成立の故なのだと言うのでは、ラッセルはこれを容認しないかも知れないが。しかし私達の意識は「或るもの」の概念を意識の内に保持し、一個の営みとしての自己を「私」として保持するように、その実在を、実在として自己の意識の内に受容する。この実在の受容こそ、意識の営みであり、またそのような一個の意識としてあることのみが私達が現実にそれであるような、私達の存在であるとするなら、その実在の受容は、私達にとって存在の意味と言うべきものではないだろうか。

　私は、もしカントが百数十年後にも生きていたとするなら、そのようにハイデッガーに対して答えたのでないかと思う。当然のことだが「純粋存在と純粋無とは従って同一である」などと言うヘーゲルの理論は、ヒュームに対する答にもハイデッガーに対する答にもなり得ない。私達は存在者を認識するが、存在を認識し得ない、というハイデッガーに対して、存在者以外のものを決して認識し得ない人間の意識の営みの中にこそ、カントの理論は存在の意味を見出そうとするものだと言うことができるように思う。

　ハイデッガーはよく、「今日は金曜日である」とか「誰かがしかじかである」という命題の中で、私達は「である」こと、従って存在というようなものを理解している、ということを言っている。しかし「今日は金曜日である」というような命題が私達の意識に成立するのは、私達が言語による概念的思惟の仕方を共有し、外界の一切のものの実在の認識を共有する、人間的共存の中のものであるわけだが、それに対し意識の営みがそもそも存在者以外のものを認識し得ないということは、意識における認識の純粋能力と言うべきものとして見出されるものだ。カントは曖昧で不明瞭であるようでいて、わざわざ「純粋悟性概念」などというものを定立するのだから、それらを不明瞭ながら分離していたはずだと思う。「金曜日」という概念や、「今日」という概念は、人間的共存の中のものであり、その概念を私達は互いの共有として、言わば互いにとって意識の外なるものとして、所有している。必ず外なるものとして所有しない限り、自他の間での共有はあり得ないのだ。しかし認識する意識の純粋能力として、私達の意識が存在者以外のもの、或るもの以外のものを認識し得ない、と言う時、この或るものは意識の営みにとって内なるものであると共に外なるものだ。そうでなければ、意識は或るものを意識し得ない。そこに、軋轢が存在する。私達自身はこの軋轢を認識してきているわけだが、私達はカントもそれを明瞭に認識したと考えることはできない。唯一の絶対者であり創造者である神が、人格的存在であり言語的存在であるような世界では、それは無理なことだったはずだ。カントはヘーゲルのように、「言葉が真であり絶対的なものに繋がる」、というように言いはしないし、神の実在は客観的真理と言い得ないと言い、ただ道徳の支えとして神を考える人だが、しかし意識の純粋能力としての認識の営みを、私達がもし存在の営みとして認識するとするなら、それは「何々がしかじかである」などという命題の内の「である」などとは本質的には重なり得ない、軋轢を持ったものだということを、そこに認識しはしなかっただろう。それだけが、私達から見ての、カントにおける欠落なのだ。

「関係の一次性」は存在の営みの中のものであり、人間的共存の営みとの間に軋轢を持つだろう。それは一元論と二元論の間の軋轢と重なるものと思うが、そこでカントは廣松も言うように、二元論に止まっている。それ自体は廣松がおそらくそう考えただろうように、ヨーロッパの哲学者として当然のことであったと共に、カント自身が二元論に止どまることの中に意味を見出したはずだと思う。意識が或るものを意識する時、或るものは意識の営みにおいて必ず内なるものであると共に外なるものであるわけだが、意識はそれを外なるものとして意識し、その営みが意識における「私」の意識を生む。そして私達はその「私」を抜け出て、他者と交わったりはしない。互いに「私」そのものとして他者と交わるのだ。それは人間の言語的共存と概念的思惟の世界がそうであるように、存在の営みそのものにおいても、そうであるのではないだろうか。私達は決してヘーゲルが言うように、何か大いなるものの内側で、互いに「自己が他となり他が自己となる」などという生成としてあるわけではない。廣松はヘーゲルの言う弁証法的関係性の中に「関係の一次性」を捉えようとしたかも知れないが、しかし「関係の一次性」は「私」の生成より根源にあり、私達はそこから「私」という意識を持つだろうが、この「私」が「有と非有との同一」を生きたり、「私」を抜けでて外界と交わったりなどしない。ヒュームがそれを捉えたように、意識は「私」以外の何ものでもないのだ。しかしカントがそれを論証しようとしたように、私達の意識の営みの内に「私」が生起する時、或るものの概念やその実在の受容も生起するだろうし、私達の理性は、その「私」と共に、「私」の外なる或るものの実在を実在として認識するだろう。それが理性における物自体であると思う。その理性の営みの中でこそ、私達は他者や外界と交わるはずだし、現に交わっているとカントは考えたはずだ。そしてそれは二元的な営みなのだ。

この二元的な営みにおいては、私達は言わば、自らが決してそこから抜け出すことはできない「私」としての自己を、互いに互いの心の内に保持し、そのような「私」の存在を互いの背後に認識し合うことによって、人間的共存を成立させている。本質的に不可知なものとしての「先験的主体」と「物自体」とを、互いの背後に残すことで関係が成立するカントの認識論を、廣松は「二元論」として斥けるのだが、実際にはカントはもっと微妙なものを語っており、私達はむしろそこに私達自身が生きてきた一元論における関係の一次性と呼ぶべきものが持った意味や、そこから人が生きるべき二元的共存の意味を、見出すことができるはずだと思う。

三　認識と理性の営みの中の物自体

カントの生誕二百年の年に出版された『カントと物自体』において、アディッケスは、「ひとは実際のカントよりも、またカント自身がそうあろうとしたよりも、彼をより一層首尾一貫したものにしようとして、」その悪妻たる物自体をカントの理論から追放しようとしたり、無視黙過したり、殊更ねじまげて意味を解釈したりしてきている、と言っている。そうすることはカントの観念論を特徴づける実在論的基礎を破壊することであるが、しかしカント自身は「外界に多数の物自体が実在する」ということを信じて疑わなかったはずだ、と言っている。本当に信じて疑わなかっただろうと思われるが、しかし厳密に理論的には、私達は誰も「外界に何々が実在する」ということを確実に言い得ないと思うし、カントもまずそこに立ったはずだと思う。それがヒュームの「主観」がもたらしたものであるはずなのだから、物自体という概念は、基本的に主観の内に、意識の営みの内に見出されなければならない。

実在論的観念論、あるいは観念論的実在論という言葉は、本当にカントにふさわしい。またそれは経験論が曖昧ながら、そこに立っていた地点でもあるはずだ。実在論と観念論の統一と言うべきものがそこにあるはずで、それがカントのコペルニクス的転回ということが持った意味でもあると思う。

「我々はこれまで、我々の認識はすべて対象に従って規定されねばならぬと考えていた。しかし我々がこのような対象に関して何ごとかをア・プリオリに概念によって規定し、こうして我々の認識を拡張しようとする試みは、かかる前提のものではすべて潰え去ったのである。」(『純粋理性批判』上、岩波文庫、三三頁)

ここでヒュームの名を出してはいないが、語られた内容はヒュームの立場に等しい。印象と観念が心に生起する時、当然それらは外界の対象と何らかの関係性の内にあるだろうが――単に空間的連続に過ぎないとしても――しかし意識の営みはただ只ら一個の主観の営みに過ぎず、認識が真理であり得る、あるいは真理に繋がるものであり得ることの確実性は崩壊している。カントはここで形而上学の危機と言っていて、数学と自然科学は健全であるかのように言うが、厳密にはヒュームの立場の中では数学と自然科学も惰性的なものになってしまうだろう。人間の精神が自立的で自発的、内発的なものであると共に、客観性が成立し得ることが、カントにとって形而上学の再生であり、人間の理性の再生であったはずだ。ここで、人間の精神は何らかの実体的なもの、あるいは純粋意識や純粋存在と言うべきものであるという立場を取らずに、一個の主観である意識の営みの内に、カントはそれを見出そうとしている。それが、ア・プリオリな綜合的判断の可能に関する問いである、「悟性にとってア・プリオリでなおかつ対象と関係する意識の営みは何故可能か」という問いの内容であるはずだ。だから物自体についても、カントは「外界に多数の物自体が実在する」ということを信じて疑わなかったはずなのだが、しかしそれは帰結であって——カント自身が混乱していると思えるのだが——最初には物自体は意識の営みの内に見出されなければならない。だから当然物自体という概念として、見出されるのだ。アディッケスは、カントは物自体という概念ではなく、物自体そのものが実在すると言っている、ということを力説しているのだが。先程の文章に続けて、カントは次のように言っている。

「そこで今度は、対象が我々の認識に従って規定せられねばならないというふうに想定したら、形而上学のいろいろな課題がもっとうまく解決されはしないかどうかと、ひとつ試してみたらどうだろう。形而上学では、ア・プリオリな認識、つまり対象が我々に与えられる前に対象について何ごとかを決定するような認識の可能が要求されている、ところがいま述べた想定はすでにそれだけで、かかる認識の可能ともずっとよく一致するのである。この事情は、コペルニクスの主要な思想とまったく同じことになる。コペルニクスは、すべての天体が観察者の周囲を運行するというふうに想定すると、天体の運動の説明がなかなかうまく運ばなかったので、今度は天体を静止させ、その周囲を観察者に廻らせたらもっとうまくいきはしないかと思って、このことを試みたのである。ところが形而上学においても対象の直観に関しては、これと同じような仕方を試みることができる。もし直観が、対象の性質に従って規定されねばならないとすると、私はこの性質についてどうしてア・プリオリに、何ごとかを知り得るのか判らなくなる。これに反して（感官の対象としての）対象が、我々の直観能力の性質に従って規定されるというのなら、私には直ちにこのことの可能がよく判るのである。」

形而上学の可能のために、というのでは私達にとってはあまり意味を持たないのだが、人間の精神が自立的で自発的、内発的であると共に、客観性が成立し得る、ということとして解したい。コペルニクスは天体の運行を観察して、正しい解釈と計算を見出そうと試みたわけだが、カントの方は形而上学の可能のためになどと言って、従来の思考を逆転する、その根拠に疑問を持つ人もいるかも知れないが、ヒュームの哲学によってもたらされた地点における、唯一の可能な思索であったものと解することができる。意識は常に印象と観念の充溢としての営みであるが、そこには他者との繋がりも外界との繋がりも、正当な理論としては成立し得ておらず、客観的真理の成立も疑わしく、しかし惰性的な連続の中から印象と観念は心の内に生起し続ける。意識にとって、自己がそのような一個の意識の営みであることのみが所有されているが、その一個の自己の営み以外の外界の他の実在については、確実なものは何も見出されていない。超感性的なものに対しても、勿論確実なものは何もないのだから、「絶対者のみが真であり、真なるもののみが絶対である」などという前提は、そこでは崩壊している。この崩壊の中から、意識の営みのみを頼りに、人間の精神の自立性と自発性、内発性、そして客観的真理の成立を見出すことができるかどうかを探るものが、カントの理論なのだ。ヒュームの立脚地においては、コペルニクスが見出した真理ですら、確実性を失う、少なくとも不確実性を持ったものになってしまうのだから、カントがコペルニクス的転回という言葉に込めた自負を、そこに見ることができる。ヘーゲルの『精神現象学』の緒論の冒頭は、このカントの立脚地に対する批判と否定になっているが――ヘーゲルを待たずにフィヒテがすぐさまその否定の中に立ったわけだが――ヨーロッパ哲学史がこのように繰り返し絶対者の実在の中へと落下し退行していく、その歴史は本当に存在忘却の歴史かも知れないと、私達には思えると思う。私達の意識が問うことのできる存在とは、只ら一個の主観であり、一個の自己であるだけの、この意識の営み以外のものではないのだから。それ以外には何も持たずに。それがヒュームの哲学によってもたらされた、哲学の新しい立脚地であり出発地だったはずだ。

この革命的な出発地に立ったことにおいて、カントは私達にとって全く唯一無二の哲学者だと思う。勿論ヒュームは別の意味で、実に唯一無二の存在であるのだが。カントはその自らの立脚地に対する曖昧な自覚と、混乱した思索にも拘らず、その立脚地を守りぬいている。そのカントの思索の持った意味に対して、また自らが何をなすべきかという問題について、遙かに明瞭な認識を持っていたはずのハイデッガーの方が、その立脚地を崩壊させていると思う。意識の営みを考察することの中から、意識の時間性というものを、より深く追求すべきものとして導き出すことはできないからだ。カントが意識の営みの考察から導き出したものは、外界の実在だった。意識の営みの考察から、ということは、存在の考察から、ということでもある。一個の主観としての意識の営みの考察のみが、意識にとって存在の考察なのだ。私達は何か或る存在者や存在物を考察するということはできない。その考察は、すべて単に主観の内の営みに過ぎないかも知れないのだから。それがヒュームの立場なのだ。ついでながら現存在としての人間を考察するということもできない。勿論私達は歴史的にそんなことをしてこなかったが。人間を他の存在物から引き離して敢えて現存在などと呼ぶことが既に不純な認識であり、そこに背後の絶対者の存在が明らさまにか、こっそりとか、前提されてしまう。カントはそんなことをしなかったから、空間と時間の純粋直観に関して、その感性の形式を人は他の思惟的存在者とも共有しているかも知れない、と言うことができたのだ。

カントが意識の営みの考察から導き出したものが、意識にとっての外界の実在だったということは、カントがそれを一纏めにして一度に語っておらず、全編にちりばめられている状態だが、デカルトとバークリーの観念論に対する論駁として語られた部分が、最も理解しやすい。

「私のそとにある対象即ち空間における対象の現実的存在を証明するところのものは私自身の現実的存在の単なる、とはいえ経験的に規定された意識である」——というものだが、この経験的に規定された意識というものが、既に意識の綜合の働きにおいてある、ということが勿論前提にされている。カントの言う、「直観における心意識の変容としての表象の覚知、構想力による表象の再生、および概念による表象の再認」という、この三種の綜合が成立しているということだ。カントは単に、「私自身の現実的存在の意識が同時に、私のそとにある他の物の現実的存在の直接的意識なのである。」とも言っており、これだけでは単に意識の営みはすべて何か或るものについての営みだ、ということとも等しく、外界の実在までそこから導き出すことはできないかも知れないが、経験的意識とは綜合の成立であるという立場をカントは取っており、表象の再生や再認は、或るものを覚知するだけでなく、意識が或るものの実在を自己にとっての実在として受容することであり、その或るものの実在の受容なしに、その概念の保持や再生、再認はあり得ない。この概念による表象の再認という時の概念は、勿論言葉を伴うものである必要はなく、或る概念化においてそれを保持する以外に、保持や再生の営みはあり得ないだろうということだ。意識はその去来する営みのなかで、「私」を意識し実在として保持するように、外界の或るものの実在を自己にとっての実在として保持するわけで、外界の実在は意識自身の営みの内に息づいている。私はそれを認識の営みの中の物自体の実在であると思う。勿論これは主観の内の実在なのだ。

しかし私達は言語による概念的思惟を互いに共有することで、人間的共存としてあるわけだが、そこでは、個々の主観が本来の認識の営みの中で保持している、言わば意識の内なるものとしての外界の実在を、互いに外なるものとして、つまり客観的実在として、共有する。外なるものとしてでなければ、他者と共有することなどはできないからだ。それが人間的理性の営みの中の物自体の実在であると思う。カントは両方を混乱して語っているようにも思うが、帰結としては、外界の個々のものが私達の意識の営みの中で、とにかく実在であるということであり、こんなことは現実に多くの普通の人間が一般に生きている状態なのだ。ただ厳密に理論的には、それは主観の内に、一個の意識の営みの内に見出されるものであり、それがヒュームの哲学の到達点からの、カントの転回であるのだと思う。

またそこで外界に見出されるものは、自分自身が一人の「私」であるように、必ず個々の或るものであり、それが純粋悟性概念としてのカテゴリーの成立にも繋がる問題だ。私達はこの現象界に或るものとして現象しているもの以外を認識することはできないのであり、或るものの分量とか性質、様態、またその或るものが他のものに対して持つ関わり等を認識するわけで、それ以外の認識の仕方を意識は持たない。マルクスがヘーゲルの観念論批判において言っているように、私達は或るりんご、或るぶどう、或るはたんきょう等を知覚し、認識することができるだけで、果実なるものや実体なるものを知覚したり認識し得ない。経験を超出した事柄に対して、私達はもしそこで他者の主観の実在を認識し、人間的共存を受容してあるならば、自己の主観の求めるものに固執する権利は持ち得ないわけで、カントは文字通り経験を超出した理念に対して、そこに客観的真理が成立し得ることを認めなかった。そこに息づいているものは、自己の主観の実在と共に他者の主観の実在であり、外界の実在なのだ。その多くの「主観」が共存する世界で、そこに生じる二律背反を止揚することはできないと言われる時、そこで実在と見なされるものは、個々の人間の主観であり、人間的共存の内に多くの主体、多くの主観が実在しているということだ。ヘーゲルがこのカントの二律背反を揚棄して、実在と見なすものは実体なるものや絶対者であり、絶対精神であり、そこで貶められているものは個々の主体なのだ。

廣松はこの個々の主体が実在するという思想を好まず、関係こそ第一義的なものだという認識に固執するのだが、しかしカントが、「私自身の現実的存在の意識が同時に、私のそとにある他の物の現実的存在の直接的意識なのである。」と言う時、そこに第一義的な関係と言うべきものが、――決して私達の意識がそれを生きるのではなく、意識がそこから生起する第一次的な関係が――成立していると言え、それは文字通り個々の主体の背後に、あるいは個々のものの内なるものとして成立しているのだ。私達はそこに、つまり互いの共存の中に、二律背反があり得ることを認識し合いながら、互いの主体の実在をも認識し合って生きるのであり、それは私達が民主思想として学んでいるものの、生きられている内実であると思う。また、敢えて民主主義などと言わないとしても、人間が身近な者との共存において生きているものでもあるはずだ。

ヘーゲルは絶対者の実在の認識の中に立ち、「主体＝実体」論などを立てた上で、恰もそこから個々の主体が「関係であること」を生き始め、「根拠を他のものの内に持たないものはない」と言ったり、互いに「自己が他となり他が自己となる」などと言っている。しかもそこで実在であるものは、その関係であり、或いは実体なるものなのだ。しかし第一次的な関係は主観の生成の前に、その内にのみあり、そこから私達が互いに一個の主観、一個の主体であることを認識し合って共存し合う時、個々の主体こそ実在である、という認識の方が尊く、また客観的でもあると思う。私達はその主観としての自己の実在を、自らの内に見出すことができるからだ。そしてその個々の主観の、意識の営みの内に、すべての外界のものの実在が息づいていると、カントは語ったのだ。それがヒュームの哲学に対する、唯一の可能な答だったはずだ。ドイツ観念論はそれを裏切ってしまったけれど。

マルクスはヘーゲルに対して、逆立ちした弁証法と言っている。それは観念論と唯物論という視点において語られた言葉だが、その視点においては勿論、あらゆる意味で、その思想は事実から倒立するものだ。ヘーゲルが「言葉は私念を表現し得ない」と言う時、言葉が真なるものであり、絶対者に繋がるものなのだが、私達の普通の解釈では、言語とその概念は人間的共存における共有として、普遍性と一般性を持ったものだから、個々の人間の最も独自のもの、胸奥のもの、また最も初々しい心の営みの細やかな生成そのものを、表現し得ないと考えられているだろう。世界の営みを現象の総体として捉えて、そこに絶対精神や「主体―実体」論などを想定するのではなく、現象界のすべての営みの主体と言うべきものを、本当にその個々の主体において捉えた思想が、カントの実在論的観念論であると思う。アディッケスは、「カントが、われわれを触発する物自体は多数だと躊躇なく語っており、現象の各々に物自体が対応するとはっきり考えていることも明らかである。だからかれは、事実上、単一性、数多性、実在性（現存在）、原因性といったカテゴリーを、それ自体において存在するものに適用している。」（『カントと物自体』法政大学出版局、一三頁）と言っている。これは本当にその通りであり、経験を超出した何か或るものの力などを、単に自分の心の好みによって哲学の前提とするようなことをしないならば、私達が自分自身の意識の営みの中に見出すことのできるものは、この営みが自ずから前提とする、自己の思考の主体としての先験的主体Xの実在と、外界の個々の或るものの実在なのだ。その実在が神の言葉などによって確証できるなどというのではなく、その実在の実在としての受容を現実に私達の意識は生きているはずだ、と言われているのだ。私達は個々の或るものを認識することができるだけであり、またそこからその個々の或るものとの関係を生きていくのだから。

ただ、そこで生きられる個々のあるものとの関係は、私達にとって言わば外側の関係であるわけだが、意識の営みの本質において、その生成の根源において、私達は廣松が「関係の一次性」と呼ぶような、外なるものを内なるものとして生きる、言わば矛盾した関係を持っている。意識の営みがそこから生起する、つまり認識がそこから生起する、意識にとって内なる関係が存在するわけで、世界の営みの主体はすべての個々のものでありながら、しかし決して根っから個立し合ったものが、全く外側の関係のみを生きているのではなく、互いに生成の襞を本質的に重ね合わせているということだ。ヨーロッパ哲学は根っから個立し合ったものが存在するという認識に立つものだから——神が個立した存在として表象されている——そこからヘーゲルが絶対精神などを語って汎神論を形成し、その中で関係し合うものの営みを問うたかのように見えることに、廣松は魅力を感じたかも知れず、またカントはヨーロッパ哲学本来の立脚地の中の人だ。この二人の哲学者が私達に対して持つ意味は、人は二元性の中から一元性へと歩むことができるのか、その逆なのか、ということとして考えることのできる問題だと思う。私達自身は歴史的に、意識にとって内なる関係が存在し、営みは決して根っから個立し合ったものの営みではない、という認識の中にあり、儒教的、仏教的一元論と言うべきものが生きられていたと思う。その立場から見ると、ヨーロッパ哲学の本質は、ハイデッガーが言っているように、存在忘却であるかも知れない。廣松が言うように、関係の一次性の中にこそ、存在の営みがあると言えるかも知れない。しかし私達はカントが言うように、個々の或るものを認識することができるだけであり、その個々の或るものとの関係を生き続けていく。それは人間的共存において、一元性の中から二元性へと歩み出ていく営みであり、その逆ではあり得ないと思う。「関係の一次性」が持つ矛盾と軋轢の中から、私達は互いに一個の主体としてあり、すべての、個々のものとの営みをこそ生きていくはずだ。世界の営みの主体は、個々の或るものなのであり、私達の意識はそれ以外のものを見出し得ない。もっとも、それ以外のものを見出し得るかも知れない、自分達には見出し得るはずだ、という願望に立つものがヨーロッパ哲学でもあり、ヘーゲルの思想や現象学が、そのことをよく表わしている。「ルソー、カント型の二元論」などと言って、廣松は二元論を徹底的に嫌うのだが、そして勿論ルソーとカントもヨーロッパ哲学の本流の中の人だろうが、しかし私達が心を働かせるならば、それらはヨーロッパ哲学の本質たる存在忘却を越えて、なお私達に対し意味を持ち得るはずだと私は思う。

私達は人間の平等という認識を支えるものは、基本的人権という思想だということを、現在よく認識していると思うが、基本的人権を支える思想と理論は何処に見出されるのだろうか。仏教の平等思想からは、基本的人権という認識は直ちには生まれない。草木土石が等しく平等であって、生成する一切のものが基本的に等しい、という認識しか生じない。直ちに「生成するもの」として目に入るものとも言えない、石や砂粒に到るまで、そこに平等であるのだ。その認識は勿論基本的人権との間に軋轢を生むわけだが、私達はこの血肉の思想を捨てて、互いに神の似姿として造られている人間であるとか、神と共にある「我と汝」というフォイエルバッハ流の愛の思想へと、移行するという訳にはいかないだろう。カントの認識論の方が客観的で、そして普遍的なものを持っていると私は思う。意識にとって認識が成立するのは、純粋悟性概念としてのカテゴリーが成立するからだ、などという理論を、理屈っぽくて嫌だと思う人もいるかも知れないが、そこで一個の意識はその営みの全体で、外界の実在を実在として受容してあり、また外界においては、すべての「一個の主体」というものは、その自ずからの営みの中で実在なのだ。勿論この思想は、そのように解釈すると、本質的に仏教的な平等観に繋がってしまう。一本の木が意識を持っているものと私達は考えないとしても、その生命の営みは、その全周囲にとって実在であるからだ。だからこの思想も、社会思想との間に軋轢を生む。ルソーは、どんな人間の精神と肉体も、高貴なものと思われているような人間の精神と肉体と等しく尊いものであり、犯してはならず、犯す権利を誰も持っていないと語ったのだが、そして私達がそこへ向って生きることの中には矛盾と軋轢があるのだが、それは人が生きねばならないものであり、それを生きることの中で、私達はそのことの中に息づく人間の苦悩と尊い感情を、私達の血肉の思想の中から理解することができるはずだ。私達がそれらの思想を私達自身の哲学の中から理解する時、それは本当に尊い思想であるはずだし、私達はその時にはきっと心から、この二人の哲学者を、民主主義と革命と人権の哲学者であると考えるだろうと思う。

カントの視点が混乱し、曖昧と不明瞭の中にあるということについては、ハイデッガーが語っており、全くその通りだと言う以外にない。ハイデッガーの解釈は、カントは基本的に自らのなすべきことの本質を明瞭に摑み取っていなかった、ということだと思うが、私達の立場から言うなら、カントが廣松の言う「有の思想」の人だからであり、つまりヨーロッパ哲学本来の「実体主義」や「二元論」の中の人だからだ。その精神はそこから一歩も出ることはなかったと思う。そしてそれはおそらく仕方のないことだったはずだ。その「ヨーロッパ主義」に対して、何か新しい視点を持ち出そうとしている、またそのこと自体を自らの哲学の本質としているハイデッガーさえ、基本的にその「有の思想」に立っているのだから、カントがそこから離れることを志向するなどということは全く考えられないことだ。そこではカントは不明瞭ではなく、明瞭にその「有の思想」に立っていたはずだ。そこから離れようと志向するハイデッガーの方が、もしかしたら自らの哲学の辿るべき道を見失ったのかも知れないと言える。カントはむしろそこに立ち続けることによって、その哲学を完成しているからだ。

「有の思想」というものは、ヒュームが既にあらゆる懐疑と崩壊の後にもそこに立ち続けた、ヨーロッパ哲学の永遠の立脚地なのだ。私達にとっては、もし「心というものは流れ行く知覚の束だ」と言うとするなら、その心はもう個立した実体でなどあろうはずはない、ただ只ら自己の全周囲の一切の営みとの、どのようにかの連続の中のものでしかなく、その関わりのみを手にして立っているだけの存在だ。ところがヒュームは「主観であること」を確実に手にして立っているのであり、驚く他はない。私達はその周囲の営みとの連続においてあることこそ存在である、という哲学の中にあるから、ヒュームの態度はその哲学の、存在そのものの、忘却と言うことができるのだ。

カントが主観の本体と言うべきものを、思考における先験的主体Xとしか言いようがないもの、と言う時、その本体は意識にとって不可知であるわけだが、不可知であっても何らかの自己所有の実体的なもの、とカントは考えたかも知れない。物自体については、忠実なアディッケスでさえカントの少々の懐疑と混乱を認めているほどで、現象の背後の実在する実体と考えたのか、意識の内の概念であるのか、理解が混乱する。最終的には人は現象の背後の実在としてその存在を受容し、人間的共存の中で互いにその認識を共有していると思うのだが、カントが論証し得たものは、意識の内に、主観の内に実在するものとしての、――つまり意識自身がそれであるところの営みの内に、ということだが――「先験的主体」であり、「物自体」であるという解釈の方が、カント思想の全体が混乱しないと思う。そのように考えないと、演繹論も理論的整合性を失ってしまうだろうし、批判哲学全体が立ちゆかない。カントは序文で、理性と形而上学とについて論じているが、そこで次のように言っている。

「私はこう言いながらも、私の自慢めいた不遜な言分に対して、軽蔑を交えた不快の表情が読者の顔に浮ぶのをまざまざと見る気がする。世間には、ごく有りふれた形而上学の綱要書のなかでさえ、心の単一性だの世界の始まりが必然的であることなどを証明する、とうたっているような著者がいくらもいる。しかし私の言分は、このたぐいのどんな著者の主張よりも、くらべものにならぬほど穏やかなものである。かかる著者は、人間の認識と可能的経験の一切の限界を越えて拡張しようとするが、私のほうは、そういうことはまったく私の力以上である、とつつましく告白するからである。私はそういうことの代りに、ただ理解そのものと理性の純粋思惟とだけを問題にする。従って理性に関する周到な知識を、広く自分の周囲に探し求めることを必要としない。私はかかる知識を実に自分自身のうちに見出すからである。」（『純粋理性批判』上、岩波文庫、一八頁）

本当にカントは自分自身の内に見出し得るものを求めたのであり、そうすることがおそらくヒュームの哲学の到達地から新たな一歩を踏み出すことであっただろうと思う。カントは「先験的主体」について、思考における先験的主体Xとしか言いようのないものと言っているのだから、これを自己所有の存在たる人間の本体としての実体、などと解することはできない。思考する意識である自己、一個の主観としての営みである自己のみを、カントは手にしていたはずだ。それがヒュームが手にしていたものであり、それだけは懐疑の後に残り得ていたものだったはずだ。もっともヒュームは端的にそう言えるのだが、カントは「有の思想」の人でもあるから、立脚地が混乱し、視点も混乱するのだが、しかしカントが最終的に論じようとしたもの、また論じ得たものは、流動する単なる意識の営みの内に見出されるものとしての、「先験的主体」と「物自体」であったはずだ。そうでなかったら、そもそも先験的哲学というものも崩壊する。アディッケスは、カントは「外界に多数の物自体が実在する」ということ自体を全く疑っていない、ということを論じており、「かれの懐疑は物自体の存在には向けられておらず、ただそれの証明可能性、認識可能性へ向けられているにすぎない」と言っている。つまり懐疑の中でも、物自体の実在を懐疑したわけではないということであり、次のように語られている。

「かれが厳密な先験的哲学者として、あの思想を一面的につきつめて考える場合でも、かれはあの実在論的色彩の濃い体験をしたのと同じ人物であり、また同じ人物であることをやめない。かれは先験的哲学者であると同時に形而上学者であり、道徳哲学者でもあるところの統一した人格をもった思想家である。したがって、先験的哲学がひとつの問いに、なんら決定的な解答を与え得ないときでも（ある先験哲学的思想に一面的に固執し、それを徹頭徹尾つきつめて考えたとき生ずる問題、物自体が心の外に存在するかしないかという問題の場合がそうである）、この問いはそのために除かれるわけではない。人間としての、形而上学者、道徳哲学者としてのカントにとって、その問いは存続し、きびしく解答を要求する。

ところでカントは、この問いにたいしては肯定的な解答しか許されないことを一瞬たりとも疑うことができなかった。懐疑的にひびく箇所を書きしるしているときでさえもそうである。多すぎるくらい多くの箇所で表明されたことを証拠としてみれば、かれの実在論的傾向は非常に強かったので、この傾向がときおり沈黙し、物自体が心の外に存在することにたいする懐疑が一時的にせよ去来したと考えることはできない。心理的にまったく不可能なカント像を描くべきではなく、またそれにもとづいて評価してはならない以上、そのように考えることはできないのである。物自体にたいするそのような懐疑は、ましてや物自体の放棄は、カントにとっては、かれの体系全体の崩壊以外のなにものをも意味しなかったであろう。」（前掲書、二二一〜二二三頁）

本当に物自体の除去や放棄は、カントの体系の破壊であると私も思うが、それはアディッケス自身が言うように、カントの思想が実在論的観念論と言うべきものとして一つの体係であり、またそれが先験的哲学だからでもある。物自体を除去しては、厳密な先験的哲学も崩壊する。物自体は決して、カントの個人的な実在論的色彩の濃い体験の中などに芽生えた、カントの情念に属するものではなく、明らかに理知において見出され、また「先験的主体」や「純粋悟性概念」同様に、それなしには済まされない先験的哲学の鍵であるはずだ。大体カントは情念から出発する人ではなく、原則から出発し、原則を曲げない。批判哲学の原則は、何ものも予め批判をまぬがれ得ないということだが、それでカントにとって、その出発地に残り得ていたもの、手にし得ていたものは、流動する知覚の束としての一個の意識である自己のみだっただろう。これはヒュームの到達地であり、立脚地であったものだ。そこでは「先験的主体」も、予め批判をまぬがれてあるわけではないから、カントは流動する意識のその営みの内に、「先験的主体」も、「純粋悟性概念」も、「物自体」も実在していることを論証しているのだ。そう考えなければ、そもそも先験的ということの意味も崩壊する。先験的ということは、ただ単に経験に先立っているということであり、超越論的などという訳語が当てはまるような解釈で、現象学がこの言葉を用いることは、カントの責任ではない。また、そのヒュームの到達地であり、カントの出発地であった地点というものは、生きているすべての人間が立ち得る出発地なのだ。「絶対者のみが真なるものであり、真なるものは絶対である」などという出発地には、私達は全く立つことができない。思考する自己を放棄せずには立つことができないが、それは思考と自己自身の崩壊であるから、この出発地は私達にはあり得ないということだ。勿論廣松はマルクスから出発していて、こんな途方もない観念論の出発地に立ったわけではないが。

福沢諭吉は私達に欠けているものは人間精神の独立と物理学とであると言っているのだが、ヘーゲル流の哲学的観念論も、私達に欠如しているものだ。儒学者は人が各々の分際をわきまえて、そこからはずれることなく生きねばならない教えに、「天が上に地が下にあるように」それが変わることなき自然の摂理であるから、というようなことを言っている。このような思想の中では、たとえ抑圧されない身分の人間であったとしても、その人生を自ら所有していると言うわけには、少なくとも哲学的にはいかないだろう。その一生を生き続ける一人の自己であることだけが、その心の営みのみが、その自己の所有であるに過ぎない。ただそこには、おそらくそのこと自体を厳密に論証し得ない前提というものがあり、その心の営みは、その自己自身をとりまく全周囲の一切とどのようにか共にあるということだ。ヒュームでさえ、その前提の中に立っている。経験論はそれを理論化することはなかったが。ただそれは本当に単に全周囲であるに過ぎず、まだ何ものでもない。自分自身がまだ確実に何ものでもあり得ていないように。「知覚の束」でしかない意識を、自己所有の「先験的主体」に直ちに繋げることのできる人はいないだろう。もしヒュームやカントのように、神の実在を予め前提とすることをしないならば。

そこから主体を回復し、主体の自発性、内発性、自立性を回復するカントの理論は、私達にとっても、かなり驚くべきものと感じられるものだと思う。しかしその流動する意識であること以外の何ものも前提としない、という立脚地においては、必然のものであったと考えることができる。心は常に印象と観念の充溢であるに過ぎないとしても、この心はただ単に外からやって来る印象と観念の羅列であるわけではないのだ。心は印象を保持し、或るものの実在を保持し――つまり自分にとっての或るものの実在を、その概念において保持し――再生し、再認もする。私達は一分前に見たもの、一日前に考えたものを、同一のものとして、その実在を受容し保持することで、現にあるような営みとしてある。そこには「先験的主体」や「純粋悟性概念」や「物自体」の実在があるはずだと、カントは考えたはずだ。私達はこの現象界に何ものでもないようなものを認識することはできないから、必ず或るものを或るものとして認識する、純粋悟性概念としてのカテゴリーが成立しているはずだし、或るものの概念化は、物自体の要請でもある。そしてそれらの営みの中で、言わばその営みの概念化でもある「私」というものを、私達の意識は意識するわけで、その主体の実在こそ、厳密に言うなら最後に論証され得るものでしかない。勿論それは認識の営みの中の実在に過ぎず、つまりすべて一個の主体の意識の内のものでしかない。しかし私達の心は、つまり人間の理性は、それらの実在のすべてを、他者と共有し合うことで、人間的共存を成立させている。認識の営みの内で実在であり、理性の営みの内で実在なのだ。「外界に多数の物自体が実在する」ということは私達の理性の営みの中の物自体であるわけだが、それ自体を厳密には論証し得ない。しかしそれは本当にカント自身と同様に私達の理性の営みの中に息づいており、それなしに人間精神の歴史も、文明も理解し得ず、成立し得ない。認識の営みの中の物自体は、おそらく誠実な思考の中で、人が皆自分自身の意識の中に見出すことができるのではないだろうか。

四　先験的主体

廣松はカントの認識論を、「物自体―現象―先験的主観という三項図式」などとよんでいるのだが、そのような解釈の中では、「先験的主観」とは具体的にどのようなものと解されているのだろうか。単純に三項図式などと呼んでは、カント解釈に矛盾をもたらすと思うのだが。もっとも全く矛盾に充ちた取るに足りない哲学と解するのなら別だろうが、廣松は決してそういう態度を取ってはいない。先験的ということは、経験を超出するということではなく、――カントは経験を超出する理念に対して、客観的真理を定立することができないと語っている――そこで経験が可能になるということであり、その意味でだけ経験に先立っているということであり、経験を超越しているということでは全くない。

カントを超えて、あるいはカントをより深めて、カント自身にはなし得なかった思索を自らなして、先験的（超越論的）哲学の体系を構築しようと考えたはずのフッサールは、「デカルト的省察」という文章を書いており、勿論思想の全体でデカルトに止どまろうとなどは全くしていないが、その哲学的精神の発端を賞賛している。疑い得ると想定されるようなあらゆるものを眼前から消去して、「疑う我」を残すというものだが、カントが少々不明瞭ながら立った出発地は、ちょうどこれと逆のものであると思う。「疑う我を疑い得ず」などという思想が、ヒュームを経て、既に崩壊しているのだが、その時最も大切なことは、そのヒュームの崩壊、つまり「疑い得ない我」が崩壊している時には、恰も疑い得るものとして消去すべき眼前のあらゆるものも、そこに存在していないということだ。デカルトが眼前の何々を我は疑うなどと言っている時には、「疑い得ない我」の上にその意識が存在しているからで、少なくとも私達はそれを哲学の出発地と考えることはできないと思う。そこにおいて経験が可能になる、そのものを問うということを、カントは先験的という言葉で規定しているわけだが、それは自己の眼前に、自己の意志で消去すべき何ものもそこにはない、ということであり、実際にはヒュームとカントは明瞭な意識においては、そこに立ったとは言えないかも知れない。これは禅者の立脚地なのだ。眼前のものを消去するのではなく、眼前の何ものもまだない出発地へと、禅者は弟子達を導いたはずだ。ただ禅者達がその彼らの明瞭な立脚地から語っている多くの言葉からよりも、私達はカントからもっと実りあるものを導き出すことができるかも知れないと私は思う。フッサールはカントからの退行であると、私達は言わなければならない。

　カントの視点も曖昧で不明瞭な所があるため、理解が混乱するのだが、しかしどんな読み方をしても、「三項図式」という解釈はなしようがないと私は思う。「(純粋統覚の)常任不変な「私」は、この「私」が我々の一切の表象を意識し得る限りにおいてのみ、これら一切の表象の相関者なのである。」と言われている。「私」という意識は、表象を意識し得る限りにおいて成立し得るということだが、表象を意識し得るということは、カントの理論において、認識の綜合が成立しているということだ。思惟する意識としての意識ではない状態というものは、意識にはあり得ないわけだが、この営みには「私は考える」が常に伴う。しかしこの「私」によって表象されるものは、思考作用の先験的主観すなわちXでしかない、と言われている。

「この主観は、その述語であるところの思考〔作用〕によってのみ認識せられる。かかる述語をもたなければ、我々はこの主観についてまったく知るところがないのである。従って我々は、徒らにこの主観のまわりをいつまでも堂々めぐりしていなければならない。我々がかかる主観について何事かを判断しようとすれば、けっきょくこの「私」という表象を用いざるを得ないからである。しかし、我々はこの不便を「私」の表象から除き去ることができない。この〔自己〕意識自体は、個々の対象を識別する表象ではなくて、むしろ――およそ表象が認識と名づけられる限り、――表象一般の形式だからである。そして我々が何事かを考えると言えるのは、まったくこの表象一般の形式によるのである。」（『純粋理性批判』中、岩波文庫、六二頁）

主観が意識されるのは、その述語であるところの思考作用によってのみである、ということは、意識の営みの全体が、外界との繫がりの中のものであり、言わば第一次的な関係性の中のものであると言える。意識自身が主体としての「私」を意識するのは、認識の成立に拠っているが、しかし先験的主体というものを、カントは経験を超越した地点で実体として定立し得るものとはしていない。認識が成立しているということは、意識が単に意識にとって何ものでもないものに取り囲まれているというのではなく、カントの言う表象の覚知や、再生や、再認という、認識の綜合が成立しているということであり、カントはそこに悟性概念の成立を認めている。それは意識の自発性であり、そこで意識の自発性や内発性、自立性が見出されているわけだが、しかし同時にその思考作用において以外、「私」という主観は意識されようがないものとされているのだ。そこから、この主観に対しては思考の堂々めぐりが生じる。哲学者は皆、それぞれの思索において、そこで自らが摑み出したものを私達に開陳するわけだが、カントが意識の営みの、現実に見出される状態の中から導き出したものは、意識の営み自体にとっての外界の営みの実在であると私は思う。

その時、一個の意識の営みである「私」と、「私」が認識する外界のあれこれとしての個々の対象とは、勿論その意識の営みの内で共に実在であるわけだが、この実在するそれぞれは決して互いに真に個立し合った一個対一個としての関係においてあるわけではない。カントの理論から、その個立対個立の対立の構造を導き出すことはできないと思う。そもそもの発端で、意識の内に認識が成立することと、「私」という意識の成立とが、互いに依存し合っており、また主体の営みとは、私達が意識し得る限りでの、その意識の営み以外の何ものでもないのだ。自己意識というものも、内観による触発に拠っており、つまり営みの生成は触発に拠るものであり、その営み自体である主観を私達は「私」として意識するわけだが、その営みにとっての「先験的主体」の存在をカントは要請するにしても、その存在を一人の絶対者や絶対精神に繫がるものとして定義したりはしていない。このような

「私」としての私達が、互いに真に個立し合った一個対一個の並立的な対立存在としてあると、考えることはできないと思う。ただ、意識の営みとは認識そのものでもあり、そして認識が成立するということは、意識の自発性に拠っている。決して人間精神にのみ限ったことではないが、時空の形式としての純粋直観や、認識を認識たらしめる純粋悟性概念や、時間意識の成立において、その営みは自発的で内発的で自立的で、そして或る普遍性を持っていると、カントは言っている。つまり個々の主体が全く別々の形式で外界を認識するなどということが、それによってあり得ないわけであり、また人間の精神はそのこと自体を決して確実な論証の下にもたらし得ないとしても、互いにそのことの成立を認識し受容し合い、それによって人間の社会や文明や歴史を生み出しているわけで、私達はそのことを確認し合えるのではないだろうか。

ただ、その社会的自己としての「私」は、言わば個立した自己所有の存在として自らを認識する自己であり、それは生成の営みとの間に軋轢を持つ。カントが論証する、意識における認識の純粋能力としての営み自体との間にも、それは軋轢を持つのだが、カントがそのことを論証しているわけではない。私達の歴史においては、仏教が、殊に禅者が明瞭な言葉で——「非思量」とか「非論理の理」などという言葉で——その社会的で、概念化された、自己所有の「私」と、生成の営みとの間の軋轢と矛盾を語ってきている。しかし、ヨーロッパ哲学は基本的にこの概念化された、自己所有の「私」の上に立脚しており、当然カントもそこに立っている。そのために理論の全体に矛盾を生じており、すべてが霧に包まれているようにさえ感じられるほどだが、しかしその矛盾は、ヨーロッパ哲学の永遠の立脚地でもあるのだ。廣松が「有の思想」と呼んでいるように。そこに生じている欠落と、私達自身が感じている軋轢とを、勿論私達は忘れるわけにはいかないのだが――そのためにこそ廣松も「関係の一次性」を語らんとしたわけだろうが――しかしそれにも拘らず、私は私達が唯一学ぶべき、ヨーロッパ哲学の真の本質は、カントの二元論の中にあると思う。

カント自身がその認識論において論証しているように、私達の「私」というものはいつでもはかない存在であり、私達の心一つでいつでも虚構へと転落してしまう。「我々にとって「私」は、我々が一切の表象を意識し得る限りにおいて、我々に意識されるものでしかない」のだから。しかしその「私」と共に、私達の周囲のすべての対象の一つ一つの生成の営みを、実在と見なし得るのはカントの理論であり、廣松がそこに拠ろうとしたヘーゲルの理論ではない。「私」は生成流転の存在であるが、しかし生成流転そのものは「私」の生成より前にあり、意識がそれであり得るものは常に「私」以外の何ものでもなく、つまり「私」が自己の所有として生成流転を生きていくわけではない。流転を捉えるヘーゲルの理論は間違っていると思う。自己自身と共にすべてのものを単純に実在と見なす素朴な主観主義との対比の中で、ヘーゲルはカントについて次のように言っている。

「カントの哲学によれば、われわれが知るところの事物は、ただわれわれに対する現象にすぎず、物自体は、われわれにとってあくまで到達することのできない彼岸である。われわれの意識内容をなすものを、単にわれわれのもの、単にわれわれによって措定されたものと見るこの主観的観念論にたいして、素朴な意識が不満を抱いたのは当然である。真の関係は実際こうである。すなわち、われわれが直接に知る事物は、単にわれわれに対してのみならず、それ自身単なる現象にすぎない。そしてその存在根拠を自分自身のうちに持たず、普遍的な神的理念のうちに持つということは、有限な事物自身の規定なのである。」（『小論理学』上、岩波文庫、一七九頁）

外界の事物事象をそれ自身単なる現象と見なすことは勿論可能だが、カントの理論においてはそこで「私」もまた単なる現象であり、しかしこの「私」にとって、その意識の営み自身にとって、外界の事象の一切は実在なのだと、カントは語っているのだ。決して神的理念の内側で――神的理念そのものはカントにおいては経験を超出したものとして、人が互いに客観的真理として定立し得ないものとされている。その前に、「私」という意識の営みにとって外的事象こそ実在であるとされ、勿論そこには他者の「主観」も含まれている。その私達が互いに一個の「主観」としてある、この人間の社会において、決して唯一の客観的真理として求められ得ないものとして、神的理念は数え上げられているのだ――神の似姿としてあるような有限な事物の一つとして、人間が互いに流動し合ったり依拠し合ったりしているわけではない。

ところで意識にとっての外界の実在ということ自体は、それによって、つまりそのことの意識自身の受容によって、人間の社会や文化や歴史が成立しているのだから、それを否定しているような文化というものはあり得ない。ただ私達にとっては、その外界の実在はかなり矮小化されて、私達が認識し、受容すべき、また共存すべき意識とその外界が、恰も地域社会や世間や、天皇制に象徴されるような国家主義的共同体に、いつでも転落し、抑圧となってしまう。「私」自身と共に、外界の個々の或るものこそ実在である、カントの理論こそ、私達に一番必要なものであるはずと思う。すべてのものの背後に物自体と、また認識する人間精神の背後に、先験的主体の実在を見出す——カントはそれらの実在の要請を、意識自身がその営みの内で現実に生きているだろうと言っているのだ——カントの理論こそ、私達に必要だと思う。また現実に人間の意識のその営みによって、人間の社会と文化と精神の歴史が形成され、科学や客観的学問も形成されているはずなのだ。

もっとも先験的主体をそのように認識することは、決してそれ自体を実体として私達が認識することはできないということであり、単に経験的意識において、私達がそれを実体化するというに過ぎない。カントは空間と時間を純粋直観として捉えるが、しかし経験的意識はそれを実体化するということを言っている。先験的主体もそのようなものだ。意識における「私」は、表象の相関者であるに過ぎないが、しかし社会的人間としての私達は、概念的思惟の中で、この概念化された「私」を恰も自己所有の個立し合った存在と見なし、その自己所有性を生きる。もっとも私達の歴史は、決してその自己所有性の中に人間の自己認識を求めてきていないし、むしろ生成の営みの根源は、その言語的、概念的自己との間に軋轢を持つこと自体が語られている。意識における、認識の純粋能力を問うカントの理論は、基本的にその生成の営みの本質に属するものだ。しかしヨーロッパ哲学本来の立脚地は、概念化された自己所有の「私」の上にあるものであり、カント本人の意識もそこにある。そのためにその哲学自体が矛盾を持っているだけでなく、解釈にも矛盾をもたらす。読む者が、解釈に苦しむものになっていると思う。しかし私はそのカント本人の意識もそこに立脚していたヨーロッパ哲学の基本的な構造を覆さない限り――これは逆説になるが――カントの認識論をより矛盾のない解釈に導くことはできないと思う。ところがその構造はヨーロッパ精神において決して崩壊しないから、フィヒテ、シェリング、ヘーゲルと続く哲学史はカントの理論を破壊してきており、物自体を悪妻呼ばわりし続けている。物自体を追いやっては、先験的主観も崩壊するものが、カントの理論であるはずだ。

この矛盾は、私達がヨーロッパ哲学全体に対して意識する矛盾と軋轢とも重なるものだ。私達は民主思想というものを、勿論ヨーロッパ哲学から学んでいるが、ところがヨーロッパ哲学の基本構造の中では、この民主思想や人権というものを、決して真に理論化することができない。これは私達が百年来、意識し続けずにいられなかった矛盾と軋轢であるはずだ。カントの理論の中では、外界の実在の受容においてのみ、つまりその受容の営みであるはずの、「一切の表象を意識し得る限りにおいてのみ」生成する営みとしての「私」が、そこでは個立と対立と自己所有の中に認識され、文字通り私達に対して所有されてもいるのであり、その所有を支えるものは「私」の背後の絶対者であり、つまりヨーロッパ哲学自身の所有であるものであり――カントはその絶対者の実在を人間の精神は客観的真理として定立し得ないと語ったのだが――ヘーゲルは巧妙に、絶対精神という汎神論へと造り直して見せている。「関係の一次性」を真に理論化するためにはヘーゲルではなくカントの二元論にこそ拠らなければならないだろうと言ったら、廣松は嘆いたかも知れないが、しかしこれは本当のことだと思う。そしてこの矛盾は決してヨーロッパ哲学だけの矛盾ではなく、おそらく本質的に人間精神の持つ矛盾であり、私達はこの矛盾と軋轢を生きなければならない。責任をヨーロッパ哲学に押し付けるわけにはいかない。軋轢は、人が一元性の中から二元性へと歩み出ていかなければならない存在であることに拠っており、その逆はあり得ないということなのだ。その逆を求めたもの、あるいは逆がありうることを論証しようとしたものが、ヘーゲルの理論なのだが。

五　関係の一次性と物象化論

関係の第一次性と物象化論とは、廣松にとって、或る同一の世界観によって支えられるもの、あるいはその一つの世界観それ自体をそれらが共に支えるものとして認識されている。その理論は廣松にとって只らヘーゲルとマルクスとに添って捉えられたものだ。しかし私は生成とは関係の一次性の中からの生成であると考えるし、物象化ということにも同意するが、廣松がマルクスに寄り添って捉えたものとは異なる理論をそこに捉えることが可能だと思うし、また廣松が捉えようとしたものこそ、もしかしたら錯覚と言うべきものではなかったろうかと思う。その、もう一つの見方にはカント思想が介入する。そして、だからそれは廣松がヘーゲルとマルクスとに倣って二元論ではなく一元論を、また個が全体に先立つのではなく、全体こそ個に先立つということを捉えようとしているのとは逆に、人は必ずしも元来、二元的存在としてあるのではないかもしれないが、しかし一元性の中から二元性へと歩み出ていかねばならない存在であるということ、また決して全体が個に先立つのではなく、個が全体に先立つ、つまり生成の流動と生起とは個においてのみ文字通り一個の生命としての唯一無二の生成として現出するということを、認識する思想として存在する。廣松はカントに対して、二元論の哲学者、つまり二元論を超え出ることのできなかった哲学者と呼んでいる。しかし私達は実際二元性を超え出ることはできないのではないだろうか。むしろ自ずからの一元性の中から、二元性へと歩み出ていかねばならない存在でこそ、人はあるのではないだろうか。それは一つの矛盾であり、心の軋轢となるものだが――カント自身の心はむしろ大変に素直で、軋轢を感じさせる哲学者ではないのだが――しかし私達はそれを、つまり軋轢の中から人が生きねばならないものをこそ、カントから学ぶことができると思うし、またカント自身がその目に見ていた以上のものを、そこに見出すこともできるのではないだろうか。

廣松にとって関係の一次性の理論化は、近代的世界観を超えると言うことであり、また「ヨーロッパ哲学の宿痾をなしてきた実体主義的存在観の地平を超出する」ということを意味している。確かに関係の一次性の理論化は、或る意味で近代を超える――私自身はこのような表現や思想を好まないが――ものであるだろうし、実体主義的存在観を超えるものでもあるのだが、しかしそれは決して廣松が考えたように、ヨーロッパ的二元論の世界から、よりよい一元論へと超え出ていくということを意味しはしないと思う。関係の一次性は、勿論生成するものの持つ、自ずからの一元的関係性の中に見出されるものだろうが、人はその一元性から二元的関係へと歩み出ていく存在であり、そこにこそ人間精神の営みの尊さや、歴史と文化の根源があり、勿論苦悩も存在する。そしてヨーロッパ哲学はその生成の営みの根源における一元的関係性そのものを理解しないから、それを「ヨーロッパ哲学の宿痾」と呼ぶことは可能かも知れないが、しかし近代的世界観を超えるということには、もっと深い軋轢があるはずだと思う。

関係の一次性と物象化論とについて、廣松は次のように言っている。

「関係の第一次性、その関係の物象化という存在了解は、ヨーロッパ哲学の伝統であった実体の第一次性という存在観を根底から覆し、〝実体〟とはそのじつ何をどう錯視したものであるかを批判的に究明する途を拓く。「弁証法は万象を関係の相で観じ、かつ、万物を流転の相で観じる」とは普通に言われることであるが、その意味するところは「実体主義の否認」である。マルクス的弁証法の存在観は、実体がさまざまな関係を結ぶとか、実体が相貌を流転させるとか、このような次元で関係や運動を説くものではなく、「実体」すなわち〝自己同一性を保つ不易な自存体〟なるものを端的に斥ける。

この存在観を支えるのが物象化論の論理であり、マルクスはこれに拠って、ヨーロッパ哲学の宿痾をなしてきた「実体主義的存在観」の地平を超出しえたのである。」（『廣松渉著作集13』岩波書店、五頁）

マルクス的弁証法の存在観が、実体が関係を結ぶとか、実体が流転するという次元のものとは、私も考えないが、しかし一体「実体すなわち自己同一性を保つ不易な自存体なるものを端的に斥ける」とは、どういうことを意味するのだろうか。私には廣松が斥けるカントの認識論こそ、強いて言うなら、私達が自ら持てる唯一のものである意識の営みをどのように考察しても、これを実体物と認識することのできない、その営みそれ自体の中にあって、私達の意識がそれぞれに「私」という意識を持ち、そこに自己同一性を保ち、更にまた外界の対象をも自己同一性を保ちつつ生成する或るものとして、その実在を受容し、更に互いに人間としての私達は、その外界の一切のものの実在の認識を共有しつつ共存している存在であるということを、私達に教えてくれるものであると思える。そして私達はその営みを超出するということはできない。それは人間精神の苦悩に属することであると思うが、しかしカントは決して人間の苦悩を語るためにその理論を私達に語ったのではない。そこに奇妙な思いが生じもするし、不満を持つということもあるかも知れない。しかし私達が互いに、一元的関係性の中から二元的関係へと歩み出ていく存在であるということを超出することはできない。これは或る意味で、近代を超出することができないということをも意味しているのだ。マルクスは人間について、「対象的な感性的な存在としての人間は、一つの受苦的な存在であり、自分の苦悩を感受する存在であるから、一つの情熱的な存在である。情熱、激情は、自分の対象にむかってエネルギッシュに努力をかたむける人間の本質力である。」と言っている。（経哲草稿）この熱情の精神を、「自己同一性を保つ不易な自存体なるものを端的に斥ける」などという見方に繋げることはできない。私達は自分自身の意識の営みの内に、「実体すなわち自己同一性を保つ不易な自存体」などと呼び得るものを見出すことができない。しかし意識は不断の作用であり、営み以外の何ものでもなく、私達はこの意識の背後に絶対者を見出すことは更にできない。カントが言うように、主観はただ、「その述語であるところの思考作用によってのみ認識される」一個の営み以外のものではないのだ。しかしその営みは

「私」という意識において、自己同一性を保ち、他者をもそのような実在として自分自身の営みに対して存在するものとして、私達は互いに認識し合い、更に経験を超出しないすべてのものの実在性の認識を、共有し合って存在している。当然のことだが、この営み自体を、物象化的錯視と呼ぶことはできない。勿論カントは、ヨーロッパ哲学の宿痾たる実体主義を決して覆しはしなかった。しかしその哲学は意識の現象学のより誠実な解明の中で、マルクスが言うように、私達が苦悩と情熱と努力との中で、文字通り人間精神の営みを共有しているということ自体を、つまりカント自身がおそらく望んだであろう仕方で言うなら、人間の精神が自発的で、自立的で内発的であり、しかも互いに客観的真理を共有しつつあるという、その営みを論証するものとなっていると思う。

ただ、カントは勿論、心の軋轢と生きる苦悩の中から、人の生きるべき二元論の哲学を語ったわけではないから、そこにとまどいが残るし、廣松の言葉で言うなら、ヨーロッパ哲学の宿痾の中の思想に過ぎない、ということになるのかも知れない。しかしカントの認識論は、廣松の物象化論を批判する力を持っていると思う。「私」という意識と、その意識の内でのその自己同一性の保持や、外界の一切のものの「私」に対する実在性の保持を、物象化と呼ぶことが可能であっても、それを錯視とすることはできない。それが社会と文化の根拠であり、歴史と人間性の根拠でもあり、苦悩の意識をそこに持つことはできても、錯視などと呼ぶことはできない。カント哲学の矛盾と不明瞭とは、カント自身が解剖している、その意識の現象学が、本当は関係の一次性を根底に持たなければ、その全体を支えることができないはずのものであるのに、カントはそれを捉えることはしていない、ということであると思う。ただ、そういう見方をした時にも、私達はカントを超出することの不可能をこそ、そこに見出すのではないだろうか。

六　カントとヘーゲル
――二つの弁証法――

1

「ヘーゲルにあっては弁証法においても彼の体系の他のすべての部門におけると同じく、すべての現実的なつながりの逆立ちが支配している。けれどもマルクスの言うように、「弁証法がヘーゲルの手で受けた神秘化は、彼が弁証法の一般的な運動諸形態をはじめて包括的な、かつ意識的な、仕方で叙述したことを毛頭妨げてはいない。弁証法は彼にあっては頭で立っている。神秘的な外皮の中に合理的な核を見付け出すためにはこの弁証法をひっくり返しにしなければならない。」」（『自然の弁証法』岩波文庫、五九頁）

エンゲルスの最後の著作の一説である。マルクス自身の言葉は、『資本論』の冒頭に置かれている、第二版の後書きの中のもので、浮薄で追随的なヘーゲル批判に抗して、敢えてヘーゲルの言い回しや論理を自分は用いると言っている、マルクスらしい気性の激しさを感じさせる、感情的な文章の中のもので、『資本論』の中で、いかにもこの言葉が心に残るというものではない。「自然の弁証法」におけるエンゲルスの引用の方が、むしろ心に残る印象的なものだと思う。勿論この二人の、ヘーゲルの理論に対する立場は等しいものだが。

「何よりもまず確立しておかなければならないことは、ここではヘーゲルの出発点、すなわち精神、思想、理念、が根源的なもので、現実の世界がただ理念の写し物でしかない、ということを弁護しようとするものでは毛頭ない、ということである。それは既にフォイエルバッハによって捨てられてしまっているのである。自然並に歴史におけるどんな科学の領域にあっても、与えられた諸事実から出発すべきであり、従って自然科学にあっては物質の様々な物的な形態と運動諸形態とから出発すべきであり、だからまた理論的自然科学にあっても諸々のつながりを諸事実の中へ持ち込んで構築するのではなく、却って諸事実の中からそれを見付け出すべきであり、そして見付け出したならそれを経験に即してできる限り検証すべきものである、ということ、このことについてわれわれは皆一致している。」(前掲書、五七〜五八頁)

エンゲルスがこの最後の著書で、ヘーゲルの逆立ちした理論の弁証法をひっくり返すことができたとは、私達は今思わないわけだが、――勿論本人はフォイエルバッハが既にひっくり返し得ていると思っていたのかも知れないが――、この逆転こそ、哲学として、理論として、彼が求め続けたものであっただろうし、また、廣松渉が「事的世界観」と呼び、関係の一次性と呼んで追求したものも、この逆転であっただろうと思う。ところで私達は決して与えられた理論を私達の諸事実にあてはめようとするのではなく、私達自身の歴史的諸事実の中から、見出し得るものをできる限り見出そうとするのでなければならない。

勿論単に諸事実と言っても、諸事実を見る目が、人はそれぞれ異なっており、諸事実が既に、基本的にそれぞれの「主観」の内にあると言えるが。歴史的諸事実などというとさらに、何を私達にとって最も本質的なものと考えるか、様々としか言いようがないだろうが、私にとって本質的と考えられることは、私達は自己というものを無所有の存在として認識し、そこから自己を生き、互いに関わり合い、文化を形成してきただろうということだ。親鸞の信仰に最も深く、端的に表われていると思うのだが、揺れ動く繊細な心を感じさせる『歎異抄』においても、念仏と他力の信心に対する熱い信念が語られる本人の主著『教行信証』においても、そこに表われる人間観は、全く無所有の存在としてのもの以外ではないと思う。無所有ということは、当然一人の人間の意識の生成が、それ自身でどの様にか生起する実体的なものではなく、単に関係的存在に過ぎないということであり、私自身はそれを関係の一次性の中の生成であると考える。人は自己を認識する（あるいは意識する）のであり、私達は関係の一次性の中の生成であるものとして、自己を認識しただろうということだ。勿論それが廣松渉が求めた関係の一次性の理論における自己である、と言えるわけではないが。現象界の一切はすべて関係し合っており、この基本的に関係的存在であるということ自体を否定する人はいないだろうが、そこで実体的な自己であるということは、その自己がこの世界で生きる他者との関係というものを、いわば「自己自身」の何処か外側に、その手で所有している、所有してあることが可能な存在ということであり、つまり「自己自身」とその関係とを、そこで自己が所有しているということだ。勿論そのような存在として、人が自己を認識するということだが。無所有ということは、関係が自己の外側の所有なのではなく、関係が主体の内にある、つまり本源的に関係的生成であるということであり、しかもその関係は、単に関係という概念なのではなく、当然自己の全周囲の一切の存在との間の具体的な関係としての、時々刻々の現象そのものであり、そしてそれを自己は自己自身の生成の外側に、自己の所有として、その手に携えているのではないということだ。人は自己自身を認識する（意識する）存在であるわけだが、その自己に対する認識それ自体が、自己の生成を規定し、形成もする。自己認識は必ず自己が生きる関係性の認識を内に含むものであり、それが一つの社会の文化の本質として、社会を形成し、勿論社会的に伝承される。私達は自己を無所有の存在として認識し、そこから自己の生成と社会とを形成しているだろう。

この、人は自己を認識する、という時の自己、つまり自己所有の存在としてであれ、無所有の存在としてであれ、どのようにか自己を認識する自己は、哲学が問題にする自己であり、つまり哲学は認識する存在としての自己を問う。カントは人間を現象であると言っているが、その人間の自己とは、勿論思惟する自然としての自己だ。思惟する存在である、その人間の精神の認識が、対象とどのように関わるのか、あるいはそれはそもそも関わるのかどうか、また外的実在物が存在すると言えるのかどうか、ということが哲学の問題であり、もしそのように問うなら、私達にとっても認識する意識は決して直ちに無所有のものではあり得ない。認識する意識における概念的思惟を、無所有の営みと言える人はいないだろう。私達自身は自己を無所有の存在として認識したのではないかと、先ほど言ったわけだが、しかしそれは当然認識する意識に関してではないはずだ。というより私達は、また仏者は、歴史的にそういうことをあまり分析してこなかったと言うべきかも知れないが、しかしいま私達がそれを分析するなら、私達にとっても認識する意識を直ちに無所有と考えることはできない。意識はそもそも言語的であり、「言語は実践的な意識、他の人間にとっても存在し、したがってまた私自身にとってもはじめて存在する現実的な意識である。」（『ドイツ・イデオロギー』岩波文庫、三七〜三八頁）ということは、私達も認識することができることだ。そしてその言語的で社会的な意識を、端的に無所有と言い放つことはできることではない。

　それでは何を無所有と考えたか、ということが問題だが、認識する意識については、私達も、「「私は考える」（という意識）は、私の一切の表象に伴い得なければならない。」――ということを、勿論認識することができる。ただこのカントの言葉は、そこではデカルトなどと異なり、単に意識の同一性について、その統覚の統一についてのみ規定しており、決して人間精神の自己所有性にまで言い及んではいない。カントは、その認識する意識がそこから生起する何を、まだ規定しておらず、だからこそその理論の全体が、カントにとって形而上学の新たな、そして真の構築であったわけだ。

　私達自身は、歴史的にカントのようにその何を分析し、また認識する意識を分析してきたと言えないのだが、しかしその何を無所有の存在として規定し、そこから社会と文化を形成してきただろうと思う。これは仏教によってもたらされたものとしか言いようがない。仏教は私達にとって、禅の自立的な姿と、はっきりと他力ということが教えられる親鸞の言葉の、二つの異なった印象に引きさかれている。親鸞の言葉はさらに、救済者としての阿弥陀如来の存在の客観的真理性に対する懐疑が語られる『歎異抄』と、信仰に対する信念が語られる『教行信証』の、二つの揺れ動く印象を持つ。そのどちらを見ても、自己――自己の生成の本質としての何――を、自己所有の実体と考える態度は全くない。禅は本質的に無所有の自己を自覚し、認識することによって自立するのであり、その自己は自己所有の実体としての自己ではあり得ない。ただ勿論そこで規定される無所有の自己は、認識する意識――言語的で社会的な意識――ではあり得ず、その認識する意識がそこから生起する何であるわけだが。意識は既に一つの現象であり、また現象の表象でもあり、――「私」という意識も、一つの表象であるから――そこには「私は考える」が常に伴っている。この単なる意識の自己同一性、統覚の統一を持って、何を自己所有の実体物と規定することはできない。少なくともカントはそれをしていない。

ところで廣松渉が関係の一次性ということを言い、また自己所有の実体物が互いに関わり合うと考える物的世界像ではなく、事的世界観の理論の構築を語る時、それは勿論認識する意識のその社会性においてではなく、その意識がそこから生起する何における関係であるだろう。私自身は仏教はその何を無所有と規定し、私達はそこから自己自身と私達の文化とを歴史的に生きてきた――その世界像を一つの理論として、論理的に所有はしなかったかもしれないが――と私は考えるが、その何の無所有性ということは、関係の一次性でもあると思う。関係を自己自身の生成の本質それ自体の外側に、その手で（その意識において）所有するのではなく、関係が主体の内にある、つまり本質的に関係的存在であるということこそ、無所有であるということだからだ。勿論自己を実体的存在と考えたからといって、関係そのものが否定されているわけではない。関係そのものを全く否定しては、現象の総体としての世界を捉えることができないから、どんな宗教も哲学も、どのようにか関係を人に対して規定する。自己を実体と考えるということは、関係を自己の本質の外側に持つと考えることであり、無所有ということは、関係が主体の内にあるということなのだ。それは関係の一次性でもあるだろう。

ところでカントが、「「私は考える」（という意識）が、私の一切の表象に伴い得なければならない。」という時、それは統覚の統一のことを言っており、それは感性の単なる受容性ではなく、悟性の自発性を意味してはいるが、しかしそこで意識の生成の根源における何が規定されているわけではない。デカルトが「考えるが故に我有り」という時には、その何が、意識の同一性ということによって、自己所有の実体として規定されてしまっているわけだが。認識する意識の、その自己同一性を持って、――その統覚の統一における自己はある意味で自己の所有でもあるわけだが――しかしその統一を持って、そこから何の規定にまで拡大して言い及ぶことは、理性には許されてはいないということを、カントは語っている。ところで私達は、何における自己を無所有と規定したと考える時、私達はその規定と、そこから生きられたものの意味を、もし問う時には、カントの思索の立場に立って、そこから問わなければならないのではないだろうか。廣松渉は関係の一次性を言い、事的世界像のその理論を求め続けているのだが、そこで彼が決して手離さなかった、その拠りどころとしての理論は、ヘーゲルそしてマルクスなのだ。マルクスにはそれ自体としての意味があると思うが、しかしその哲学がもし遡ればヘーゲルに繋がるものであるとするなら、私達はそれによって関係の一次性を問うことはできないと思う。ヘーゲルは、マルクスの言う、その彼の哲学の誕生地である『精神現象学』の冒頭において、カントの「物自体」を否定し、つまり人間の精神がそれの何であるかを決して確実に規定し得ない、不可知なものの存在を否定し、思考を意識から始めて絶対知に到ろうとする。しかし意識の現象学が絶対知に到る、あるいは何に到るということはあり得ない。意識はその一切が、その何から生起するのであり、何は意識より根源にあり、決して前方にはない。カントは統覚の統一などによっても、意識が、あるいは人間の理性が、何を確実に定義することはできないということを語っているわけだが、ヘーゲルはそのカントの不可知論を、恰も止揚することによって、その弁証法を確立している。一切が不可知だという前提に立つ必要はないが、何ものも無批判に理論の前提としない、という批判哲学の立場は堅持しなければならないだろう。ヘーゲルが前提としているものは、不可知なものなど何一つ持ちはしない、「純粋有」としての絶対者の存在なのだ。

廣松が関係の一次性を語り、事的世界観の理論を語ろうとする時、必ず言われることは「主体」―「客体」の対立の構図を覆す、あるいはそれを超越するということであり、その対立の止揚の構図に最初に近づいたもの、その道を切り拓いたものが、ヘーゲル哲学であると認識されている。カントは不可知な「物自体」を定立するから、「主観」にとって永遠に不可知な「物自体」という認識の中では、まず「主体」―「客体」の対立の構図を覆し得ない、ということであり、その対立の構図を逃れ得なかったもの、そこから一歩を踏み出し得なかったものとして認識されている。主体と客体との直接的な関わりを保証し得る構図が、そこにはないと言われている。

ところで私達が意識の個立性、実体性を否定する時、個立した存在物としての意識が、他に対して存在するというのではないから、そこに根源的な対立性と、また「主観」と「客観」というべきものも、まだ存在していないと言える。生成の根源に無所有性を認識するということは、そういうことだ。カント自身は意識を個立した実体であるとは定義していないが、しかし私達がそのことのはっきりした否定の中から見る時、彼はそこからものを問うていると言える。「綜合的認識は如何にして可能か」ということは、意識が如何にして対象と関係するか、ということでもある。しかし私達にとっては、意識が関係を生きるのではなく、関係の中から意識が生起するのだ。それが縁起ということであり、そこから私達は仏教の理論を検証することができると思う。そのように考えなければ、私達は「悟り」は自分の足を持ち上げるようなものだという、禅者の言葉を理解できない。仏者は基本的にそこに立つが、そこには主客の対立も存在しないが、それはそもそも客体が存在しないからだ。主体が存在しないとは言えないだろうが、認識する意識としての主観はまだ存在しない。その主体には客体がまだ存在せず、主体にとって、その自己の全周囲が主体の内に包含されている。それは一個の生成ではあるが、しかし個立した実体ではない。その包含する全周囲なしに、その生成は現実化していないからだ。一切にとってそうであり、そこでは人間も他の一切もすべて等しい。それが自然の全体を支配する弁証法であると、私達はエンゲルスに言うことができるのではないだろうか。もし弁証法という言葉を使うとするならば。その生成において、勿論万物は流転するわけだが、仏教も無常ということを言うが、この無常は、縁起に拠って、つまりそこから起ってくるものであり、仏教の法（真理）においては縁起が先にあるものであり、無常はその後から起こる二義的なものに過ぎない。

その、自己の全周囲を包含する自己——認識する意識としての自己ではないが——において、仏教は生成する一切のもののその「一個」としての根源的な立場を捉える。殆んど生まれ落ちた時から社会的存在であることを逃れられない存在である、私達のような人間においてさえ、仏教が捉える根源的な「一人」としての立場はそこにある。だから釈尊も一人、臨済も一人、親鸞も一人だ。そこには超越者、絶対者としての神が存在せず、もちろんその止揚としての絶対精神も存在せず、他者としての汝も存在しない。客体がそもそも存在しない。認識する主観なしには、客体は存在しない。一切の生成において、そのそれぞれの全周囲が包含されることで、つまりその、根源的に関係であることの中から「主体」が生起し、流転すると言われているのだ。もっともこれは関係というよりは、単に全周囲との連続とでも言うべきものかも知れないが。臨済禅師が、超越者である神と共にある、人間の我と汝論を語る、などということを想像することができるだろうか。その神が、もはや人間的概念におけるものとして、実体としては消去されてしまっていても、同じことだ。他者としての神が存在せず、他者としての汝が存在しない、というのが仏教における一人としての自己の立場なのだ。

廣松が「主体」——「客体」の対立の構図を覆すことを語る時、その「主体」と「客体」のもっと直接的で本質的な関わりということが言われるのだが、私達自身にとっては、まず「客体」が「客体」として立ち現われてくる、その構図を問わなければならない。認識する意識としての「主観」の構図を問うということでもある。これは、先験的感性論に属する問題だ。認識の対象が人間に与えられるための条件を問うものだから。勿論、カント哲学に添って考えるならばということだが。カントは「先験的論理学」の前に、「先験的感性論」を置いている。もしこの哲学が「論理学」から始まっているとしたら、きっと私達はあまりカントに親しむことができなかっただろう。つまり何かしら私達自身の必要にかられて、それを読むということができなかっただろう。

「それだから私は先験的感性論で、悟性が概念によって思惟する一切のものを分離して経験的直観だけを残し、こうしてまず感性を孤立させよう、次にこの経験的直観から、感覚に属する一切のものを分離して純粋直観、即ち現象の単なる形式だけを残すようにする。こうして最後に残されたものこそ、感性がア・プリオリに与え得る唯一のものである。このように究明していくと、感性の二つの純粋形式であるところの空間と時間とが、ア・プリオリな認識の原理であることが判る。」
(『純粋理性批判』上、岩波文庫、八八〜八九頁)

空間は、悟性による思惟より先にあるものである、感性の純粋形式であるわけだが、この純粋形式はカントにとって、「先験的主体」そのものに内的に具わったものとして認識されているだろう。敢て「先験的主体」と言ったが、認識する意識としての「主観」にとって、先にあるものとしての何ということでしかない。

「現象において感覚と対応するところのものを、私は現象の質料と名づける。これに反して、現象の多様な内容を或る関係において整理するところのものは、現象の形式と呼ばれる。感覚を整理し、またそれを或る形式に納めることのできるものは、それ自身感覚ではあり得ない。それだから一切の現象の質料は、なるほど我々にア・ポステリオリにのみあたえられはするが、しかし現象の形式は、感覚を受けいれるものとして、すでに我々の心のうちにア・プリオリに具わっていなければならない。」（前掲書、八七頁）

ところで私達にとって「先験的主体」としての何は、既に或る定義においてあるものであり、それが根源的に関係的存在としてあるもの、その意味で無所有の存在であるものとして、認識されている。この関係は、決して或る「一個」の個立したものとしての自己と、同様にそれぞれに「一個」としての他の一つ一つの存在との関係ではない。仏教において、それは必ず自己とその全周囲との関係であり、その時全周囲が主体の内に包含される。それが存在であり生成であると言われているのだ。そうでなければ、どうして私達は「五蘊皆空」などと言い得るだろうか。しかしカントにとって「先験的主体」は個立した「一個」としての自己であり、外界に存在するものも、既にどのようにか個立して、並んで存在する或るものなのだ。しかし私達にとっては、この並んで存在する或るものが、まだ登場していないものとして、この何が存在すると言える。カントにとっては、これらの外界の或るものが心意識を触発することによって、感性の受容能力や、悟性による思惟が働き出すのであり、この触発なしには何もあり得ない。しかし感性について言うなら、二つの純粋形式が「先験的主体」にア・プリオリに具わっていると言われているのだ。

「空間は、多くの外的経験から抽象されてできた経験的概念ではない。或る感覚が私のそとにある何か或るもの（換言すれば、私が空間において現に占めているところの場所とは異なった場所にある何か或るもの）に関係し得るためには、――つまり私がこれらの感覚を、それぞれ別々にかつ並んで存在しているものとして、従ってまた感覚そのものが互いに異なっているばかりでなく、それぞれ異なった場所にあるものとして表象し得るためには、空間の表象がそもそもその根底に存しなければならないからである。それだから空間表象は、外的現象の種々な関係から、経験によって得られたものではあり得ない、むしろかかる外的現象そのものが、空間表象によってのみ初めて可能になるのである。」（前掲書、九〇頁）

カントは空間がア・プリオリな必然的表象であるということを言う時、「空間のなかに対象がまったく存在しないと考えるのは、かくべつむつかしいことではない、しかし空間そのものがまったく存在しないと考えることは、絶対に不可能である。」と言っている。その通りなのだが、しかしそれは主観としての自己が、既に或る空間を充たして存在してしまっているからだとも言える。むしろ私達にとっては、認識する意識において、この基本的に自己がその全体を包含する全周囲の中から、必ず個々の或るものが個々のものとして、意識の対象として認識され、関係するのは何故なのか、ということの方が問題だ。私達にとっては、単に外界の多様なものが表象される、あるいは秩序を与えられる、ということより先に、意識が自己と他者を個々のものとして引き離す、ということがなければならないのだ。私達にとっては、「先験的主体」においては、まだ単に自己の全周囲の一切を己れの内に包含する何か、でしかないのだから。

既に「先験的主体」という言葉を使ってきているのだが、このカントの「先験的主体」という概念ほど、私達を悩ませるものはないと思う。カントは先験的原理論を、先験的論理学からではなく、先験的感性論から始めている。このために、私達はカントの理論の道行きに同行することができる。論理学は思惟の法則であるが、人が思惟する意識となる時、そこに何があるのか、ということこそ先にある問題だからだ。ヘーゲルは哲学を定義して、「対象を思惟によって考察すること」(エンチクロペディーの序論)などと言っているので、私達はこの哲学には、批判的にしか同行できない。しかし私達にとって意識がそこから生起する、つまり思惟する意識より先にあるものである何は、無所有の存在であるわけだが、カントが「先験的主体」という時、それは自己所有の自己として認識されているだろう。そのために、この概念には疑念がつきまとう。「物自体」ではなく、その前に「先験的主体」の方が疑問になって、これがあるとカント哲学を全面的に受け入れることは不可能と思えるほどだった。実際、全面的に受け入れるということは不可能なのだが、しかしカント自身は理論的には、思惟する意識より先にある何を、決してまだ定義してはいない。定義しない所から、その思惟を始めている。そのような哲学として、私達の前に置かれているヨーロッパ哲学は、カント哲学だけだ。だから私達はこれを手離すこともできない。私達は意識が関係を生きるのではなく——勿論意識も関係を生きるけれど——その前に無所有の関係性それ自体の中から意識が生起する、ということを私達自身の哲学として生きてきている。それを忘れないならば――忘れることはできないが――意識経験の学が絶対知に到るなどという哲学に、どうして同行することができるだろうか。しかしそうは言っても、カントが人間の存在を自己所有の存在と考えなかった、などと考えることもできないので、私達はカント自身の言葉によっては、おそらくカントを全面的に受け入れるということはできないと思う。哲学者ではなく、心理学者、科学者という肩書の人であるが、おそらく哲学よりも科学よりも、もっと深い人間性そのものを感じさせる思想家である、J・ピアジェの精神発達の認識論が、私にとって最も興味深く、また私達自身の哲学の底にあるものに、ふれてくるものだと思う。

私達にとっては、歴史的に存在の根源における無所有性ということが、最も大きな認識として存在しているため、主体を考える時、それと同時に、あるいはそれより先に、関係というものが考えられ、しかもそれは超越者であり絶対者である阿弥陀如来などとの関係ではなく――それを宗教者が否定している。少なくともそれが客観的真理であることを懐疑している――関係が現実化する時、私達が自己の内に見出すものは、具体的で現実的な他の一切との交わりであるため、その主体としての意識に不安と悲しみがつきまとうように思う。ピアジェが精神発達の根本に、主体の活動と自発性を認めていることは、私達にとって興味深く、また私達に必要な認識ではないだろうか。ピアジェは次のように言っている。

「認識は、その起源では自分自身を意識している主体から生じるのでもなく、主体に課せられるところの（主体の見地からみて）すでに構成された客体から生じるのでもない。認識は、主体と客体との中間に生じる相互作用、したがって、同時に両方に属している相互作用から生じるのだ。しかし、それは、はっきりとした形のもの同士の相互交渉によるのではなく、完全に未分化であることによるのである。

他方、したがって、最初は言葉の認識論的意味での主体も、あるがままだとみなされる客体も、とくに、相互作用の不変な道具も存在していないとするならば、認識の最初の問題は、こういう媒体をつくることとの問題であろう。このばあい、それらの媒体は、自分自身の身体と事物との接触の領域から出発して、外部からと内部からの二つの相補的な方向に、しだいに前進しつつ、はいり込むこととなる。主体と客体とが密接に結びついて完成されるのは、媒体がこの二つの方向にしだいに構成されていくことに依存しているのである。」

「じっさい、初期の相互作用の道具は、知覚なのではない。この点で、理性主義は経験主義に対してあまりにも安易に譲歩してしまった。それはまさに、知覚よりもはるかに大きな柔軟性をもつ活動そのものなのである。」

「乳児は、自我意識の徴候も、内界の所与と外界の所与との間の安定した境界の徴候もなんらあらわしていないのであって、この「非二元性」は、その自我の構成が、他人の構成に相応しながら、しかもこれと対立しながら、可能になるときまでつづく。わたくしも、わたくしの立場から、次のことを認めた。他人という人物に対するこの興味が同時に起こる時期まで、原初的な世界は永続的な対象をもたず、永続性の与えられる最初の対象は、まさにこれらの人物によって構成されるのだ。」

「主体も客体も含まれていない実在の構造の中では、のちになって主体となるものと客体となるものとの間の唯一の可能な結びつきが、活動によってつくられることは、明らかである。しかし、それは特殊な型の活動なのであって、その認識論的意味は、教えられる点が多いようにおもわれる。じっさい乳児は、空間の領域でも、構成されつつあるさまざまな知覚器官の及ぶ範囲でも、あたかも世界の中心であるかのように、すべてを自分の身体に向ける。しかし、その中心は認識されていないのである。いいかえれば、原初的活動は、主体的なものと客体的なものとの間が完全に未分化であると同時に、基本的に中心化されている――その中心化が、この未分化にむすびついているので、根本的に無意識的なものであるとはいえ――ことを示している。」(『発生的認識論』白水社、一九～二一頁)

ピアジェが実在の最初の構造に――そこにはまだ主体も客体も含まれていない、完全に自己中心的であるが、しかしその全周囲と未分化であり、その意味で本質的に無意識的である、その自己において――その個体の活動と自発性を認めていることは、私達にとって意味深いと思う。ピアジェは未分化である、その根源的な関係性が個体とその全周囲との間のものであるなどと言ってはいないが、しかし私達はそのように解する以外にない。原初的な世界は永続的な対象を持たず、他人という人物に対する興味が起って初めて対象の認識が始まるということは、未分化であるものは、全周囲との関係以外のものではない。カントは感性の純粋形式としての空間の構成を、先験的主体そのものに具わったものとして考えるだろうが、私達にとっては、この他人という人物に対する興味によって、他者が或る個的存在として、対象化され、認識された時、空間が感性の形式として構成されると言える。それは自己意識に先んじているのだから、ア・プリオリな純粋形式と言い得るものだろうが。ただ私達にとっては、先験的主体において内的に見出されると言えるものは、全周囲との未分化の関係そのものと、そしてその生命としての発生の瞬間から始まる、その活動と自発性だけではないだろうか。それだけで充分であり、またそれこそが私達にとっては意味深い。生命の最も根源的な立脚地において、関係が未分化であり、存在が無所有——その自己が包含する全周囲なしには自己の現実化（現実的生成）があり得ないということ——であるということを、私達が浄土真宗の思想などから受け取る時、そこで私達が自己の内部に見出し得るものは、既に現実化している、それぞれの全周囲との具体的な関わり合いだけであり、それ以外は何も与えられていないかのようだ。親鸞の「法然上人にすかされまいらせて——」など、宗教者の言葉として全く驚くべきものだと思えるものだが、そこで私達は不安と悲しみと沈黙の中に佇むしかなくなってしまう。親鸞にとっての法然上人を、私達はどうやって見出せばいいのだろうか。しかし本当にそれ以外何も与えられていないとしても、その未分化の関係が現実化するのは、個体のその活動と自発性によってであり、それなしには他者が、勿論他の一切が対象化されることもない。それはほんの少しの見方の違いでしかないとしても、私達にとっては意味深いことではないだろうか。

しかしそのことはまた、個体のその活動と自発性の根源において、その個体の内部に見出される関係性というものは、必ず全周囲との未分化の関係であり、意識は対象を対象として捉えた後、文字通り主体―客体の対立の関係を生きるわけだが、そこでその根源的な関係が揚棄されてしまうわけではないということだ。主体―客体の関係の中に、生命の根源的な自発性が存在するわけではないのだから。「先験的主体」が内的に持つものは、その自発性と、そしてその全周囲との未分化の関係だけである、という認識の中に立つ時、――カント自身は「先験的主体」を自己所有の存在と考えているはずだから、私達はカント思想の全体を、ここで受け入れてしまうわけにはいかないのだが――しかしその前に否定しなければならないものは、ヘーゲルの論理学だ。ヘーゲルは人をそれ自体関係的存在であるものとして思考しているが、それはただその現存在がその自己を取りまく諸他の現存在との様々の連関を内に含んでいる、ということであり、その諸他はヘーゲルにとってもともとこの世界に個立しあった、つまりもともとは常に対象としてある他者であるから、対象が対象として主観によって捉えられる――その時「主観」も生起するわけだが――その立脚地を探ろうとするカントとは、ずいぶん異なっていると言わなければならない。だからその弁証法は、「有と無（非有）とは同一である、すべてはあり且つあらぬ」というギリシア思想を捉え、万物は流転するのだから、「真なるものは成であって有ではない、つまり真理は成である」などと言っているが、しかし私達がこの「あり且つあらぬ」という言葉を考える時、この言葉は外面的には仏教の「一切皆空」という表現などと似ているのだが、しかし――仏者の「皆空」ということ、――その「あり且つあらぬ」ということが捉えているものは、必ず一者とその全周囲との関係であり、その未分化であって、「主観」が対象を対象として捉えて後のものではない。もっとも私達の仏教の歴史では、「主観」が対象を対象として捉えて後の、認識の構成の分析などをしてきているわけではなく、それが混合されていると言えるが、しかし最初の立脚地が認識されていないわけではないので、理論的にそのように認識する以外にない。この最初の立脚地を欠落させているヘーゲルが、「あり且つあらぬ」などということは、それは真ではないと私達は言わなければならない。すべてのものは「あり且つあらぬ」、つまり有と非有との混在であって、真なるものは有ではなくて「成」だ、と言いうる時、その一者は、その全周囲を未分化の関係においてその内に包含しているのであり、対象としての他者を包含してはいない。ましてマルクスがその観念論の逆転で志向したような、社会的で現実化された他者などは全く包含していない。勿論その現実化した人間は、最初の立脚地を決して揚棄できないので、何処までも関係的存在であると言えるが、しかしそれならばなおのこと、その立脚地を理論的に欠落させているヘーゲルの弁証法は論理学として成立しないと思われる。ヘーゲルがいみじくも歴史をねじ曲げて、思想の発展の歴史としてはヘラクレイトスよりも先にあるものとしている、ゼノンのパラドックスにおける、その抽象的で主観的な弁証法のみが弁証法として成立しているのだ。勿論こんな玩具のような弁証法をマルクスとエンゲルスが望んだわけではないことは明らかなのだが。エンゲルスは『自然の弁証法』において、カント・ラプラス説にふれるなどして、カントの科学的思考に敬意を表わし、「地球が生成した何物かである」ということの発見を、カントによる進歩の跳躍点などと言っているが、しかし「物自体」をカント思想の中で最も保存される値打のないものなどとも言って、その認識論に対しては、殆んどヘーゲルのカント批判を追認するばかりだった。何故このようにカントに対して暢気な態度を取っていられたのか、全く不思議に思うしかない。

カント自身は「先験的主体」を自己所有の個的存在として考えていたはずなので、そこに矛盾を孕まずにいられないのだが、しかし理論的にはカントはその先験的な何、意識がそこから生起する何を、自己所有の存在として定義してはいない。そこから分析を始めていない。私達自身は、その何を無所有の存在として定義する所から、歴史を生きていると思われるが、その私達の立場においては、勿論無所有の未分化の関係は「主観」と「客観」に分かれなければならないから、というより私達の現実化した言語的意識においては現にそれが分かれているわけだが、私達はその「主観」による認識と、私達の根源的な存在の立脚地との間にあるものについて、問わなければならない。それは勿論カントの認識の構成論を直ちに受け入れることではあり得ないが、しかし認識が「主観」による構成であるということ自体は、必然的であるように思う。つまり弁証法的に言うなら、私達は「あり且つあるぬ」ということ、「真は有ではなく成である」ということを、明確に認識するなら、――この認識においては、そこで一者が生成する時、そこに内在する関係性は自己と、そこに包含された全周囲であるわけだが。少なくとも私達にとって――それは現実化した言語的意識に当てはまるものではない。「主観」はどのようにか他者を対象化し、認識しなければならない。それによって、「主観」もまた生起するのだ。

このことは、思惟する「主観」の立脚地と、存在の根源にあるものとが、同一でないということでもある。「先験的主体」としての何においては、自己の内に包含される全周囲との関係があるのに対し、――これを包含せずに、その自己が現実化しない。つまりそれがその一者の、活動と自発性と、勿論運動の根源にあるものだ――しかし思惟する「主観」においては、思惟する意識は自己の外側にその対象を「客観」として持つのであり、勿論それなしに人間の生活はあり得ない。言語も論理もそこにあるものであり、それは最初の未分化の関係に対して言うなら、分離でもあるが、人間の社会的関係において、もっと濃密な関係の中に入って行くことでもある。それが一人の主体の内で徐々に完成されるわけだが、ピアジェは、「主体と客体とが密接に結びついて完成される」という表現をしている。一つの主体である乳児にとって、完全に自己中心的であると共に、周囲と未分化の、その無意識な関わり、つまりそこにはまだ「主観」と「客観」がはっきりと存在していない関係の中から、分離すると共に歩み寄る、密接な結びつきが、そこで完成して行くのだ。このことは、「人格」というものが最初から与えられているものではなく――その核になるものは存在するとしても――最後まで不安定な要素を持ち続ける、ということでもあると思う。ピアジェが言うように、一人の人間は、自己の精神と周囲の一切の存在との間の均衡を、自らの活動によって、繰り返し繰り返し獲得して行かなければならないのだ。

またこのことは、思惟する「主観」の立つ位置、というよりその「主観」が必然的に自己の内に含んでいる関係性と、存在の根源にある関係性とが、同一でないということでもある。思惟する「主観」が、ということは、つまり思惟や概念や論理が、ということでもある。つまり思惟と存在とは、その底に異なるものを含んでいる、ということだ。これは単に現実化した存在とその概念とは同一でない、ということではない。ヘーゲルは、「現存在がその概念と異なっている」ということが、あらゆる有限なものの本質である、と言っているが、それとは異なる問題だ。勿論、「現存在」はその概念とは別のものだが、しかし「現存在」は、少なくとも社会的に既に現実化した人間にとって、――つまりまだ未分化の関係の中にある乳児ではない人間にとって、――思惟する「主観」そのものであるわけだが、その思惟する「主観」は、存在の根源において包含される関係性と、異なる関係性においてある、ということだ。その思惟する「主観」は、思惟する「主観」となった後にも、根源的なものを決して完全に揚棄するということはできないので――むしろそれが生命体の活動と自発性の根拠であり、自然の弁証法であると思われる――それによって複雑にはなるが、少なくとも類としての人間にだけはそれが揚棄できるなどと考えることはできることではない。

このことはまた、存在の真理を、人が概念から分析によって導き出すことはできない、ということでもある。この表現は、如何にもカント的ではないだろうか。実際これは、ヘーゲルがカント批判の文章の中で、カントに対して語った表現なのだ（エンチクロペディー）。そして私達自身は、この存在の真理を人が概念から分析によって導き出すことができないということを、別の仕方で、歴史的に嫌というほど聞かされている。禅者は悟りを語らないで、弟子達に対して常に打つの喝すのとやっている。論じられた言葉も多いが、しかし中には禅者がふざけちらしているのではないかと思うような言葉も多く、基本的に真理は概念から分析によって導き出せない、という認識が徹底している。また私達自身は、その真理や哲学に属する次元ではなしにも、自己の本質を決して純粋に思惟する「主観」に即して考えず、全周囲との未分化の関係の中の自己を、そこに包含しているため、自己の本質は決して言葉で言い表わせないという思想を持っている。日々、この思想を生きている。これは或る意味では言葉の軽視にも繋がり勝ちなので、決して良いことと言うつもりはないが。ところで私達がその存在と思惟との矛盾を感じるのは、ただ存在の根源にあるものが未分化で無所有の関係であるという、その仏教の認識によっており、それが歴史的に与えられているからだ。しかしその存在の根源にある何としての「先験的主体」を、無所有と考えたとは考えられないカントが、その著書で、存在の真理を概念から分析によって導き出すことはできないと言っているのだ。大変独得であると共に、誠実な思考と、分析によって、それを語っているのだ。しかしそれについてのヘーゲルの思想は、

「――とにかく、思想と存在とは別なものだというようなつまらぬ批判は、人間の精神が神の思想から出発して神が存在するという確信に到達する道を妨げることはできるかもしれないが、それを奪い去ることはできないのである。」(『小論理学』上、岩波文庫一九七頁)

というものであり、私達は唖然とするばかりだ。

この観念論を逆転しようとするマルクスとエンゲルスの気持は解るけれども、――エンゲルスは「自然の弁証法」において、自然界の一切を不断に運動するものとして捉え、一切を連関の中に捉えるのだが、少なくとも私達にとって、一切が運動の相においてある時、その運動する一者が内包しているものは、その全周囲との未分化の関係であって、思惟する「主観」が内包するものとは異なって

いる。この未分化の関係が一者の内に包含されることなしに、その運動の現実化そのものがあり得ず――勿論自発性というものは、その現実化の前にあると言うべきかも知れないが、しかし自発性そのものが現実化しているわけではない――それは思惟する「主観」とは異なっている。勿論その「主観」も、そこから生起するわけだが、しかし「主観」は当然、他者を自己の外側に捉えている。外側に捉えずに、言語的意識の現実化もあり得ない。しかし運動そのものの原点は、未分化の関係の中にあり、だから仏教において、思想の原点、活動の原点は、「縁起」なのだ。「無常」が原点ではない。「生あるものは必ず死す」とか、「この世に永遠なるものはない」、「万物は流転する」ということが、運動の原点ではないのだ。「万物は流転する」ということは、「無常」に属することであって、「縁起」を捉えていないと言える。しかしヘーゲルは、思惟する「主観」が神から与えられていると考えている人なのだから、これを逆転するということは、「思想と存在とは別のものだというようなつまらぬ批判」に拘泥する、ということでもあると思う。もし仏教の「縁起」あるいは何であれ、運動の原点というものを、弁証法の、その「上向法」の起点に据えようとするのならば、その批判なしに済ますことができるはずはないのだから。エンゲルスは決してカントに対して冷たいわけではないが、しかしあまりに暢気としか言いようがない。「万物は流転する」という「無常」観は、弁証法の起点に据えるには、根源的なものを欠落させていると思う。

「先験的主体」をもしそのように捉えるとすると、それは運動の原点ではあるかも知れないが、無所有の存在であるのだから、「先験的主体」を無所有の存在と考えたとは思えないカントの思想と矛盾すると思うかもしれないが、しかしカントはそれが自己所有の存在であるという定義の上に、その理論を構築しているわけではなく、そのために矛盾を孕んではいるが、しかしそのようなものとして私達の前に置かれている哲学は、カント哲学だけなのだ。私達自身にとって、意識がそこから生起する何を、仏教的に無所有の存在と考える場合、それは思惟する「主観」との間に矛盾を持つということなのだが、その矛盾は私達にとって理論化され、構造化されていない。両方が渾然一体となって生きられてきた状態だ。そうであれば、私達はカント哲学によって以外――カント哲学を全面的に受け入れるということではありえないが――その自己が生きてきている矛盾を構造化する端緒を持ち得ない。思惟する「主観」の、その意識経験学を追おうなどということは、その後でなければできることではない。しかしヘーゲルにとっては、思惟する「主観」が神から与えられているのだから、立脚地を異にしているとしか言いようがないし、その観念論を逆転しようとするマルクスとエンゲルスの思想も、少なくとも私達自身にとってはカントほどの意味を持ち得ていないように思う。だからと言って、カントの使う「先験的主体」などの言葉を全て受け入れる必要はないのではないかと思うかもしれないが、しかし私達はいま、仏教の言葉で私達の生きる矛盾を理論化できない。もしかしたら仏教はその矛盾を構造化してきたかもしれないし、それを今仏教の言葉で私達が語れないのは――私達が自己自身を仏教の言葉のみで語れないのは――私達自身の責任かも知れないのだが、しかしそのこと自体を私達に意識させる存在として、カント哲学はあると思う。だからそのカントが、「先験的主体」と呼び、「純粋悟性概念」と呼び、「物自体」と呼ぶというのだから、私達はその言葉を受け入れることができると、私自身は思う。

2

廣松渉が「関係の第一次性」とか「事的世界観」と言う時――私自身は「関係の一次性」ということについては、一次性と言い切る以上、仏教的な「縁起説」以外のものを考えることができないが――、物象化論と結び付いており、関係の物象化ということ自体は、当然社会化した人間の意識によって生きられるものだ。社会化した意識以外のものが人間にとって現実化していない、どんな幼児の生きる意識も社会化している、ということはまた別の問題だ。つまりそれ以外のものは人間にとって現実化していないのだが、しかしその現実化の前に「五蘊皆空」を捉える仏教の立場に立つと、その意識――対象を対象として捉える「主観」として生起する意識――の現実化の前にあるものは、その主体の生命としての活動そのもの、自発性そのものであるという、ピアジェの指摘が最も意味深い。私達の心の拠り所となるものであると思う。しかし廣松は「関係の一次性」を物象化論と結び付けて考えるため、物象化を生きるものは思惟する「主観」としての意識であるわけだが、この意識は、おそらく基本的に乳児がその未分化の全周囲の中から永続する対象としての母親に、その活動の意志を集中する時、そこから生起し、それがこの世界の認識する原点としての、感性の純粋形式としての空間認識に繋がるものでもあると思うので、そこに成立する基本的な「主観」―「客観」の構図を覆すものとはなり得ない。というよりこの基本的な構図は何によっても覆し得ないのだが、ただ関係の一次性ということ自体は、この意識より前にあるものとして認識することができるし、そのように認識する必要がある。というより私達自身はそのように認識してきたのだ。「実体主義」などを生きてきていないのだから。しかし廣松は「関係の一次性」を物象化論と結びつけた上で、「実体主義」を超克することを語っている。それはある意味でマルクスとエンゲルスが求めたものであったかも知れないが、しかしエンゲルスの最後の著書においても、それが超克されたと私達は思うことはできないだろう。関係を第一次的なものと考えることは、実体主義の否定であるが、それは物象化論とは一体のものとなり得ない。

私自身は、私達の歴史の何処を見ても、実体主義などは存在せず、その否定が生きられているのだから、それを改めて否定することや超克することなどが求められるべきだと考えることはできない。廣松が実体主義の否定ということを、具体的にどのように考えたのかは解らないが、私が私達の生きてきたものにおいてそれを理解する時、最も深く、生々しいものとして、それを感じさせるのは親鸞の思想だ。『教行信証』は他力信仰に対する熱い信念が語られるが、あまりにひたむきであり、禅者の言葉のように論理的でないせいもあり――禅者は無茶苦茶なことを言うようでいて、そこで人間の言語的論理と存在との構造が捉えられ、概念的思考それ自体が論理構造化して捉えられているので、普遍的で客観的な印象だと思うが――親鸞にとって、自分自身の身の内にあるもの、勿論すべての衆生の内にあるものは、根源的な無所有であり、この現世において現実化しているものは、ただ眼前の他なるもの一切との具体的な関わりだけであり、その葛藤の中から心を救い得るものは、他力信仰だけであるという信念が、本当に圧倒的なものとして感じられる。その上私達には『歎異抄』の印象と引き離して、これを捉えることはできないから、生あるものの無所有ということを、否定することができない。悪人は阿弥陀如来によってではなく、悪人であることとそれ自体によって救われるのでなければ、無辺の衆生が救われるということはないのだと、親鸞は考えているのだ。それは、私達がこの世で持ち得ているものは、ただそれだけだということでもある。それは、現象である一切以外のものではないということでもあるだろう。

私にとって、このような無所有の中にあって、最も救いの言葉と感じられるものは、ピアジェの指摘だった。この世で「主観」として生起するもの、その意識する精神にとって、それ以外のものは何もないとしても、それを生起させるものは「先験的主体」の活動であり、自発性であるということだ。しかし勿論、自発性それ自体が現実化しているわけではなく、現実化しているものは、関係の未分化の中からの生成なのだ。

「先験的主体」をそのように考えると、「先験的主体」が無所有性そのものでもあるということであり、カントが敢えて「先験的主体」と呼んだ意味を失っていると思うかも知れないが、しかし私達にとっては歴史が邪魔をして、主体の背後に絶対的実体としての神などを考えることはできないから、それ以外の理解はできない。また、カント解釈としても、その方が矛盾を持たないと思う。先験性といっても単に個的存在としてのそれぞれの主体の背後にある自発性という意味でしかないが、しかしその更なる背後に、どんな超越的なもの、絶対的なものがあるのかを、人間の理性は問えない、ということを語ったカントの真意をそこねない。唯一、異なっているのは、私達はその自発性が持つ無所有性というものを、既に個的存在として対象化された他者に対してでなく、必ず単に全周囲を未分化の関係において包含するものとして捉えているということだ。

カントにとって、感性の二つの純粋形式は、「先験的主体」の所有と考えられただろうが、私達はそのように考えることはできない。「主観」が生起する時、つまり乳児が母親を、永続する興味の対象として、活動の意志をそこへ向けて生き始める時、空間の認識の形式も、どのようにか生起する、と私達は考えるしかない。空間のように外的直観でなく、内的直観である時間の形式は、更に後から生起すると考える以外にない。もっともカント自身、この直観の形式を、人間の感性だけに限定する必要はなく、人間以外の一切の有限な思惟的存在者にも、一致するものだろうということを言っているから、決して根源的に異なっていると考える必要はないが。「かかる直観は、所詮は派生的直観であって、根源的直観、即ち知性的直観ではない」、と言っている。また、「知性的直観は、根源的存在者のみに属し、人間のような存在者――つまりその現実的存在から言ってもまたその直観（かかる直観は彼の現実的存在を、与えられた対象との関係において規定する）から言っても、依属的であるような存在者には属しないもののようである。」とも言っている。つまりこの直観における、どんなア・プリオリな判断も、感官の対象以上に及ぶものではなく、可能的経験の対象だけにしか妥当し得ないということであり、ヒュームがもっと主観的で感情的に表現したことと、本質的には異ならない。

私達にとって、「先験的主体」における自発性を認識することは、救いであるだろうと言ったのだが、しかし自発性そのものが現実化しているわけではないから、現実化しているものは有限的で、依属的な存在としての、その現象以外のものではない。ただ私達にとっては、その現象であること以外、もう何ものも与えられていないかのような認識が生きられているから、個的存在としての自己の、その具体的現実の根拠としての自発性を、「先験的主体」において認識することは、救いであるだろうと思うのだ。この自発性は勿論、ピアジェが言う活動の自発性であり、一切がそこから生起するものとしての自発性であり、カントが認識の論理学で言う、感性の受容性、悟性の自発性ということにおける、自発性ではない。

この、「先験的主体」において認められるものは、その関係性それ自体と、――勿論この関係性そのものの認識は仏教的認識だが――単なる自発性だけであり、現実化しているものは、現象としての営みだけである、という認識は、基本的にヒュームの思想に繋がるものだと思う。ヒュームから、私達が読み取れる思想だ、ということでしかないかも知れないが。しかしもしこれをヒュームの思想の本質と考えた場合、カントは自ら言うように、基本的にヒュームの疑念に答えるために思索しているわけだが、その時、このヒュームの思想の本質自体は、自ら受容し、つまりそれを自らの認識でもあるものとして受容していると思う。ただそれにも拘らず、悟性には分析的判断のみではなく、綜合的判断が可能であり、つまり意識はどのようにか対象そのものと関わり、またそこで人間にとって客観的真理というものも成立する、ということを彼は論証するのだ。

そして私達自身の精神と歴史の奥底にあるものも、このヒュームの思想の本質と重なるから、私達はこの二つの哲学とのみ、血肉的に関わり得ると思う。勿論興味深いものは他にもあるが、それはどのようにかこの二つの思想に関わっているものだ。しかしヘーゲルは、このヒュームがもたらした意識の根拠の崩壊を切り捨て、その切り捨てること自体を、「精神現象学」の出発点、つまり誕生地としているのだから、私達はこのヒュームがもたらす、また私達自身が歴史的に生きてきている最初の不安に答えることなしに、ヘーゲル哲学に同行することはできない。意識は絶対知に到らないと言われているのに、そしてカント自身は、絶対知には到り得ないが、しかし人は客観的真理を共有し得、また人間的理性を互いに働かせ得る、ということを、苦労の末に論証しているわけだが、しかしヘーゲルは意識経験学を持って絶対知に到ろうという、その学問の最初で、この不安の構造自身を切り捨てている。そんなへりくだった考え方は必要がない、などとも言っているが、私達自身は明らかにカント以上にへりくだった考え方を——もしヘーゲル的に言うならば、だが——歴史的に生きてきているとも思えるので、その構造に、どのようにか私達の内面を充たし得る答を見出さずに、ヘーゲル思想そのものと取り組むということ自体ができない。自己自身を放り出さずには、それはできないはずだと私自身は思う。意識にとって客観的真理が成立するかどうか、ということは、私達にとっても血肉的な問題だ。親鸞の懐疑の言葉は、まるで客観的真理として成立し得るのは、阿弥陀如来の存在ではなく、めいめいその自己にとっての眼前の他者、つまり「法然上人」だけかも知れない、と言っているかのようではないか。

廣松の言う「関係の一次性」ということは、意識が自ら意識する、その不安の構造に属す問題だが――そうでなければ、どうして関係の一次性が思考し得るだろう――、物象化論は、ヘーゲルの地点からでも、どのようにか考慮できる問題だ。つまりこの二つを、同一の地平で捉えることはできない。


カントは、人は絶対知に到らない、つまり思惟は制約を受けている、という前提に立っている。これを前提というのはおかしいかも知れないが、このヒュームがもたらした疑念の本質を自ら受け入れているということだ。

これはヘーゲルの言う、「現存在はその概念と異なっている」という問題とは異なっている。ヘーゲルはそれを有限者の本質と言い、神においてのみ存在と概念の統一があると言っているのだが、こんな思考は、神の存在と、また永遠の純粋概念とでも言うべきものが前提にされて、初めて成立するものなのだから、ヒュームの疑念に対する答にはなっていない。この概念という言葉自体、私達から見ると大変曖昧に感じられるものなのだが、おそらく曖昧というよりは、それ自体が「純粋有」としての絶対者の存在を前提にするところに生まれる概念なのだろう。カントも基本的にはそこに立っている。たとえ「有限者」としてであれ、絶対者に繋がるものである人間の精神は、言わば「現存在」として単なる有るものでしかない他の一切とは異なるのであり、その人間の精神を問う時には、概念云々と言わなければならない。カントの問いである「ア・プリオリな綜合的認識」は如何にして可能か、ということは、悟性にとってア・プリオリでありながら、なおかつ対象それ自体と関わる精神の営みとは何なのか、ということなのだが、私達自身は対象に関わる営みこそ意識そのものであり、悟性の営みも勿論その内側のものでしかない。カントの問いはそれをちょうど逆にしたようなものだ。カントは意識を実体として前提しているわけではないが、しかしそれ自体がどのようにか個立した自己所有の存在であるという認識に立っている。ただそれを理論の前提とはしていない。意識がそこから生起する何を、カントはまだ定義しておらず、特に実体という定義自体は否定されていると考えられる。だから「先験的主体」ということも、それはただ思考における「先験的主体X」でしかない、と言われているのだ。

　ところで私達が、意識がそもそも関係における生成であると考える時、それは全周囲との根源的な連続の中から、営みそれ自体が生起するということであると思うのだが、この根源的な関係や連続というものは、本質的には決して論証し得ないものとして認識されている。それが決して論証し得ないものであるということ自体を、仏教は語り続けていると思う。禅などは、殆どその論証し得ないということ自体を中心にあったかと思うくらいだ。そう考えなければ私達は禅者の放言や、終始弟子達を打つの喝すのとやっている態度を理解できない。論理は人の意識が、当然のことだが認識する意識となった後に成立するものだが、だから意識がそこから生起する何における関係を、人が論証し得るということはあり得ない。禅者はそれは（悟りは）自分の足を持ち上げるようなものだからと言い、釈尊は拈華微笑を伝えられている。そして私達自身は、そのことを受容してしまっていると言える。

それを受容するのは認識する意識なのだが、その認識する意識がどのようにして認識する意識であるのか、ということは私達には解明されていない。

意識は、つまり自我は、決して純粋に個立した存在物ではないという認識を、私達は持っていると思うのだが、その無所有ということは、論理的に考えるなら、勿論認識する意識、つまり言語的な、それによって真に現実的な意識となった意識におけるものではない。言語的で社会的な意識を、全く無所有のものと考えることはできないからだ。しかし無所有ということは、関係を自己の内に抱え込んである、ということなのだが、その無所有の認識によって私達が抱え込んでいるものは、現実的な意識が生きる関係の中のこの世界の現象そのものであって、それ以外のものではない。無所有と規定された自己は、意識がそこから生起する何における自己であるはずだが——言語的で現実的な意識を無所有と言い切ることは、私達にとってもできることではないから——だからその認識によって意識の内で具体化されたものは、その私達の生成の根拠としての何が、その背後で超越的で絶対的なものに繋がっている、ということの否定であったと思う。その絶対者との繋がりと逆のものとして、言わば無所有の意識は具体的な眼前の全周囲と繋がるのだ。親鸞は念仏と他力信仰に対する信念を語るが、また阿弥陀如来の存在やその救済ということそれ自体が、必ず真であり得ることの、客観的な真理性については、懐疑してもいる。個々の人間の、あるいはこの世界全体の背後にあるべき、超越者、絶対者については、決して語ることがない。念仏や他力によって悪人でさえ救済され、往生するとするなら、そこでこの世界で時に悪人であらねばならないものが、そこで生きているもの、そのものがその内に言わば持っているものは、その悪人としてのこの世界の他者との（他の一切との）関わり合い以外のものではなく、それ以外のものによって救済されるのではないのだ。

つまり私達が無所有と言う時、無所有ということは、自己の生成の全体が根源的に個立したものではないということであり、そこでその生成の根源において関係そのものが一次的に捉えられていると、私達は考えることができると思うのだが、しかしそこでその生成する自己が、現実に自らの内に見出すものは、決して意識を超越した何における関係ではなく——その超越的な、意識がそこから生起する何における関係が、一次的であり、無所有であると言われているわけだが。それ以外に、関係を真に一次的なものとして捉えることはできない。言語的な、現実的な意識を、端的に無所有と言い切ることはできることではない——しかし私達が自己の内に見出すものは、この世界の具体的な他者との、もちろん他の一切との、関係以外のものではない。それが、それ以外のものであり得ないということ自体が、超越的な何における関係の一次性というものの証しでもあるものとして、私達はそれを認識することができると思う。しかしカントが、認識が如何にして対象と関わるかと問う時には、そこで思惟する自己は、個立した存在として捉えられている。おそらくその時、超越的な何における関係が、その関係の一次性、内在性においてではなく、それ自身が個立した存在としての超越者、絶対者に繋がっているのだ。少なくとも私達から見るなら。しかしカント自身は、決して理論的にそのような何の定義の上に立ってはいない。それが前提とされてはいない。特にヒュームにおいては、人の意識において現実化しているものは、すべてこの現象界における他の一切との関係における生成以外のものではない、という認識が語られている。もし心の営みが、知覚の束に過ぎないというなら。さらにもし「主観」という言葉を使うなら、「主観」は永遠に「主観」の内にとどまると言えるだろうが、しかし関係というものが成立し得ないなどというのではない。全周囲との根源的な連続であることそれ自体の中から、意識が生起し、「主観」が生起すると、私達は考えるしかないはずだからだ。

私はピアジェの分析を、ほんとうに意味深いと思う。認識は、その起源において、自己を意識している主体から生じるのでもなく、主体にとって既に構成された客体から生じるのでもないということ、それは私達が私達の哲学の中から理解するなら、自己とこの全周囲との未分化の中から、乳児にとっての母親のように、何か永続する対象に活動の注意が向けられ、対象が初めて対象となる時、「主観」もまた生起する、ということではないだろうか。そうであれば「主観」にとって対象は必然であり、「主観」である限り、対象と関わり続ける。私達にとっては、それは単なる全周囲からの分離であると共に、結び付きなのだ。ピアジェは、「主体と客体とが密接に結び付いて完成される」と言っている。しかし関係そのものは、少なくとも第一次的なものとしての関係は、その全周囲からの分離より前に存在している。ただその一次的な関係そのものが、私達の意識において現実化しているわけではなく、――意識は「主観」なのだから――、現実化しているものは、永遠に対象と関わり続ける「主観」でしかない。ヒュームの繊細な感性が捉えた、知覚の束だということだ。しかし私達は、乳児が母親に対して、つまり永続する対象に注意を向ける、その永続する対象を対象として持つ、その活動の自発性に対して、それを「先験的主体」と呼ぶことができるのではないだろうか。そうであれば「先験的主体」が自己の内に持つものは、その関係そのものであることより他には、ただ生命としての自発性以外、何もないということでもある。しかし私達にとっては、それだけで充分意味深いのではないだろうか。私達は親鸞に対し、その心の深さを見ることができるし、比類ない宗教者だと思うけれど、他力信仰や「法然上人にすかされまいらせて——」だけでは、私達の唯一無二の主体の根拠が曖昧であり、生きる意味と責任の根拠を見出し得ない。実在の根拠そのものを見出し得ない。仏教は「自灯明」などとも言っているが、しかし「縁起」や「五蘊皆空」のような概念が根本的なものとして語られるため——それ自体は思想のあり方から言って当然のことだが——個々の人間の主体の根拠は曖昧になりがちだと思う。カントの「先験的主体」ということを、もし自己所有の存在としてあることと考えるとすると、私達はこの言葉をカントから受け取るわけにはいかないのだが、それらの所有をすべて失っても、なお残るものとして、私達は「先験的主体」における自発性を見出すことができるのではないだろうか。

私達が認識の起源、「主観」の起源を、幼児にとっては未分化の関係の中から、永続する対象に活動の注意が向けられ、つまり意識が対象を捕えた時、と考えると、そこでその時、意識も生起する、ということが考えられる。成長した人間にとって、意識とは全て認識であり、それも言語的概念的認識以外のものではないが、そうなる前に、意識そのものの起源をそのように捉えることは、私達にも理解しやすいことだと思う。対象が対象として捕えられた時、初めて意識や「主観」というべきものも生起するのであり――自らの自発性と活動に拠っているとはいえ――そこで感性の純粋形式としての空間の形式も生起すると考えられる。未分化の関係というものは、ただ単に全周囲が或る一つの主体を取りまいているというだけのことであり、意識やその対象がそこに存在しているというのではないのだから。つまり感性の形式としての空間概念は、決してカントの言うように、「先験的主体」の所有ではないということだが。カントは経験とは経験的認識だと言っているが、経験的認識と言えるためには、内的な時間意識の生成があると思えるが、この内感の形式は、空間の形式より更に後に生起するものであると思える。私達は仏教に即して、あくまでも縁起（関係）が先にあるものであり、無常（流動）をその後のものと考える必要があると思う。

　ところで廣松は、その物象化論において、人は「赤い花」という物が存在するという意識を持つが、その前に、「花が赤い」ことが事態的に現前している、ということを言っている。この「花が赤い」こと、「SがPである」ことは、それ自体が経験的実在物なのでも、形而上学的な実在物でもないが、しかし固有の実在性を持っていると言っている。このことが物化されて初めて、意識にとって「赤い花」という物が存在するのであり、「われわれが日常単なる物と考えているものは、反省してみれば〈事〉の物化に俟っている。」と言っている。「しかし、「関係」がわれわれ人間の対象意識にとっては対自的に現前する第一次性に即すれば、それはまさしく〈事〉としてである。」と言っている（『マルクス主義の理路』勁草書房、九二～九三頁）。しかし私達が私達の歴史的な哲学の中から、第一次的な関係というものを、意識に先立つ未分化の関係として考える場合、この関係そのものは人間の意識にとって現実化していない。その未分化の中から、意識にとって現前し得るものはあくまでも「赤い花」であって、その前に「花が赤い」ことが、意識にとって実在性を持っているとは言い難いと思う。哲学的反省においては、ことが現前していると言えるかも知れない、というだけではないだろうか。だからそのことに対して、「事的世界」と言うとしても、意識にとって「物的世界」の前に、ことが現実化していると言えないのではないか。あくまでも未分化の全周囲の中から、意識は必ず或る物に向かう活動を生きる、と言うべきではないだろうか。

もちろん意識において現実化するものは、或る物としての「赤い花」であるといっても、「赤い花」という言語的認識が直ちに成立するわけではない。意識は全て認識であるだろうが、この認識自体は意識が対象を捕えた時、対象に活動の注意を向けた時、成立すると言えるだろうが、言語的認識は、概念を他者と共有することによって成立するものなのだから、少なくとも私達は言語が成立した時点が、とりもなおさず意識が成立した時点である、と言うことはできないと思う。どちらもより深く、密接に他者と結びついて、社会的であるのだが、理論的には異なったものとして認識することができる。概念を他者と共有する、言語的認識による共存と、他者（対象）が自我（意識）にとって必然である、「主観」の成立そのものによる共存と、更に、単なる全周囲との未分化の関係と、そのすべてを私達は生き、そのすべてで、他者（外界）と逃れようもなく結びついている。しかし基本的には、まだ他者が登場していない、全周囲との未分化の関係の中に、生の活動の起源を持っていると、仏教は語ってきたのではないだろうか。そうでなければ、私達は禅者があのように乱暴に、言語に対して時に放埒な態度を取ってきたのか、その歴史を、哲学の歴史として理解することができない。

ヘーゲルは、言語を私念よりも真なるものであり普遍的なものであると言い、だから私念における感覚的時限のものを、それは表現できないと言っている。言語が普遍的であるのは、それが社会的共有であることによって拘束性を持っているからであり、その言語が、しばしば、私念するものの心を充たすほどには、その感覚的時限のものを表現し得ないのは、私念とその感覚は、純粋に「主観」に属するものだからだろう。「主観」は、自己自身以外の一切を必ず対象として自己の外に持ち、その意味でこの現象界に唯一無二の存在として——対象が必然であるということにおいて、既に社会的ではあるが——孤立した存在であり、私達にとっては仏教においてより真なるもの、根源的なものである、全周囲との未分化の関係そのものに、より密接に繋がっている。だから私達は、言語の普遍性を言う時に、それを私念より真であるとは言わないはずだ。

「主観」にとって対象が必然であると言う時、この対象とは勿論「主観」にとっての「客体」であるのだが、しかしここで「主観—意識内容—客体」という三項図式が成立するというのではない。この三項図式こそ、廣松が揚棄せねばならないものとして語ってきているものなのだが、大体私達にとって哲学的に、この三項図式が存在していたと考えること自体ができない。全周囲との未分化の関係の中から、或る対象に活動の注意を向けることで「主観」が生起すると考える時、「客体」である対象は、もちろん外なるものであるわけだが、しかしその「客体」が対象として捉えられて初めて「主観」も生起するのであり、内なるものであるとも言える。「主観―意識内容―客体」という三項図式は、言語的認識の時限のものであり、そして私達自身は歴史的に、言語が成立した時点が意識の成立した時点である、という認識を持っていない。その否定を生きてきているのだ。こんな認識が可能であったなら、釈尊の「拈華微笑」はなかっただろうし、禅者の放言もあり得なかっただろう。

廣松はそのカント批判において、「主観が意識内容を介して物自体を見るという方式の発想そのもの、遡っては主観―客観図式そのものを止揚しなければならない」ということを言っている。(『事的世界観への前哨』)「物自体」はカントにとって不可知な存在であり、可想体であるのだから、「主観が意識内容を介して物自体を見る」などという事態はあり得ない。不可知な「物自体」は、「先験的客体」であるわけだが、しかしそれが「先験的客体」である時、本当には「客体」ではあり得ない。或る一つの活動する生命体にとって、未分化の全周囲が存在するだけであり、「客体」はまだ存在していない。「客体」は「主観」にとって存在するのだ。もっともそれは私達が言い得ることであり、カント自身は全周囲との未分化の関係などを認識しているわけではないから、カントにとって「先験的主体」も、また「先験的客体」としての「物自体」も、共にもともと自己所有の個的存在として、認識されていただろう。そのために、理論の全体が矛盾を孕んでいる。何処かが論理的に矛盾しているというよりは、大いなる矛盾の上にその理論の全体が構築されているという感じを持つ。しかしカントはその自ら払拭できなかった論理的矛盾を貫いて、真なるものを見ていたのではないかとも思う。私達にとっての真なるもの、その全周囲との未分化の関係そのものを。私達自身は、その私達の歴史的な哲学の立場に立つなら、その矛盾を貫いてカントの思想を受け取ることができると思うし、また受け取ることが私達自身にとって必要であると思う。

廣松は不思議なことに、彼の言う「関係の一次性」ということを、人がなかなか理解しないだろう、という前提に立って、その理論を語っている。勿論そのように言うのは、彼の理論が私達の歴史的なものとは異なっているからであり――実際それが仏教と異なっているということについては、自らくり返し語っているが――それは仕方のないことだが、しかしそれにしても単に「関係的存在」という言葉だけを取り出すと、それは私達自身が生きてきたものであり、むしろそれ以外の認識を私達は持たなかったと思う。親鸞が、この世で悪人であるしかない人生を歩む者に対して、また自分自身や法然上人を、自己所有の個立した実体と考えた、などと想像することができるだろうか。むしろ一つの生命は、この世界のその全周囲との関わりを、その身に背負い込んで、自力ではどうにもならない部分を持っている、少なくとも救済の最後の一歩を、自力で歩むことができない存在であると、親鸞は考えているのだ。そして私自身はそれを、「関係的存在」であること、「関係の一次性」の認識であると考える。それが私達にとって問題であるのは、そこでは「主体」の根拠が曖昧であるということだ。「人は皆一人でこの世に放り出されたような存在」などとも言うが、実存哲学などがこのように語る時、それは明らかに自己所有の実体としての主体として、放り出されているわけだから、私達自身はこんな認識を持つわけにはいかない。その否定の哲学が語りつがれているのだ。そしてその否定の理論を、私達が捨て去ったり、覆すことができるほどの理論を、私達はヨーロッパ哲学から見出していない。廣松自身が、この実体主義を棄揚して、「関係の一次性」の理論構成を捉えなければならないと言っているのだ。

私自身は、その親鸞の言う、この世界でその全周囲との関わりを生きるだけのものにとってさえ、その根拠は自己自身の活動と自発性であり、つまり個々のものはその「先験的主体」を、その背後に見出すことができるとするなら、それは私達自身の哲学である、「関係の一次性」ということを見失なうことなしに、「主体」の根拠でもあり得るものではないだろうかと思う。そしてさらに――「関係の一次性」自体は、私達の意識において現実化しているわけではなく、それは単に「主体」とそれを取りまく単なる全周囲に過ぎないのだが、その闇の中から、人が自己を「先験的主体」として見出す時、自己自身に対してと等しく、自己以外の一切を、決して単なる自己の全周囲のものとしてでなく、それぞれに固有の活動と自発性を生きる、「先験的客体」として見出すとするなら、それは人間精神の理性の証しであると思う。「先験的客体」が、「先験的主体」に対して、既に存在しているというのではないのだ。それは初めには単に未分化の関係としての全周囲以外のものではない。しかし人間の理性は、自己を「主体」として見出す時、自己を取りまく一切をも、その個々の具体的な姿において、「先験的客体」であるものとして見出すだろうということだ。これは私達にとって必要な哲学であると思う。全周囲との未分化の関係ということや、そこにおける「一切皆空」の理論の方が先行していて、――仏教哲学としては当然のことであるとはいえ――私達は個々の存在としての、その「主体」の根拠、また個々の他者に対する、その「先験的根拠」を、見出しにくい。だからといって、自己を「実体」として見出すなどということは、私達にとってできることではない。生成の闇としての、未分化の関係を振り向いた時、人間の理性は、「主体」としての自己と共に、不可知な「物自体」としての「先験的客体」を見出すのではないだろうか。本当には、「物自体」も「先験的客体」も、未分化の関係の内にはまだ実在してはいない。それは互いにとって単なる全周囲なのだ。しかし理性がその反省の段階において、それを見出すとするなら、それこそ人間の理性の証しではないだろうか。

　廣松は、「主観」にとって、物としての「赤い花」が存在するのではなく、「それが赤い」という即自的な判断、あるいは事態が、それに先立っていると言っている。しかし私達はそのように言うことはできないと思う。未分化の関係の中から、意識が「主観」として生起する時、その活動の注意を促す対象が、そこに「客体」として始めて登場すると考える時、――「赤い花」という言語的認識では、それはあり得ないが――そこに或る物が存在していると考えられる。「花が赤い」とか、「赤い花がある」という判断は、言語的認識を待つものだが、言語的認識を云々しないとしても、意識にとって、物の方が先行しており、廣松の言う「事」、その即自的判断が先行しているとは言えない。その先行する物を、不可知な「物自体」として認識するのは、理性の反省の段階におけるものだが、しかし意識においても、必ず物が先行しており、その或るものに対する営みを意識は生きるのだから、その物は決して「主観」の判断に取り込まれない。つまり物―事物―は、決して判断ではない。「主観」の判断が決して取り込むことのできない或るものが、認識の営みの中に存在し、更に人間の理性はその物を認識するだろう。だから「事物はすべて判断である」と、言ってはならないということだ。「事物はすべて判断である」と言った時、ヘーゲルは物――事物――の自発性を、判断の内に封じ込めてしまったのであり、絶対精神の内に、すべての事物を封じ込めてしまったのだ。これを単純に全体主義と言い放つつもりはないが、しかしこの歪んだ、荒々しい観念論を、真っ直ぐに立たせようとしたマルクスとエンゲルスの苦労が、実を結んだとは言い難いと思う。

3

廣松自身もヘーゲルの観念論批判をしてはいるが、それにしても「関係の一次性」の論理構造を、ヘーゲルのような「無常」観から導き出すということは、不可能としか言いようがない。もちろん、廣松は仏教の関係思想を、自分自身の意に添うものではないと言っているのだから、私達が仏教から見てこうではないか、という言い方をするのは、おかしいと思うかも知れないが、しかしそれは考えずに済ませられる問題ではない。自己自身を抛って思索するのでなければ、そうはなり得ないが、しかしそれでは思索そのものをも抛つことになってしまう。ヘーゲルにおけるヘラクレイトスの思想を廣松も引用して、「一切を流転の相において考察する」などと言っている。しかし一切を流転の相において見るだけなら、『方丈記』でも私達にはこと足りてしまう。当然のことだが、その一切が流転であるというその現実をどう解したかが問題だが、ヘラクレイトスの――というより私達にとって今手近に存在するのは、ヘーゲルによって解釈されたヘラクレイトスの思想でしかないのだが――その

「あり、かつあらぬ」ということ、この「存在は非存在であり、非存在は存在である」、だからこの世界に現実化しているものは、存在そのものではなくて生成であり、流動である、ということ自体は、もちろん私達が既に受け入れている思想だ。ヘーゲルによれば、ヘラクレイトスは、「水は絶対的で根源的な実在だ」などと言うことはなく、つまり絶対的なものはこの世で現実化しているものは変化であり、流動である、と言っているわけだが、それも勿論理解しやすい。しかしそのこの世で現実化している一切の生成である、その「成る」の根拠として、ヘラクレイトスは大いなる絶対的な「一」を捉えたということになっており——おそらく捉えたのであろうが——それがヘーゲルの絶対的精神に繋がっている。しかし私達はこの絶対的精神を受け取り得ない。それは肯定することは決してできないが、しかし完全に否定することもできないのかも知れない。しかし私達は、哲学者ではなく宗教者が、——だから一層途方もないのだが——救済者—超越的存在者の実在を、客観的真理ではないかも知れない、少なくとも他者に対して客観的真理であると言い得ない、と言い置いている、その歴史の中に生きてきており、この言葉にどのようにか答えることなしに、ヘーゲルの理念を受け取るわけにはいかない。一体どんな精神を持ってすれば、そんなことができるというのだろうか。その時には、「直観なき概念は空虚である」という、カントの言葉の方が、私達に親しいだろう。勿論そこでカントを全面的に受け入れるということが、できるわけではないが。しかし親鸞は、まるで「直観なき概念は空虚だ」と言っているかのようではないか。親鸞にとって、阿弥陀如来ではなく、法然上人こそ、「直観を伴う概念」であったはずだ。こんな言葉をカントが聞いたら、それは

「概念なき直観」でもあると、言ったかどうかは判らない。しかしいずれにしても私達は、ヘーゲルの「空虚な概念」の方を受け取ることはできない。その根拠を、ヘーゲルもヘラクレイトスも語ってはいない。

私達にとって、「あり、かつあらぬ」ということは、意識がそこから生起する未分化の関係以外のものではないが、その関係においては「主体」は常にその全周囲を包含し、「主観」としての意識は、その全周囲から、いわば「自己自身」と共に「客体」としての或る対象を引き離し、「客体」を「客体」として持つことによって、「主観」を生起させる。それは分離であると共に結合なのだ。ピアジェは「密接に結びついて完成される」、つまりそこで「主観」そのものが生じる、という表現をしている。「あり、かつあらぬ」は、全周囲との未分化の関係におけるものであり、それが生成の根源にあるものであるとはいえ――それが仏教においては、「一切皆空」という概念の根拠であるわけだが――そこから生起する「主観」が、「客体」に対して、その「あり、かつあらぬ」を現実化して生きていくわけではない。「あり、かつあらぬ」は「先験的主体」におけるものであり、そこから生起する「主観」がそれを「客観」に対して生きるのではないのだ。もちろん、主体はその自己の生成の根拠である、未分化の関係を全く捨て去って、個立した「主観」となるわけではないから、その「あり、かつあらぬ」は永遠につきまとうと言えるが、しかしそれは一つの主体の内においてあるのであり、「客体」に対してそれが生きられるのではない。「あり、かつあらぬ」と言い得る未分化の関係においては、「客体」は存在しないのだから。そこには文字通り「主体」の内に包含された全周囲があるだけであり、「客体」である他者は存在しない。私達には、このことがよく理解できるはずだ。私達はフォイエルバッハであれ、M・ブーバーのような宗教者であれ、ヘーゲルもそうなのだが、我と汝、我対汝の、その対立と統一について語る哲学に対して、大変混乱した思いを味わうと思う。その単純な理論に服することはできないが、しかし仏教には思想の本質において、「主体」に対して「他者である汝」が、全く存在しないことに対して、動揺せずにいられないと思う。思想の本質においてというのは、慈悲の思想を語る仏教に共存すべき他者が存在しないわけではないのだが、哲学としての仏教がその悟りの本質、つまり存在の構造を捉える時、そこには「汝」が存在せず、「他者」も「客体」も存在しない。すべてが唯一無二であり、一つの須弥山（世界の中心）であって、全周囲をそこに包含しているのだ。それは未分化の関係そのものであって、しかし関係でないとも言える。他者である「客体」はそこには存在しないのだから。それが仏教の「あり、かつあらぬ」ということ、「一切皆空」という概念の本質であると思う。それを知る者にとっては、フォイエルバッハの「我と汝」論などを受け入れるわけにいかないのだが、しかし私達はその未分化の関係の内から歩み出て、この一人の自己として、どのようにして他者である汝にいきつけばよいのか、その理論を、少なくとも懇切な導きの理論として、仏教から聞いてはいない。私達自身がその理論を、自らの血肉において問うてこなかったということなのだが。

　ところでヘーゲルは、「ある」と「あらぬ」のその対立と止揚とを、つまり対立と統一を、恰も「主観」である意識が生き得るかのように、現に生きてもいるかのように、その理論を構築している。へーゲルは「主観」である意識から、その哲学という学問を始める人であり、私達にとってはその「主観」より前にある、「先験的主体」や「先験的客体」としての「物自身」――この「先験的客体」は、勿論ずっと後になって、人間の理性の反省の段階において、捉えられる概念でしかないが――この二つの基本的に不可知なものであるとされる概念を否定することで、勿論その存在そのものを否定することで「精神の現象学」を、絶対知に到る学問として構築するのだから、そうであるしかないのだが。恰も「主観」である意識において、その自己を取りまく客体との間に、無限の対立と止揚と統一が現実化し得るかのようであり、すべては「ある」と「あらぬ」の統一である「成る」なのだから、主観的なものは客観的なものに「成る」し、客観的なものは主観的なものに「成る」、などと言っている。その「成る」は、違うものが一体化していく、過程である、などと言っている。しかし「ある」と「あらぬ」の統一である「成る」は、ただ全周囲と共にある「主体」の内にだけあるのであり、違うものである「客体」との間にはない。「主観」である意識にとって、その「客体」との間に、主観的なものと客観的なものの止揚、統一があるわけではない。その統一が人間の理性において、生きられることがあるとしても、それはヘラクレイトスの「万物は流転する」という命題に結びつけて、理解できる問題ではない。「万物は流転する」ということは、仏教においては「無常」に属する問題だが、しかし仏教徒は、いかに理論が混乱しているとしても、「縁起」の方を捨てておいて、「無常」からのみ思索を始めて、釈尊の哲学に到ることができると考えることはできないだろう。だからもしそれを弁証法の原点であるというのなら、弁証法が真であり得るのは、ヘーゲルがヘラクレイトスの前に置いている、つまりそれより未成熟な弁証法とされている、エレアのゼノンの論証における弁証法だけだと、私達は言わなければならない。勿論ヘーゲルは、どんな批判も受けつけるような人ではないだろうが、「自然弁証法」のエンゲルスには、私達はそのように言う必要があるのではないだろうか。弁証法がその足で真っ直に立つためには、それが真であり得るためには、「万物は流転する」などという二義的な概念を、起点に据えることはできないはずだ。私自身は、私達がいま、弁証法を虚妄の論理であると明言できないとしても、それが虚妄の論理でないという確信をもたらし得るものは、何一つないと思う。

「認識主観」としての一つの意識が、全周囲との未分化の関係の中から、自他を引き離して、「客体」を自己の外に意識することにおいて、「主観」として生起する時、それは未分化の関係からの分離であると共に、「客体」との結合でもある。当然のことだが、そこで「主観―意識内容―客観」という三項図式が成立する、あるいは現実化するというのではない。「主観」にとって対象の存在が必然であり、必ず「客体」を自己の外に持つとはいえ、むしろ必然であるからこそ、認識はその起源においては、「主観―意識内容―客観」の三項図式というよりは、その未分化において成立していると言える。これが三項図式に分かれるのは、言語的認識における反省の段階において、そうなるというだけであり、「主観」そのものが生起する、認識の起源においては、それは分離と共に結合であって、その一体であることこそ、認識の生成であると言える。言語は、その概念を他者と共有することにおいて成立するのだから、その何かを共有する他者を、必ず自己の外に持たずには働き得ない。未分化の関係における自己において、(もしそれを「先験的主体」と呼ぶとするなら、その「先験的主体」においては、)他者である汝というものは全く存在していない。その「主体」は世界を、その全周囲を包含するのであり、仏教的に言うなら、唯一の須弥山(世界の中心)であるばかりだ。共存すべき他者や客体を、自己自身の外側に持っていないし、当然何ものも他者と共有していない。何かを共有すべき他者が存在せず、「客体」がまだ「客体」となっていないのだから。そのことを語るために、禅者は私達に対して言葉の常識を覆し、論理構造そのものを足蹴にするようなことをし続けてきたのだと思う。言葉は、それが意味を持つ時には、必ず他者との共有であり、その何かを共有する他者を、自己の外側に持たずには成立しない。意識が明確化する時には、すべて言語的意識であると言っても、しかし意識(認識)の起源において、私達は言語が成立した時点が、とりもなおさず意識が成立した時点である、と言うことはできないと思う。

この「主観」としての意識が生起する時、そこには「三項図式」ではなく、むしろその未分化があるということは、その未分化の全周囲の中から、或る対象に対して「主体」が活動する時、それがまさにこの世界に現実化した「主体」の運動である、ということなのだが、この運動をヘーゲルのように、違うものが一体化していく過程としての運動として捉えることなどはできない。未分化の関係の中に、そもそも違うものが存在しないのであり、その活動によって「主観」の意識そのもの、その運動そのものが生起すると共に、違うものもまた生起するのだ。それはすべての活動するものにとって、その「主観」の視点から見て、運動をそのようなものとして捉えることができるとしても、歴史の全体、また現時点での世界の全体を捉えて、違うものが一体化していく過程としての運動などと呼ぶことはできない。

また、その「主観」が生起し、運動が生起する、その一瞬は——止どまる一瞬などというものは存在せず、すべてが流転するわけだけれど——その生成の一瞬は、「主観」の視点から捉えるなら、或る対象に対して活動の注意を向け、それに対して運動するわけだが、その時、そこでまさに「客体」として捉えられるその対象は、決して流動の相において捉えられるとは言えないのではないだろうか。そこに起こるものが流動であって、その一瞬に、「主体」にとって「客体」が流転の相においてあるというわけではない。むしろ「客体」は、その実在において捉えられると言うべきだろう。そのこと自体が、「主体」と「客体」がこの世界で実在であること、つまり現実化するということでもあるのだから。「すべてのものを流転の相において考察する」ということを、哲学の原点に据えることはできないということでもある。また、この実在は、——実在である「客体」は——いわば物であって、——それが理性の反省の時限においては、不可知な「物自体」である「先験的客体」として捉えられると思うが——必ず判断に先立っている。つまり物（事物）は決して判断ではない。

「物理学者にとっての物自体」という言い方をすると、少々理論が混乱してくるのだが——私達にとっての「物自体」は、関係を生きるだけの存在でしかない一切のものが、しかしその活動の根源に、生命の自発性というものを持っているとするなら、人は自己自身の根拠として「先験的主体」というべきものを意識することができると思うのだが、その時私達の理性は、「先験的主体」にとっての全周囲を、単なる全周囲としてでなく、それぞれに「先験的客体」たる個々の「物自体」として認識するだろう、ということだ。つまり「物自体」は、理論的には理性の反省の段階のものであり、私達にとって最終的な認識だが、しかし単に物、あるいはその実在ということは、「主観」と共に、「主体」の活動と共に、日々生きられている。カントの「物自体」は、その両方の意味に解し得るが、そこにさらに「物理学者の物自体」という言い方が加わると、理論が混乱する。この「物理学における物自体」という表現が矛盾を生むのであり、「物自体」という概念が矛盾を持っているのではない。物理学にとってでなく、すべての活動するものにとって、その自己の運動の発端で、運動そのものと共に、その物の実在の受容が生きられている。物が先であると、私達は言うことができるのではないだろうか。或る物（対象）を、その実在において、実在として受容することなしに、「主体」の活動は現実化しない。「外部世界が実在する」ということは、物理学にとってでなく、「主観」にとって必然なのだ。

「物理学と実在」において、アインシュタインは次のように言っている。

「私の考えでは、「実在する外部世界」というものが設定されてくる第一段は、物体という概念およびいろいろな種類の物体という概念の形成にあると思います。多種多様なわれわれの感官体験のなかから、感覚のある種の複合体〔その一部は、他の人々の感官体験にたいする人間相互間の標識として解釈される感覚とむすびついて〕が繰り返して現れることを、われわれは心のはたらきによって、しかも恣意的に認めます。そしてわれわれはそれらに一つの意味——物体という意味を付与します。論理的に考えれば、この概念はそれがよりどころにした感覚の全体と完全に同一のものではありません。むしろ、それは人間〔あるいは動物〕の心の自由な創造物です。他方では、この概念のもつ意味ならびにその妥当性を根拠づけているものは、われわれがそれによって連想する感覚の全体であり、それ以外の何ものでもありません。」（『現代の科学II』中央公論社、二二〇頁）

ここでは物理学にとって、またすべての認識する精神にとって、物体という概念が必然であるということが語られているが、物体が先にあるとは言われていない。感官体験が先であり、そこから物体という概念が形成される。この感官体験の後に形成される物体という観念を、認識する意識は持つだろうが、しかし私達はそこで、感官体験が先である、と言うことはできないのではないだろうか。それが言い得るのは、体験する自我が実体として存在するという認識の世界においてだけではないだろうか。勿論アインシュタインが、実体としての自我を論理的に前提しているわけではないのだが、しかし私達自身が無所有の自己を、全周囲との未分化の関係においてあるものとして捉える時、その自己が、「主観」として、自我として現実化する時、或る物（対象）と自我とが共に生起すると考えられ、感官体験が先であるという認識は持ち得ない。アインシュタイン自身は物体という概念自体を、物理学者にとっても、勿論一般的な人間にとっても、必然であると言っているのだから、その概念の必要性とその存在自体をも否定しているエルンスト・マッハとは異なっているわけだが、しかし私達にとっては本質的に等しいと思う。マッハは実体としての本体（物体）の実在を否定し、実在するのは感覚（要素）であると言っている。感覚のみが実在するのであるから、感覚を伴わない概念は勿論否定される。「可能的経験との関わりをもたない表象や概念というものは、無用の長物である」と言っており、その点で、カントのいわゆる「直観なき概念は空虚である」ということと一致するが、そこでマッハは更に「物自体」も幻影であると言っている。廣松渉は基本的にこのマッハの思想を受容しており、『事的世界観への前哨』では次のように言っている。

「通常の考えかたでは、物体というものと自我というものとがまず在って、物体が自我に一定の作用を及ぼす結果として、感覚というものが第二次的に生ずるとされる。しかるに、マッハとしては、世人が「感覚」と呼んでいるところのものの方が第一次的な存在であり、物体とか自我とかいうものの方が第二次的な形成体であることを説くのである。」（『事的世界観への前哨』勁草書房、五八～五九頁）

私達自身も、「物体というものと自我というものとがまず在って」、という風には考えることはできないが、しかし自我が自我としてその営みを現実化する時、自己の外部にある或る物（対象）に対する営み（運動）であることが、その自我（主観）の必然であると考えられるとするなら、それはまず自己の外部の物の実在の受容であって、そのものをそこで「要素複合体」であると言うことはできないし、自我に作用を及ぼす感覚の方が物よりも先である、という認識を持つことはできないのではないだろうか。決して、感官体験の結果としての物体という概念が、物理学者にとって、また一般に人々にとって必然だと言っているのではない。主体にとって、自己の外部にある物の実在ということの方が、必然ではないかということだ。その外なる物の実在の受容としての運動こそ、自我の実在、自我の現実化と言うべきではないだろうか。感覚、あるいは感官体験が先である、と言うことはできない。「主体」も「客体」も、まだその「一個」としての現実化した姿を現わしていない、未分化の関係の中から、自我が生起する時、先にあるもの、あるいは自我の生起と共にあるものは、外なるものとしての或る物の実在であると思う。

それは単に或る物であって、不可知な「物自体」という認識を持つことは、また別の問題だが。その或る物に対する運動こそ、「主観」の生成であり、またすべての生成するものにとって、その運動と変化の根源にあるものがそれではないか、ということだ。すべてのものが絶対的に恒常的ではなく、流動し変化するというそのことが、そこから起こっているのではないか、ということだ。その恒常的でない或る物に、恒常的な「本体」を想定して、それに「物体」という概念を賦与することが、思惟経済上の問題かどうかということは、その後から考えられる問題だが、私達自身は、歴史的に、人間の自我に対して恒常的な「本体」と言うべきものを想定して来なかったと思う。それが想定されていたなら決して語り得なかった言葉を、親鸞は語っているとしか私達には考えられないだろう。一切が流動し、変化する現象であり、輪廻転生さえするのであり、恒常的な「本体」など想定されていない。悪人であるものは悪人であることが、その所有のすべてでしかなく、実在と言い得るものは、恒常的な「本体」たる阿弥陀如来ではなく、自己同様に眼前の一個の現象たる法然上人だけかも知れないと言われているのだ。「自我は物体と同様、絶対的に恒常的というわけではない。」と、マッハは言っているが、私達にとっては、こんなことは改めて言われる必要のないことだ。マッハが、その歴史的な状況において、このように語ったことの趣旨は理解できるとしても。『反形而上学的序説』において、マッハは次のように言っている。

「恒常的なものを一つの名で呼び、構成分をその都度分析することなく、ひとまとめにして考えるという合目的な習慣が、構成分を分けようとする傾向との間に、特異な葛藤を惹き起こすことがある。あれこれの構成分が脱落しても目立った変化をしない漠然とした像は、一見、何かしらそれ自体で存在するもののようにみえる。任意の構成分を一つずつ取り去ってもこの像は以前として全体性を表わし、再認されつづけるので、構成分を全部取り去ることができる、そうしてもなお或るものが残るといった臆見を生ずることになる。こうして、極く自然のなりゆきで、初めは畏敬されたが後には奇怪だとされるようになった（それの「現象」とは別な、不可知な）物自体の哲学思想が成立する。」（『反形而上学的序説』法政大学出版局、七頁）

私達は物体も自我も、絶対的に恒常的だと考えておらず、それ自体で、それのみで、生起するものと考えていない。或るものが生起するということは、その全周囲の一切との関係それ自体として生起するのであり、変化しない「本体」から変化が生じているというのではない。関係それ自体であるということは、その全周囲との関係であることが、その現象のすべてであるということだが、またその全周囲に対する運動でも、それはあるのであり、全周囲のものを、そこで外に持つとも言える。その或るものを分解していって、――人間の精神はそれをするわけだが――小さな構成部分に分けて行ったとしても、同じことであり、原子や電子においても、同じことであると思う。生成する或るもの、或ることを、決して無きものと考えることができず、その生成それ自体を、とにかくこの世界で現象化し、現実化している有と考えるとするなら、その生成は、変化しない「本体」をそこに持つのではなく、必ずその生成自体、自己自体以外の、全周囲の一切との関わりをそこに持つのであり、――それが仏教における無の概念の本質であり、縁起ということだと思うが――その関係は内なるものであると共に外なるものであるとも言えるが、しかし自己以外の或るものが外にあるということが大切だと思う。感覚―感官体験を、先にあると言うことはできない。すべてが現象であり、現象をすべて取りのぞいてもなお残る「本体」が存在しないということと、或るものが外にある（外にあると共に内にあるわけだが）ということとは切り離せないのだ。これが決して個々の或るものではなく、初めには単に全周囲であるばかりだとしても、そこに私達の「主観」が或るものとして生起する時、それは必ず個々の或るものを外に対象として持つだろう。そのこと自体が運動であると、私達は認識することができるのではないだろうか。「主体」が先にない、と言うことはできないが、しかし或るものが先にない、と言うこともできないと思う。

マッハは、次のようにも言っている。

「色、音、熱、圧、空間、時間等々は、多岐多様な仕方で結合しあっており、さまざまな気分や感情や意志がそれに結びついている。この綾織物から、相対的に固定的、恒常的なものが立現われてきて、記憶に刻まれ、言語で表現される。相対的に恒常的なものとして、先ずは、空間的・時間的（函数的）に結合した色、音、圧、等々の複合体が現われる。これらの複合体は比較的恒常的なため〈それぞれ〉特別な名称を得る。そして物体と呼ばれる。が、このような複合体は決して絶対的に恒常的なのではない。」（前掲書、四頁）

この要素複合体が、絶対的に恒常的でなどないということは、よく理解できるのだが、そのようにこの世界が綾織物のように、多岐多様な仕方で結合し合い、関わり合うものであるという、そのこと自体が、或る一つの生成が、自己自身以外の一切への運動としての生成である、ということに拠っているとするなら――私達はそう考える以外にないと思うのだが――そこに見出されるものは、その生成する或るものにとって、自己の外なる或るものの実在であり、それを実在として受容し、活動することが運動であり、またそのそれぞれの運動が実在でもあるのだ。その一つの生成、一つの有にとって、それは外なる或るものとしか言いようがない。この或るものを、どんなに小さな原子に分解していっても、同じことでしかない。それらの要素複合体を、人がしばしば恒常的な実体と見なすとか、或る一つの名で呼ぶということは、また別の問題だが、カントの「物自体」について言うなら、「物自体」は「先験的客体」でもあるのだから、感官体験の後に、人が持つ「物体」という概念とは異なっている。「先験的客体」である或るものは、物理学者にとっても、一般に人々にとっても――というよりすべての生成にとって、必然であると言うべきではないだろうか。

勿論このような理解は、「先験的主体」も「先験的客体」も、共に本質的に無所有の存在であるという認識と一体であり、「先験的主体」を自己所有の存在と考えていたはずのカントの思想と矛盾すると言われるかも知れないが、それを自己所有の存在と考えることが矛盾を持つと考えることもできるし、また私達自身にとっては、根本的に無所有の存在である自己という認識があくまでも先にあり、そのように考える以外にないということでもある。カントが存在を無所有のものと考えたと言い得る根拠はないが、しかし確実に自己所有の存在であると考えたとも言えない。少なくともそのような定義を前提に、その理論を構築していない。ヘーゲルが人間を自己所有の存在と考えなかった、などということは全く考えられることではない。その定義においてでなければ、哲学を意識から始めるなどということはできることではないのだから。しかしカントは「先験的原理論」を、感性論から始めていて、論理学が後になっている。これは私達にとっては、意味深いことだと思う。「先験的原理論」において、それがどんなに矛盾を孕んでいるとしても、私達にとっても同意し得る真の「ありかつあらぬ」における「成る」ということが、人間の精神において考察されていると思うからだ。「ありかつあらぬ」ということの考察は、論理学より前に置かれるべきものなのだから。

エンゲルスは、カントの「星雲仮説」に対しては大変敬意を抱いており、『自然の弁証法』や『反デューリング論』で、たびたびそれにふれている。

「地球が生成した何物かであったのだから地球の今日の地質学的・地理学的・気候的状態もそうであるに違いなかったし、地球上の植物や動物も同じく生成した何物かであるに違いなく、地球は一つの歴史を空間の中に相並んでもつだけでなく、時間の中で先後して相継いでもつに相違なかっ

た。」（『自然の弁証法』岩波文庫、二七頁）

地球が生成した何物かであるとするなら、精神も生成する何物かであるとするなら、その「成る」ことの考察は、——禅者なら自分の足を持ち上げるようなものだと言うだろうが——意識から始まる哲学において、見出し得る問題ではない。しかしエンゲルスは『反デューリング論』では次のように言っている。

「原始的で素朴な、しかし実質的には正しい世界観が古代ギリシア哲学の世界観であって、これを最初にはっきりといいあらわした人はヘラクレイトスである。すなわち、万物は存在するとともに、また存在しない。なぜなら、万物は流動し、不断の変化、不断の生成と消滅とのうちにあるからである、と。」（『反デューリング論』岩波文庫、三八頁）

ここではエンゲルスは、ヘーゲルのヘラクレイトス理解を受容している。「万物は流転する」ということは、この世界の綾織物に対して言い得ることだが、しかし「存在は非存在であり非存在が存在である」というこの無は、この綾織物の姿の中に、時間的に現実化しているような問題ではない。あくまでもその「ありかつあらぬ」と言い得る状態の中から、流動するものが生起するのであり、「ありかつあらぬ」の証明が、「何故なら万物は流動するからだ」というのでは、その「存在と非存在」は、単に時間における流動になってしまう。この流動ということを、時間における変化と捉えるのではなく、生命の運動そのものとして捉えるなら、「ありかつあらぬ」ということにおいて運動が生起するのであり、この証明が、「何故なら万物が運動するからだ」というわけにはいかない。この証明を、私達自身は、それは論証し得ない、何故なら精神にとって自分の足を持ち上げるようなものだから、という禅者の理論によって聞かされている。それでは仏者の理論を受容しているだけで、エンゲルスにそう言うわけにはいかないではないかと言われるかも知れないが、しかし私達には言うべきことがあると思う。「存在と非存在」ということを、単に時間における流動として捉えるのでは、昨日食卓にあったリンゴが、食べられて今日は無くなっているから、万物は「存在と非存在」との繰り返しだと言っているかのようではないか。「存在と非存在」は、時間における変化ではない。私達が時間をそこに感知する、つまりその内感が生じる、その根拠としての生命の運動そのものの根源に、それはあるのだ。少なくとも私達は、仏教における「無」ということを、そのように認識する以外にないと思う。この「無」――「ありかつあらぬ」ということにおいて、運動が生起するのであり、時空の形式も、そこから生じると思われる。この時空の形式が、人間の精神にどのようにして生じるかを問うた人に対して、ヘーゲルの批判を受け継ぐだけの暢気な態度しか取らないで、こんな底の浅いヘラクレイトス解釈を――ヘラクレイトス自身が実際にどんな思想の持主だったのか私達には定かでないのだが、「無常論」は二義的な思想だということだけは、私達が確実に言い得ることだ――哲学の原点、弁証法の原点に据えて、そこから何が生まれるというのだろうか。

エンゲルスは先の文章に続けて、次のように言っている。

「しかしながらこの見方は現象の全体としての姿の一般的な特質を正しくとらえているにしても、この全体の姿を組みたてている個々の細かい点を説明するには不十分である。そしてこれができないかぎり、全体としての姿も明らかになったとはいえない。これら細々の点を認識するためには、それらを自然または歴史の連関からとりだして、それぞれ別個にその性状、その特別な原因や結果などを研究してゆかなければならない。」(前掲書、三六頁)

その研究の結果が「資本論」だと言うのであれば、その思想の批判にここで立入るわけにはいかないが、しかし私自身はヘーゲルはその哲学の出発点において、最も大切なものを欠落させていると思う。

私達が「五蘊皆空」ということ、この「ありかつあらぬ」ということを、全周囲との未分化の関係において捉える場合――それが「ありかつあらぬ」であるのは、そこに「主体」が存在するとしても、それはそれ自身の内に包含する全周囲なしに有り得ないからだが――その「主体」の運動が現実化するということは、自己自身と共に全周囲も現実化するということ、特に人間、また一般に動物にとって、必ず或る対象が現実化するということであり、そこで一個の自己にとっては、自己自身と共に或る対象を、一個の運動として実在化するということであり、それが時空の形式を生む、純粋直観であると言えるのではないだろうか。そのア・プリオリな直観を、「先験的主体」におけるそもそもの所有であると解することはできないが、しかしカントが言うように、「空間は、多くの外的経験から抽象されてできた経験的概念ではない。」ということは、そのまま受け取ることができる。実際、経験的概念とは言い得ないからだ。しかしカントは続けて、次のように言っている。

「或る感覚が私のそとにある何か或るもの（換言すれば、私が空間において現に占めているところの場所とは異なった場所にある何か或るもの）に関係し得るためには――つまり私がこれらの感覚を、それぞれ別々にかつ並んで存在しているものとして、従ってまた感覚そのものが互いに異なっているばかりでなく、それぞれ異なった場所にあるものとして表象し得るためには、空間の表象がそもそもその根底に存しなければならないからである。それだから空間表象は、外的現象の種々な関係から、経験によって得られたものではあり得ない、むしろかかる外的現象そのものが、空間表象によってのみ初めて可能になるのである。」（『純粋理性批判』上、岩波文庫、九〇頁）

カントの思索の主題は、「ア・プリオリな綜合的判断はどうして可能であるか」ということであるから、ここでも、「或る感覚が私のそとにある何か或るものに関係し得るためには――」と言われている。しかし私達にとっては、或る感覚が生じるということ、その主体の営みが生起するということそれ自体が、何か或るものを自己の外にある対象として、その実在を受容し、それに対して活動することであり、そこで言わば思考が逆転してしまう。私達にとってはそこで、空間の形式たる純粋直観も生じるのであり、だからカントが言う、「空間のなかに対象がまったく存在しないと考えるのは、かくべつむつかしいことではない、しかし空間そのものがまったく存在しないと考えることは、絶対に不可能である。」ということは、そのままは受け入れられない。空間そのものが存在しないという考えが不可能なのは、表象が可能になる時、必ず自己自身が或る空間を充たし、肉体的にも精神的にも、つまり意識においてさえ、自己と共に或る対象が必ず自己の外に実在するものとして受容されるからであり、そのことが空間の形式それ自体であるだろうと思われる。だからそれをア・プリオリな純粋直観と言うことは間違いではないと思うのだが、ただそうして多くのものをそこに生起させる空間に対して、「空間そのもの」とか「絶対空間」という観念を持つのは、人の思考の内に経験的に生じるものであり、それを純粋直観の内に加えることはできない。純粋直観において存在するものは、あくまでも自己と或る対象であり、つまり外なる対象としての物が先であると思う。決して「私の感覚」が先にあるのではない。

　時間については、私自身はそれは経験から抽象された経験的概念であり、純粋直観とは言い難いと思う。ここでもカントは、「時間は一切の直観の根底に存する必然的表象である。現象を時間から除き去ることは格別むつかしいことではないが、しかし現象一般に関して時間そのものを除き去ることは不可能である。」(前掲書、九七頁)と言っている。しかし現象から時間を除き得ないのは、そんな現象はこの世に存在しないからであり、すべてが互いに運動として、変化するものとしてしか現実化しないからだが、そのこと自体の根底にあるものは、決して時間そのものではなく、必ず一つの主体にとって、その運動は或る対象を自己の外に持つということに拠っており、だからそこから人間の精神にとって、空間の形式たる純粋直観は生じるだろうが、時間の直観はそこでは生じない。まして「時間そのもの」とか「絶対時間」などという観念は、経験的概念以外のものではない。つまり「絶対時間」などというものは存在しない。時間については、ヒュームが『人性論』で語っている指摘だけで充分であり、つまり経験的概念として解する方が矛盾がないと思う。特に私達が、「無常」が二義的概念として登場する仏教に即して考えるなら、そうであるしかないと思う。「無常」が二義的概念であると、経典などで語られているわけではないが、禅に端的に見られる「非論理の論理」――哲学が即ち論理学でもあることの否定――と結びつけて問うなら、それは二義的な概念であるしかない。仏教の論理性を全く認めないというなら別だが、その論理を受け取るなら、「無常」は二義的な概念であると思うが、そのことについては後でまたふれたい。また、そう考えなかったとしても、「縁起」より「無常」の方が根源的で先にあるべき概念だ、などと言う人はいないだろう。

このように、「先験的感性論」における純粋直観ということを、決して「私の感覚」が先にあるからではなく、「私の感覚」と共に必ず或る対象――物――が私の外にあるからだ、と言うのでは、カントの思考を逆にしており、それではそもそも「純粋直観」や「先験的主体」というカントの用いた概念や理論を、用いること自体がおかしいのではないかと思うかも知れないが、しかし私自身は、私達がそのように考えることができるのは、カントがそれを語っているからだと思う。特に、ヘーゲルの理論に寄りかかって、「精神現象学」などを受容してしまうと、私達にはもう私達自身の問題が見えて来ないはずだ。実際には、『精神現象学』の冒頭位、私達を面食らわせるものはない。もし「意識経験学」が絶対知に到るというのなら、禅者が繰り広げるあのとんでもない光景――時に無茶苦茶な言葉を私達に投げつけて、弟子達を始終打つの蹴るのやっている、その歴史を本当に無茶苦茶なものと解する以外になくなってしまう。しかしそこに何の理論も存在しないということは、人間の精神の歴史として理解することができない。ほんとうに無茶苦茶なものを、最高の哲学の一つとして人々が受継ぎ続けるということは理解できない。そしてそこに一つの理論を見出すとするなら、その時には私達はヘーゲル哲学の誕生地たる「精神現象学」を否定する以外にないと思う。

4

カントの演繹論の構造は、純粋直観である感性の形式を通じて受容された観念が、純粋悟性概念によって秩序立てられて認識されるというものである。廣松はこれを批判して、次のように論じている。

「空間および時間は、物自体そのものの存在形式ではなくして、カントの理論によれば、認識主観たる人間の感性に先天的に具っている直観の形式であり、卑俗にいってしまえば、われわれ人間はこの直観形式（空間・時間）というメガネを通してしか物を見ることができないのであるから、物はわれわれに見えるかぎり、そのすべてがつねにメガネの色（空間と時間）を帯びている」（『事的世界観への前哨』勁草書房、一七頁）

実際カント自身は、直観の形式を「先験的主体」における所有と解したはずだから、この批判はその通りなのだが、しかし私達には私達の哲学の歴史というものがあり、そこからは別のものが見えてくると思う。存在をそもそも無所有のものと解してきた私達にとって、時空の形式さえ、主体の先天的所有であると解することはできない。もしそのように解して、それを受容するなら、確かに廣松の言うように、「悟性が自然の立法者である」ということを示す「カントの理論」の第一歩を単純に受け取るということなのだが。存在が無所有であるということは、私自身は親鸞の思想に最も深く現われているように、自己にとって実在と言い得るものは、ただ眼前の他者であり、また自己の内なるものと言い得るものは、自己の全周囲の一切との具体的な関わりにおける営みだけである、という思想として、私達に現実に生きられてきていると思うが、そこで私達は、そのような無所有の自己が、互いに一つの現象としてであれ、このように現実化していることの、その構造について認識してはいない。それを親鸞に分析して貰ってはいない。しかし今では私達は当然それについて問わずにいられないと思うのだが、そこから考えるなら、直観の形式を「主体」の先天的所有であると解することはできない。私達にとって「主観」が現実化する時、必ず全周囲が存在すると言われているのだ。曽我量深は、人間は生まれ落ちる時に既にこの世の関わり合いのあらゆる柵を携えているかのような表現さえしている。「主観」が現実化する時、その全周囲もまた現実化するのだと、私達は自ら言うことができるはずではないだろうか。ただそれは意識にとって、単に茫漠とした全周囲ではなく、必ず或る対象が現実化するのだと考えられる。乳児にとって母親がそうであるように、或る対象が或るものとして、主体の注意の対象、認識の対象、活動の対象となるのであり、それは漠然とした全周囲の中から、或るものを見出すことであり、それは必然的に空間の認識、空間の形式を生む。それはカントが言うように、先験的な形式であると言えるし、人は必ずその形式によって、すべての物と関わると言える。私達にとって大切なことは、自己が現実化する時、必ず或る対象が現実化するということであり、「私の感覚」が先にあって、その先天的所有として、直観の形式があると考える必要はない。決して「自己一人」が先にはないということを、私達は歴史的に嫌というほど聞かされているのだから。廣松は先の批判に続けて、次のように言っている。

「現象界が空間・時間規定を普遍必然的に帯びていることは、空間・時間を以って認識主観が対象を受容するア・プリオリな直観形式だとする如上の立論によって〝説明〟できる。今や問題になるのは、自然科学的概念構成の基礎になる一群の概念、原因—結果を中枢とする量・質・関係・様相の諸概念が、自然界に普遍必然的に妥当することの説明である。これは、別の文脈でいえば、形式論理（その概念と規則）が客観妥当性をもつことの説明でもある。

カントは、この問題に答えうべく、因果律など十二の最高類概念を以って、人間の悟性にア・プリオリに具っている純粋悟性概念であると主張する。この純粋悟性概念は、しかも、レディメードな概念というよりも、悟性の働きかた（判断作用の様式）のパターンともいうべきものであり、人間が思考力（悟性）を働かせるかぎり、必ずそれの介在に俟たねばならない。（尤も『プロレゴーメナ』では「知覚判断」を認めており、この議論の構図が崩されているが、B版では改められる。）それゆえ、人間の思惟は必ず純粋悟性概念を含むことになる。ここまでは、カントにとって、容易に立論できる。

これだけでは、しかし、先の問題に対する回答たりえない。直観形式を通じて既に受容済みの内なる観念内容が純粋悟性概念に服するということは右の立論で一応は説明できる。だが、純粋悟性概念は対象を直観するメガネではないから、意識内容（主観内の観念）には射程が及んでも、外的自然とは無関係ということにならぬか？　純粋悟性概念はわれわれの認識にとっては必然的な制約であるにしても対象的自然界には向妥当しないのではないか？」（前掲書、一七～一八頁）

「問題に対する回答たり得ない」と言っている、その問題とは、勿論カントの思索の原点である、認識は（人間の悟性）は、如何にして対象と関係するか、ということである。しかし私達にとっては、この問いそのものが成立しない。悟性が、あるいは意識が、とにかく先にある、という認識を否定してきているのだから。カントにとっては、あくまでも、「認識はすべて経験をもって始まる」のであり、それは「対象が我々に与えられる」ということであり、「対象が或る仕方で心意識を触発することによって」始まるのだ。しかし私達は、心意識がとにかく先に実在している、という認識を否定していると思う。先の、量深の言葉や親鸞の思想から私達が得ることができるものは、意識の実在、主体の実在ではなく、関わり合いそのもの、あるいは眼前の他者こそ実在であり、それ以外何も与えられていないかも知れない、という思想であり、だから勿論そこからは私達はカントの問いそのものを受け入れることができない。ただひたすら無防備な流動を生きる、不安と悲しみ以外、私達はそこに見出すことはできないと思う。ただそれにも拘らず、眼前の他者、あるいはそれら一切の周囲のものとの関わり合いだけは、実在かも知れない、また実在でなかったとしても、それは生きるものにまとわりついて決して離し得ないものであるかのように言われているのだ。廣松は、カントは演繹論を成就していない、と言っている。死に至るまで三十年の歳月を費やしながら、彼はついにその演繹論を成就し得なかったのではないか、と言っている。実際、演繹論がカントの望み通りに成就されたとは言えないかも知れないのだが、しかし廣松自身は一体どんな必要をもって、この演繹を求めるのだろうか。私達が私達の歴史的な観点に立つ時、この演繹の成就が血肉的な問いで問われることはあり得ない。カントのすべての言葉を通じて、私が求めずにいられないものは、カントが「先験的主体」と言うのであれば、その「先験的主体」の根拠であり、「先験的」などと言い得るものでなくともよいが、とにかく「主体」の根拠であり、演繹論の成就などは私達にとって血肉的な問題ではない。まるで生まれ落ちた時から、つまり心意識がどのようにか働き始める時には、既にどっさり関係が与えられていて、そこから逃れられないなどと言われているのに、どうしてそれが問題になり得るだろう。少なくとも第一次的な問題とはなり得ない。「主体」の根拠の発見こそ最初の問題であり、演繹論はその後の問題でしかない。勿論カント自身の問題は、演繹論の成就だった。カントにとって、「主体」は最初から最後まで、全く自己所有の存在であったと思う。しかしそれなら、そんなにも問題の根幹を違えているのに、何故カントに拘わるのかと思うかも知れないが、これは勿論必然的なことであるとともに、不思議なことでもあるのだが、私達が私達自身の観点に立つ時、――その私達自身の視点というものを見出させてくれるものがカントの理論なのだが、そのことは措いても――そこで決して完全に崩壊することのないものが、カントの思想だと思う。廣松は「関係の一次性」ということを言うのだが、私達がこの「関係の一次性」というものを真に根源的に問う時、崩壊するものはヘーゲルの理論であり、カントではない。

「関係の第一次性」ということは、廣松にとってはマルクスによって真に具体的に捉えられたものであり、その「物象化論」や、「社会とは諸個人の関わり合いそのものの一総体である」、また「人間の本質は社会的諸関係の総体である」という、マルクスの立言に端的に表われているものとして扱われている。しかしその思想の端緒は、既にヘーゲルによって捉えられている、というのが彼の思想だ。「普遍と個別、本質と実在、形相と質料、自由と必然、主観と客観、こういった伝統的な二元的対立をヘーゲルが弁証法的に統一している」と言っている。勿論廣松の本命はマルクスであり、「ヘーゲル哲学がはたして、伝統的な二元性の対立を真に止揚統一しえているか、それがはたして真の「決算」たりえているかどうか」と言っている。この廣松の思想における、ヘーゲルとマルクスの理論が持つ意味には、ここではふれないが、次のように言っている。

「普遍必然的なものと個別偶然的なもの、自由と必然、形相と質料、こういった伝統的な二元性の対立を、主観・客観という近代的なシューマの土俵内にとりこんで、統一的に把え返そうとする努力、いわゆる主観性と客観性とを存在論的にも新しい視座から規定し返そうとする努力、これはカント哲学においてすでにみられることであり、――尤も、こういうことは、偉大な哲学体系の場合には、どこにでもみられると言われるかもしれませんけれども――カント自身すでに古代ギリシャ哲学このかたのヨーロッパ哲学の統一的な体系的再構築という課題意識をもっていたと申せます。が、カントの場合には、二元の接合にすぎないと評されるのに対して、何といってもヘーゲルの場合には、一応の統一であることが認められる。論者たちが、ヘーゲル哲学においてこそかの〝決

算〟が成就されたと称する所以でありましょう。」(『マルクス主義の理路』勁草書房、一三四頁)
勿論、廣松自身は、それを一応の統一であると認めた上で、その難点を解決している、少なくとも解決への道を拓いているものが、マルクスの理論なのだ。私達にとっては、伝統的な二元的な対立そのものが存在しないから、統一も勿論問題にならない。「伝統的な二元性の対立を、主観・客観という近代的なシューマの土俵内にとりこんで」と、廣松は言うが、まさか二元性の対立が主客においても激しくなったから、その統一の機運が働いた、などと理解できる問題ではないだろう。特にカントについては、カント自身がもともと、二元性の対立を統一することなどを求めた人でなどないことは明らかなのだから。「主体」の根拠が定かでなく、「主観」の視点の根拠も明確でない私達自身の歴史の観点から見る時、カントの立脚地においてさえ、そこに見られるものは二元性の対立ではなく、対立の崩壊であると思われる。対立の崩壊とは、主客の崩壊であり、最も本質的には「主体」の崩壊である。歴史的に徐々にもたらされた崩壊ではなく、——経験論をそのように見る人もいるかも知れないが——一人の哲学者によって、ただ一度だけ、もたらされた崩壊であると私自身は思う。ヒュームが『人性論』で語っている、「人は心の奥底のどんなに深くを覗いても、見出されるものはただ知覚に過ぎず、自我といっても、それは単に知覚の束に過ぎないのではないか」ということを、私達が私達の視点から見る時、そこで明らかに「主体」が強固な拠り所を失っていると思えるだろう。まさかそこから、「主体」の自己所有性を認識することのできる人はいないだろう。ところが「主体」の自己所有性ということこそ、ヨーロッパ哲学の本質であり、その根幹であり、それがあるからこそ、二元的対立や主客の対立も生まれ得るのだ。ヒュームはヨーロッパ哲学史上に、それをたった一度だけ、崩壊させている。ただ一度だけ、言葉となった崩壊なのだと思う。私達の視点から見て。もっともヒューム本人が、それを崩壊であるとは認識していない、彼はまるで自分の繊細な感性が感じ取った、真なるものと思われるものを、正直に証言しているだけかのようでもあるが、しかしそれが「輪転機から死産している」ということは、ヨーロッパ哲学史における異質なものではあったのだろう。本人がその本質を理解しないことで、本人によっても半ば死産させられている。キリスト教との問題ということは認識されていただろうが、純粋に「主体」の崩壊としては、本人は理解していないように思う。

カント一人がその崩壊を感じ取り、しかし彼は勿論「主体」の自己所有性を信じて疑わないから、決して二元性の統一などではなく、まず「主体」そのものの立て直しをはかる。カントは「主体」を立て直し、その上で真の姿において「主体」と「客体」とを捉え直すことを求めているのであり、対立の止揚統一などは思いの外のものだろう。「主体」が崩壊し、対立が崩壊し、それによって二元性も崩壊しているというのに、「主体」そのものを立て直すことなしに、何が求め得るというのだろう。彼は「二元の真の接合」を求めているのだから、「二元の接合にすぎない」と言っては、何の批判にもならない。しかしヘーゲルはこの「主体」の崩壊そのものを理解しないから、当然それを脇へ追いやって、再び崩壊する前の「主体」に跨がって、その上で「主観は客観になり、客観は主観になる」であるとか、「区別と同一との同一」などと言うのであり、この止揚統一はヨーロッパ哲学史においては、「主体」が再び、もはや崩壊することのない新たな姿で甦ったことを意味したかも知れないが、しかし私達にとっては一体どんな意味を持つというのだろうか。

カントは「二元の真の接合」をはかるから、「主体」はどのようにか「客体」と関わる。その「主体」は彼にとって、自己所有の存在であり、その上で「客体」とどのようにか関わり、「客観的真理」が人々にとって成立する。カントはそれらを信じて疑わないのだ。「主体」の感性は、純粋直観である時空の形式において、対象を受容する。この純粋直観は、カントにとって「先験的主体」の所有である。しかし私達はこの「主体」における、そもそもの所有ということを受け取り得ない。「空間の形式」さえ、それが「先験的主体」の所有であるというのなら、「五蘊皆空」とは言わないだろうし、「他力信仰」が語られることもなかっただろう。しかしその私達でさえ、たとえ「外なるものと共にあるしかない」としても、その「外なるもの」を私達は受容するものであり、その受容もまた、一つの活動であり、自発性であるだろう。ただ私達にとって、「一切皆空」と言ったり、「他なるものの一切との関わりを逃れることができない」と言われる時、その他なるものは全く全周囲そのものであり、そこに一つ一つの自己所有の他者が存在するのではない。しかし乳児にとって、全周囲に包まれてはいるだろうが、それはまだ「主体」の意識にとっての受容ではなく、勿論対立でもない。乳児が或る対象を受容する時、それは必ず或る対象がその注意をひきつけ、それが「主観」の生起であり、意識の生起でもあり、勿論「客体」の生起でもあるが、しかしそれは決して単なる全周囲ではあり得ない。必ず或る対象、或るものが、「主観」と共にあるのであり、それを私達は空間の根源的形式をもたらすものと言い得るのではないだろうか。勿論私達がこんな風に言えるのは、科学者ピアジェの分析に拠っており、決してカントの言葉のみに拠るのではない。しかし私達はカントが空間の形式を純粋直観と呼んだ意味を受け取ることができると思う。それを「先験的主体」の所有と解することはできないにせよ、そこに一つの生命としての、「主体」の活動と自発性とを認識することができる。

演繹論についても同様である。廣松の批判は、私達の視点から見るなら、批判として成立するものではない。「直観形式を通じて既に受容済みの内なる観念が純粋悟性概念に服するということは理解できても、その純粋悟性概念は対象を直観するメガネではないから、ただ主観内の観念に射程が及ぶだけであり、外的自然とは無関係ではないのか？」というのが、その批判である。「純粋悟性概念は認識にとっての内的制約であるにすぎず、対象界には向妥当しないのではないか？」と言っている。つまり悟性が如何にして対象と関係するか、という演繹論の目的が成就されていないのではないか、と言っているのだが、対象と関係するかしないかということは、私達にとっては問題にならない。関係の中から自己が生起すると言われているのであり、だからこそ「境は境にあらず」（対象世界は対象世界ではない）と言われているのだ。自己というものの拠って来たる所にあるものが、関係であり、それが関係の第一次性でもある。それ以外に私達は関係の第一次性というものを理解することはできないと思う。その未分化の関係の中から、その関係それ自体の中から、意識が生起する時、客観も生起するのであり、それは或る対象が対象として捉えられることであり、そこに最初にあるものは、事的世界ではなく、物的世界であると思う。その活動が生きられて後、初めて事的世界が成立するのだ。

それが「成る」ということであり、だからその「成る」ことの根源に、「ありかつあらぬ」が存在していると言えるが、しかしその「成る」ことを時間において捉えることには意味はない。その「ありかつあらぬ」における未分化の関係こそ、関係の一次性というべきものであると私達は認識することができると思うのだが、そしてこの関係は一個の生命が消滅するまで引きずり続けるものであるだろうが、そこに成立している関係の構図は、必ず一個の生命とその全周囲との間のものであり、個々の客体との間のものではない、ということこそ大切なことだ。この全周囲との未分化の関係を、仏教では「縁起」と言うのであり、「無常」はその後から捉えられる概念でしかない。勿論、事象的にも後から起こる事である。その未分化の関係の中から、一個の生命は繰り返し、或る対象に向けて活動し、その或る対象に注意を向けること自体が、一つの活動であり、その一個の生命の固有の自発性であると思う。そこで「主観」が生起し、意識が生起し、「客体」もまた生起するのであり、だからその「主観」おいて、未分化の関係それ自体が現実化するということはない。私達は無意識界を意識したり、分析するだろうが、その意識し分析する意識は意識にすぎず、未分化の統一そのものは、再びは帰ることのない生命の根源に過ぎない。「主観」にとっては対象が対象であることが必然であり、その「主観」の視点においては、それが永遠の構図であると思う。それをもし二元的対立と言うとするなら、その二元的対立も永遠なのだ。ただ私達自身は、この「主観」が必ず対象を持つということ自体を、対立とは捉えないだろう。対立は、その「主観」が自己を自己所有の存在と錯視することによって成立するのだ。少なくともそれが哲学的な意味での、二元的対立の構図だ。野生動物達が互いに食い殺し合っていることを、二元的対立として、哲学的に考察する人はいないだろう。「主観」が、その生起の発端から必ず対象——客体としての物——を持つ、ということ自体が、二元的対立の構図であり得ないのは、そこで認識が生起するからであり、認識は必ず対象を持つ。対象を、必ず外なるものとして持つとともに、自己の活動の自発性の発端として、内に持つのであり、それが認識であると思う。勿論それは言語的認識以前のものと言うべきかも知れないが。しかし言語的認識の方が、二次的なものだ。重要でないとは言わないが。乳児が「お母さん」と言い出さないからといって、認識が生起していないと思う人はいないだろう。その置かれた自己の全周囲の中から、たとえどんなに小さな世界であれ、そのすべての中から、母親を乳児は認識するのだ。それが認識の構図なのだから、そこには二元的対立など基本的に存在しない。認識する対象は、外なるものであるとともに、必ず内なるものであり、そして意識はすべて認識であるのだから、意識においても二元的対立は根源的には存在しない。その認識が、意識であり、「主観」であるのだ。

カントの「先験的主体」は、あくまでもその「主体」の先験的所有について語っているのだが、私達自身は自己の拠って来たる根源に、その一個の生命の自発性を携えたものとしての「先験的主体」を認識することができると思うのだが、当然のことだが、その「先験的主体」そのものが現実化しているというのではない。現実化しているものは、認識としての「主観」であり、それは必ず関係の中に生起する。この関係には、二つの面があると思う。禅者は、「柳は緑、花は紅」と言う。この今咲く一輪の紅の花が現前している真理（真の姿）においても、「境は境にあらず（対象世界は対象世界ではない)」であるわけだが、その無所有のものが内包している関係は、必ず自己自身とその全周囲との間のものであり、その関係それ自体としての「成」が、そこに現前しているのだ。だから仏教においても、そこに「存在と非存在の統一」としての「成」が、生起しているのだが、ただヘーゲルの論理は、文字通り観念的で荒々しい論理学に過ぎないが、仏教の方が、存在そのものの論理をそこで伝えていると思う。ただこの全周囲との関係が、「主観」においても生起しているわけではない。認識は必ず或る対象を持つのであり、茫漠とした全周囲に向けられているのではない。そして認識こそ、意識であり、「主観」であり、精神でもあるのだから、精神は必ず或る対象を持つ、と言える。ここでも或る対象を持つことが、「主観」の生起でもあるのだから、関係はその「主体」にとって無所有のものでしかない。決して「自己」という「本体」が先にあって、関係を「自己」の外側にその手で所有しているわけではないのだから。しかし「紅の花」における全周囲が、その自己自身に包含されているように、或る対象が自己に包含されているわけでは勿論ない。或る対象は、必ず内なるものであると共に、当然外なるものであり、外なる対象であることが、その活動の源泉なのだ。

　私達はどちらかというと、この「柳は緑、花は紅」式の禅者の論理が身近かであるため、一個の自己はその全周囲と共にある、全周囲に包まれている、あるいは逃れられないものとしてそれと共にある、という感じを強く持っていると思う。しかし私達も認識する人間の意識について、もし問うなら、一輪の花と同様に考えるわけにはいかず、そこには内なるものであるとともに外なるものである、或る対象が存在すると考えられる。この時、一輪の花における全周囲が、未分化の関係として、その自己の内に完全に包含されているのに対し、或る対象は、必ず内にあるとともに外にあるものだという ことが重要なのだが、そのこととともに、それが「主観」にとって必ず或る対象、或るものであると いうこともまた重要なことだ。マッハは感覚（要素）しか認めず、実体としての個体の存在、あるい は少なくともその実体が先行して存在することを認めない。勿論、不可知な「物自体」を認めない。 しかし感覚を認めるということは、必ず「私の感覚」を認めることであり、それ以外に感覚というべ きものはない。感覚という概念ではないのだから。実体としての個体を認めないということは、私達 にはよく理解できることだ。「先験的主体」がこの世界に現実化しているわけではなく、現実化して いるものは、必ず或る対象と共にある「主観」であり、意識なのだから、それはどちらの側から見て も、感覚（要素）に還元できる問題なのだが、しかしそこで「私の感覚」が先にあると言うことはで きない。「私の感覚」は必ず或る対象と共に生起するのだから。それでは何故、或る対象が先にある と言うのか、と言うかも知れないが、――事実は、「主観」と共に或る対象があると言うべきだろう が、――しかしそれを一個の生命の最初の初々しい自発的な活動として捉える時、そこに「私の感 覚」が先にある、と言うことはできない。自発性そのものは生命の本質であり、それは文字通り「先 験的主体」における所有であるかも知れない。しかしその自発的活動が現実化する時、そこに必ず或 る対象が存在すると言うことができる。それが運動する生命の、最初の初々しい一瞬であり、「自然 弁証法」の根源に据えるべき命題だ。もし弁証法を、真に存在の哲学において捉えたいというのなら ば。

(このことについては後でまたふれるつもりだが、地球が生成した何ものかであるように、人間を生成する何ものかとして捉えようとしているのはカントであり、決して、「ありかつあらぬ」における「成る」ということについて大々的に語っているヘーゲルではない。エンゲルスは、このカントの科学の言葉に対して敬意をはらっているのだから、哲学の言葉の方にも、もっと注意をはらってほしかったと思う。)

このことはまた、「全体が個に先立つ」という思想の否定でもある。「個が全体に先立つ」のだ。しかしこの個を、自己所有の実体としての個人と考えると、そのような個人は全体に先立つことができない。廣松は、マルクスが近代の社会思想が持つ「個人が全体に先立つ」という発想を超えた、ということを語りつつ、「デカルト的コギトーの主体としての個体的実体性の見地とは異なった了解に支えられている」、ということを言っている。しかしデカルト的コギトにおける「主体」は、まだ全体に先立ち得るような個ではない。それは哲学的には、まだ基本的に流動を捉えていない静止した個人でしかなく、理論的にも、全体を創造した神なしに成立し得ていない。しかし私達はこの全体を創造した神を神話的伝説としてしか持たず、哲学的には持っていない。哲学的には絶対者、超越者、無限者は、その存在の客観的真理性を否定されているのが現実だ。生命はあくまでも無所有の縁起した存在でしかない。親鸞は『教行信証』では、阿弥陀如来への信心の正しさを説いているが、その他力信仰が説かれるということ自体が、人がそもそも無所有の存在であるという強い認識に拠っており、『歎異抄』における「法然上人にすかされまいらせて――」の心情と、本質的に等しい。しかし私達はいま、無所有の縁起した存在としての自己というものを、その認識する意識においては、まさか全周囲との未分化の関係の中に漠然と捉え続けるわけにはいかない。本質的に未分化で無所有であるといっても、すべてが個別化しており、個として現実化している。人間の精神も勿論個別化している。この個別化、つまり未分化の関係から生まれ出て、生命が個として現実化する、その時、その一個の生命は、必ず個々の生命に対する活動として、その営みを現実化するのではないだろうか。それが一個の生命の、最初の初々しい流動であり、発露であると、私達は言うことができるのではないだろうか。そしてその時、「個が全体に先立つ」のだ。現象の総体としての、世界の綾織物の、その流動の発端は、個における自発性においてあるのだから。デカルトのコギトでは、その個人はまだ全体に先立っていない。「全体である神が個に先立つ」という思想を隠した「個人」に過ぎず、だからその「個人」という発想を超えようとして、マルクスが「全体が個に先立つ」と言ってみたところで、その思想はそこに隠されているものでしかなく、あるいは隠されているものを神から社会へと代えただけのものでしかないのだから、乗り越えたことにならない。ただマルクスは、また廣松も、そこで社会契約説におけるルソーも否定しているのだが、ルソーにおいて、社会に先立つものとして認識されている諸個人は、デカルト的コギトにおける主体と同列に論じられるものではないと思う。個を包む全体と、社会とは、重なり合ってはいるが、等しいものではないからだ。勿論ルソーの諸個人は、デカルト的「主体」から生まれ出ているだろうが、しかしルソーが哲学的存在論や認識論を説いているわけではないのだから、その諸個人は、デカルトの思想のように、実は「個人に先立つ全体」、あるいは「個人に先立つ神」を隠し持っているというような「諸個人」ではあり得ず、全く異なった意味で受け取ることのできる思想であると思う。――というより、これを異なった意味において受け取らなければ、私達は私達自身の「個が全体に先立つ」という認識を、確立することができないと思う。

マルクスは、バラバラな個人としての狩漁人というようなものは存在しない、それは幻想的な構造物でしかない、と言っているのだが、しかし私達自身は人をバラバラな個人であり得るようなものとして認識してきていない。その完全な否定が生きられているのだ。その意味では私達は、「個人が全体に先立つ」という発想を否定し、「全体が個に先立つ」ものと認識してきている。しかしマルクスが否定する「個人が全体に先立つ」という時の個人は、その全体を創造した神を背後に持った個人に過ぎず、真に全体に先立ち得る個人ではない。しかし私達が「全体が個に先立つ」ものと認識してきた、その全体は、全体を創造した唯一の無限者としての神に繋がるものでなどなく、基本的には単にこの現象界の自己を取りまく一切としての全周囲に過ぎない。私達にとって真に客観的真理として取り上げることのできる全体とは、この現象界の現実であるにすぎない。親鸞の「法然上人」に端的に現われているように。だからこの全体は、しばしば矮小化されて、単に自己を取りまく地域社会や国家社会として生きられてしまいさえするが、しかし決して崩壊はしない。この現象界の全周囲を、崩壊し得る者はいない。しかしこの全体を取り上げて、私達が今、「全体が個に先立つ」と言い続けることはできない。だから廣松は、マルクスが「全体を創造した神を隠し持ったような個人」でも、またその「神によって創造されたような全体」でもなく、現実を見据えた上で捉えた、「全体が個に先立つ」ということを、私達が認識することを求めている。しかしこの現実化ということにおいて、マルクスの理論がとった道筋は、廣松自身が度々語っているように、ヘーゲルの「全体」が持つ、その「三位一体」の理論が、フォイエルバッハの「人間の本質」への逆転を経て、現実の社会へと結びついたものだ。つまり「神によって創造された全体」が現実社会へと移行しているのだが、それはまた、その根源にある「神の全体」において、「個人が全体に先立つ」という時のその個人とも繋がったものでしかない。デカルトはそれを前提としているのだから。しかし私達の全体は、神に繋がらず、しばしば矮小化されて生きられるとはいえ、決して単に或る具体的なもののみを示しているのではなく、それと同時に、当然のことだが概念化された全体（全周囲）でもある。禅者が、「花は紅」と言う時の全体、一輪の花を包む全周囲としての全体であるが、この全体は、概念であると共に現実でもあるから、つまり決して「直観なき概念」ではないから、決して崩壊することがない。「神によって創造された全体」という思想、またその「全体を創造した神」という認識は、或る人々の心の中で崩壊し得るし、「個人が全体に先立つ」という時の個人も、勿論崩壊する。ヒュームははっきりとそれを崩壊させており、だからこそカントは、デカルト的個人ではなく、真に「個人が全体に先立つ」と言い得る個人の存在の理論を確立しようとしているのだ。彼はその存立を信じて疑わないのだから。しかし私達の全体という概念は、決してどのような人間の心においても、生きている限りは崩壊し得ない。この崩壊し得ない概念の裏打ちがあるからこそ、私達はその矮小化されたものをも、生き続けることができるのだ。

カントが、真に「個人が全体に先立つ」と言い得る個人の存在の理論を探し求めた時、既に「全体を創造した神や、デカルト的個人は崩壊していた。それは私達が立っている場所でもある。カントにとっては崩壊であり、私達にとっては喪失であるから、同一ではなく、互いに正面にあるもの、あるいは背面にあるもの、と言うべきかも知れない。マルクスは、このデカルト的個人や、「全体を創造した神」を乗り越えようとするが、既に崩壊したものを乗り越えるというのなら、この崩壊を真に見据えた唯一の哲学者であるカントに対して、——ヒュームを、崩壊を見据えた人と言うわけにはいかないだろう。カントが言うように、ただ崩壊させただけの人とは、私自身は思わないけれど——ヘーゲルのカント批判を踏襲するだけというのでは、私達にとっては意味を持ち得ない。もし意味を持ち得るとするなら、それはヘーゲルのカント批判に、私達が納得し得た時、でしかない。

5

ヘーゲルは、自分の思想を語る時、しばしばカント批判から始めている。『精神現象学』の序論や、『大論理学』の序論など、殆んどカント批判で埋められている。デカルト的「主体」を、廣松も「個人が全体に先立つ」という思想として認めてしまっているが、この個人は全体に先立ち得るものではなく、全体を創造した神を前提している。逆にヘーゲルは、「全体が個人に先立つ」ということを語っている。勿論、単に神を前提としたわけではなく、廣松も語っている「三位一体」の理論の哲学的解釈を背景にして、「普遍は個別的なものの実体である」と、彼は言うのだ。マルクスはそこから、「人は社会の内においてのみ個別化する（個人となり得る）存在である」ということを言う。廣松も言うように、「三位一体」説はキリスト教独自の説明にしかならず、あまり説得力がないのだが、しかしそのことを問題にするまでもなく、ヘーゲル自身が「全体を創造した神」というものを如何にその理論の構築において必要としていたかを、繰り返されるカント批判において自ら語っている。カント思想の本質は、カント自身は神を信じていただろうし、その存在を否定しようというつもりはなかっただろうが、ただ彼は神の存在を前提として、その理論を構築しようとはしていない。そのことにおいて、その意志を貫くことにおいて、カントは信じがたいほど誠実であり、愚直なばかりである。その点で、私達にとって本当に唯一無二の哲学者だと思う。勿論ヒュームはそんなものを前提としていないが、論証しようとするものが全く違うのだから、同じ感激で受け取るわけにはいかない。カントの百ターレルの理論について、ヘーゲルはしばしば論じているが、その趣旨は、――百ターレルなどという比喩が持ち出されること自体、有限なものに対して以外適用されがたい理論でしかない。つまりその現存在がその概念と異なっているということが、有限なものの本質なのだから。しかし神というものは、ただ「存在するものとしてのみ考えられるもの」であり、神においては概念が存在をそのうちに含んでいる。その概念と存在の統一こそが、神の概念なのだ、というものである。これは『小論理学』からの引用だが、まさかこの文章を、カントに対する論駁として認めることのできる人はいないだろう。カントは神の存在をその理論の前提としないからこそ、あのように言っているというのに。また私達自身は、親鸞が『教行信証』ではあのように信心を語りながら、しかもなお、他者に対して阿弥陀如来の救済は客観的真理であるとは言わなかった、その歴史を持っている。自らの信心を語りつつ、しかし他者に対して、阿弥陀如来は「存在するものとしてのみ考えられるもの」なのだ、などと言わなかったことにおいて、親鸞は私達にとって唯一無二の宗教者であったはずだ。

この、他者に対して、それを語り得るかどうか、ということが論理学の最も本質的な問題であるだろう。神の概念が、「存在するものとしてのみ考えられるもの」であるかどうか、つまり神においては概念が存在をそのうちに含んでいるかどうか、ということは、まだその時点ではそのような存在である神自身にだけ、あるいはそれを言うヘーゲルの思惟にだけ、その私念にだけ、関わった問題でしかない。つまりヘーゲル自身の思惟を明らかにするものでしかない。「或る対象に関する我々の概念が、何を含みまたどれほど多くのものを含むにせよ、この対象が実際に存在するためには、我々は概念のそとへ出なければならない。」とカントは言っている。カントは「我々の概念」と言っているのだが、実際、このように言われて始めて、概念は単なる私念や妄念ではなく、「我々の概念」であり得るのだ。

「感官の対象の場合には、このことはその対象が経験的法則に従って私の知覚のいずれかと結びつくことによって可能である。しかし純粋思惟の対象の現実的存在を認識する手段というものはまったく存しない、かかる現実的存在は、ア・プリオリにのみ認識せられねばならないからである。しかしおよそ実在に関する我々の意識は（この実在を直接に知覚するにせよ、或いは何か或るものを知覚に結びつけるような推論によるにせよ）、まったく経験の統一に属するものである。それだから領域のそとでは、実在はなるほど直ちに不可能とは言い切れないにせよ、しかしこの場合には一つの前提にすぎないのであって、我々はかかる前提をどうしても正しいと認めるわけにいかないのである。

最高存在者という概念は、いろいろな点できわめて有用な理念である。しかしこの理念は、もともと単なる理念にすぎないのであるから、これだけによって実在に関する我々の認識を拡張することはできない。」（『純粋理性批判』中、岩波文庫、二六七〜二六八頁）

ここでもカントは「我々の認識」と言っているが、実際、このような見方の中で初めて、或る概念が「我々の概念」であり得、或る認識が「我々の認識」であり得る。そこで初めて、論理学が他者の存在証明であり得るのだ。

「勝手に構想した単なる理念から、この理念に対応する対象そのものの現実的存在を無理やりに引き出そうとするのは、まったく不自然なことであり煩わしい学派的論議の蒸し返しにすぎない。」（同、二六九頁）とも言っている。

可能的な百ターレルも、単なる私念にとっては意味を持ち得るかも知れないが、しかし現実の百ターレル以外のものを、他者にとっても意味を持ち得ると言う人はいないだろう。勿論ヘーゲルは、そんなことは充分承知していただろう。しかしその論理は大変混乱している。

「カントの批判は、その通俗的な例によって一般に受け入れられた。実際、実在的な百ターレルが単に可能的な百ターレルと異なることを知らないものがあろうか。また、それが私の財産状態に区別を生ずることを知らぬ者があろうか。つまり、百ターレルによってこういう相違が生ずるものであるからこそ、概念、即ち空虚な可能性としての内容規定と、その有とが互に異なるのである。それ故に神の概念もまた有〔実在〕と異なるものであり、私が百ターレルの可能性から百ターレルの現実性を取り出し得ないと同様に、また神の概念からその実在を「取り出す」こともできない。ところが、存在論的証明は神の概念から神の存在〔実存〕を取り出すところにあるとせられる。」

しかしカントは、実在的な百ターレルと単に可能的な百ターレルでは、財産状態に区別を生じる、などということを論じているのではない。「可能的な百ターレルは概念を意味し、現実の百ターレルは対象と対象の設定自体とを意味する――」と言っており、また、「存在は、明らかに実在的述語ではない。換言すれば、物の概念に付け加わるような何か或るものの概念ではない。存在は物の設定或いは物の或る規定の設定にほかならない。」と言っている。だから人が、「神がある（存在する）」と言ってみたところで、それは神という概念に新しい述語を付け加え得るものではなく、意味を持ち得ないということだ。

「もし感官の対象が問題であれば、物の実際的存在を物の単なる概念と混同することはあり得ないだろう。概念によって考えるならば、対象は可能的な経験的認識一般の一般的条件と一致するだけであるが、しかし実際的存在によって考えるならば、対象は経験全体の連関のなかに含まれているからである。対象の概念は、経験全体の内容と結びついたところで一向に増すものではないが、しかし我々の思惟には、かかる経験内容によって更に可能的知覚が付け加わるのである。これに反して、かか実際的存在を純粋概念だけによって考えようとする場合に、我々がこの実際的存在を単なる可能性から区別する標徴を示し得ないのは当然であって、毫も怪しむに足りない。」(前掲書、二六七頁)

或るもの、或ることの存在の証明において、ヘーゲルが言うような、「実在の百ターレルと可能な百ターレルとが異なっている」などという問題は、何の意味も持ちえない。だからカントはそんなことを言っていない。ヘーゲルが言うように、それが自分の財産状態に区別を生じることを知らない者はないのだ。存在の証明は、概念の百ターレルから現実の百ターレルを取り出すことなどではなく、勿論神の概念から神の実在を取り出すことなどでもない。百ターレルの有無は、経験全体の内容と結びつき、可能的知覚と結びついて、それが我々の思惟、我々の認識、我々の概念となる。しかし神の実在について、それが単なる可能性でないと確信し得るもの——勿論一人の人間はそれを確信するであろうが。親鸞が自らは阿弥陀如来を確信したように——それを我々の思惟、我々の認識となし得るものを、人間の理性は持ち得ないと、カントは言っているのだ。概念から、その実在を取り出し得ない、などということは、当然のことであり、だからカントは決して、「百ターレルの概念から現実の百ターレルを取り出し得ない」から、つまり「概念と有が異なっている」から、神の存在論的証明が不完全でしかない、などと言ってはいない。そんなこともまた、財産状態同様、通俗的な精神の人間がヘーゲル同様、よく知っていることでしかないのだ。しかし先の文章に続けて、ヘーゲルは次のように言っている。
「だが、概念が有と異なるものだということが結局正しいとすれば、なおさら神は百ターレルやその他の有限的な物とは異なるはずである。有限的な物においては概念と有〔存在〕とが異なるものであり、概念と実在性、霊魂と肉体とが別のものであって、従って有限的な物は生滅変化を免れないものであるという点にこそ、有限的な物の定義がある。これに反して神の抽象的な定義は、その概念と有とが非分離的なものであり、不可分のものである点にある。カテゴリーと理性との真の批判は、まさにこの区別についての認識を充分にもって、有限的なもののいろいろな規定や関係を神に適用するなどというような考えを斥けるものでなければならない。」（『大論理学』上の一、岩波書店、八八～八九頁）
カントは神の定義を定義しているのではなく、その存在論的証明について語っているわけだが、しかしヘーゲルにとっては、誰も百ターレルの概念から現実の百ターレルを取り出し得ないけれど、しかし神の概念からだけはその実在を取り出し得る、あるいはそれを不可分のものとして、誰もが認識し得るはずだ、ということが問題になっており、――この二つの理論が語るものは、カントの先験的論理学においては、そこに我々の概念や他者の存在が証明されており、ヘーゲルの論理学においては、彼自身はそこで神の存在証明を行なったつもりかも知れないが、事実はその理論における、他者の非存在の証明になっている、ということだと思う。

ヘーゲルは、有と無、存在と非存在という言葉を多用するのだが、その理論は大変混乱していると思う。カントの百ターレルについて、しばしば問題にするのは、百ターレルの有無に関する存在論的証明は簡単だが、神の存在論的証明は理性には不可能だ、というカントの理論に対して、存在論的証明というその本質を無視して、単に神と百ターレルが同列に論じられることに対して、彼は憤慨しているわけで、神を信じる者としてのその感情は理解できないわけではないが、存在論的証明というその本質の方を無視しては、論駁として成り立たないし、また、有と無、存在と非存在という言葉の用い方については、ヘーゲルの方が混乱し、また私達から見るなら、明らかに間違ってもいると思う。

カントの百ターレルの有と無については、誰も間違えようがない。ヘーゲル自身が言っているとおりである。しかしヘーゲルは、「天上と天下とのいずれを問わず、有と無との両者をその中に含まないようなものは存在しないと言わねばならない。」と言っている人だ。勿論、その有と無と、百ターレルの有と無とは同じものではない、と彼は言っている。

「それで、――有と非有とは同一である、それ故に私の存在することと存在しないこと、この家が有ることと無いこと、この百ターレルが私の財産の中に有ることと無いこととは全く同じことだ、――というような推論、或いはこの命題のこういうような適用は、この命題の意味を全然変じてしまうものである。」（『大論理学』上の一、岩波書店、八三頁）

しかしカントはそのような問題を混同してなどおらず、むしろ混同しているのはヘーゲルではないかと思える。カントが「有と非有とは同一である」などと言うことは、考えられないことだからだ。

カントにとって人間の精神は自己所有の存在であり、勿論有であり、二元的存在でもあり、だからこそ彼は「二元の真の接合」の理論を求めている。そのこと自体の成立を、彼は信じて疑わないのだから。廣松は、カントの理論は「二元の接合」でしかなかった、などと言っているのだが、しかし「二元の接合」こそカントの求めたものであり、またそのことを廣松はよく知っているはずなのだが――。三十年の歳月を費やしながら、カントはなお、その演繹論を成就できなかったのではないかと、彼は言っている。二元的存在であり、自立した自己所有の存在である人間が、如何にして互いに世界を認識し、そこで客観的真理と言い得るものが成立するかを、カントは問うているのだ。その成立をカントは信じて疑わないが、しかしそこで、それが神の意志だから、為せる業だから、成立するのだと言わなかった、ということが最も大切なことではないだろうか。そのこともまた、ヒュームが破壊したものだ。このヒュームが破壊したもの、また破壊したというそのことを、何の検証もなしに、それを無視して、既に破壊されてしまったものを用いて、それを論証の道具として、理論を構築するということを、カントはしていない。「認識はすべて経験を持って始まる――」とカントが言う時、それもまた、ヒュームの破壊を受けて語られている言葉だ。もちろんヒューム一人がそれをしたわけではないが、イギリス経験論の哲学者の中でも、ヒュームほど純粋に、殆ど無邪気に、ヨーロッパ哲学の中心を破壊した哲学者はいない。人間の精神が自己所有のものとしてあり、それが神の意志であるということ、つまり神の業として、神自身の存在の証しとして、人がそのような存在としてあるということを、崩壊させている。この神の存在の証しは、フォイエルバッハによって逆転され、人間の存在の証として、神の存在があることになったが、同じことにしかすぎない。そこで保持されているものは、人が自己所有の存在であるということだからだ。ヒュームはそれを破壊した。カントは勿論、人間の精神が自己所有の存在であることを疑わない。カント一人は、神の存在を前提とすることなしに、つまり人間が神の似姿であるという、あるいは神が人間の似姿としてあるというような前提を、論証の前提とすることなしに、それを、人間精神の所有を、論証しようとしている。そのために、私達にとっては初めは、ヒュームの方が馴じみやすいと思う。ヒュームが破壊したものは、私達自身にとっては、既に喪失したものであり、同じ所有の中に立っていないからだ。この精神の、あるいは人間存在の、本来的所有というもののほど、私達に馴じみにくいものはなく、拒否反応以外のものを生み出さない。だからいくら何でもデカルトに親しみやすい、などという仏教徒はいないだろう。カントは所有を論証しようとしているため、またそのこと自体はカントから理解しやすいため、それが邪魔になって、疑心暗鬼がなかなか抜けない。むしろ最後まで疑念が残る哲学者だと思う。しかし同時に、カントが神を前提としていないということもまた、明白であるため、そこから離れることもできないというのが実状だと思う。カント自身は神を信じていただろう。しかしカントは自分の精神が真なるものだと思うものを、論証し得ることのみを用いて、つまり他者と共有し得るであろう認識のみを用いて、論証しようとしているのだ。

　百ターレルの有無の証明は容易だが、つまりそれは常に我々の認識であり得るものだが、神の存在の証明を人間の理性は為し得ない、それを我々の認識と為し得ないと、カントは言っているわけだが、ヘーゲルの先の、「天上と天下とのいずれを問わず、有と無との両者をその中に含まないようなものは存在しないと言わねばならない。」――ということは、ヘーゲル自身が『哲学史』で自ら言っているように、ヘラクレイトスの言葉から彼が引き出した思想なのだが、――ヘラクレイトスの思想で、自分が活用しなかったものはない、自分の「論理学」に取り込まなかったものはない、などと言っている。ヘラクレイトス自体は、私達にとってあまり意味を持たない。ヘーゲルのヘラクレイトスとしてしか殆ど意味を持たないのだが、そこでヘーゲルが真理の言葉としてしばしば引用するのは、「存在は非存在であり、非存在は存在である」とか、「万物は流転する」、また「真理は有でも無でもなく成である」ということなのだが、――これだけでは私達にとっては、新鮮な思いで受け取れる真理の言葉ではない。禅者の論理の転倒には馴れ親しんでおり、しかも「万物は流転する」ということは、「無常」に属する観念だが、仏教において「無常」は二義的な真理でしかない。また、どんな観念も、――禅者が語る、「真理は大根の根だ」などという、とんでもない表現も、――一人の人間の思惟の内で、経験全体がもたらすものと、どのようにか結び付いて判断されて初めて、それが我々の認識と呼び得るものかも知れないものになり得るのだ。仏者は、「境（対象世界）は境にあらず」とか、「真理は有でも無でもなく空である」、あるいは「無であって無でなく空である」などと、その言葉自体だけでは訳の解らないことを言うわけだが、そこで、その真理を摑み取ることは、人間の精神にとって、「自分の足を持ち上げるようなものである」ということを言っている。それは、見るべき真理は「空」であるとしても、それを今語っている人間の意識、その「主観」は、「有」であるということを表わしていると思う。禅においては、哲学が即ち論理学であることの否定とも、結びついた、それは論理であると思う。禅者はしばしば理論を転倒させ、言葉を玩具のように扱いさえする。言葉と理論は、「有」である人間の意識、その「主観」の所有であるが、仏教において人が見るべき真理は、その「有」とその理論ではないからだ。しかし意識はすべて、その全体が「有」である。だから「空」を捉えることは、「自分の足を持ち上げるようなこと」であるのだ。私達は歴史的に、この仏者の論理を、自らの経験がもたらすものにおいて検証し、それを真理の言葉、哲学の言葉と、思いなして来たのだ。勿論、その文化と哲学が惰性的に継承されたともいえ、決して個々の人間がすべてそれをしてきたなどということではあり得ないが。

そこで、この「主観」は有である、という認識は、人がその経験全体がもたらすものにおいて、検証し得る問題だ。勿論それだけでは、禅者の「空」の論証にはなっていないが。勿論ヘーゲルの、「天上と天下とのいずれを問わず、有と無との両者をその中に含まないようなものは存在しないと言わねばなるまい。」ということも、これだけではまだ何の論証にもなっていない。有である「主観」が、それを検証する必要がある。ところでカントは、この「主観」が有である、ということを論証している。

「私は考える〔という意識〕が、私の一切の表象に伴う」——とカントが言う時、これは統覚の統一を語るものであり、そのことが「純粋悟性概念」の存在の証明に繋がっているわけだが、これを単に意識の自己同一性ということについて考えるなら、そのことを自らの意識において検証し得ない人はいないだろう。

「つまり私は、直観において与えられた多様な表象を一個の意識において結合することによってのみ、これらの表象における意識の同一性そのものを表象できるのである。それだから統覚の分析的統一は、なんらかの綜合的統一を前提してのみ可能である。従って「直観において与えられたこれらの表象は挙げて私に属する」と考えることは、「私はこれらの表象を一個の自己意識によって統一する、もしくは少なくとも統一し得る」ということと同じ意味である。このように考えることそれ自身は、まだ表象の綜合の意識ではないにせよ、しかしかかる綜合の可能を前提している、つまり私は、多様な表象を一個の意識のうちに包括することによってのみ、これらの表象を挙げて私の表象と称し得るのである。さもなかったら私は、私の意識しているさまざまな表象に応じて、それだけさまざまな〔自己〕をもつことになるだろう。直観における多様なものの綜合的統一は、ア・プリオリに与えられたものとして、私のあらゆる一定の思惟にア・プリオリに先だつところの統覚の同一性そのものの根拠なのである。しかし結合は、対象のうちに存するのではない、また知覚によって対象から得られ、こうして初めて悟性のうちに取り入れられるようなものではあり得ない。この根源的結合は、まったく悟性のなすわざである。即ち悟性は、ア・プリオリに結合する能力であり、また直観における多様な表象を統覚によって統一する能力にほかならない。そしてこの統覚の統一という原則こそ、人間の認識全体の最高の原理なのである。」（『純粋理性批判』上、岩波文庫、一七七～一七八頁）

この部分はカントにとって、悟性の最高原則としての「純粋悟性概念」が、とにかくも存在するはずだということとの論証なのだが、少なくとも誰にとっても、意識の同一性と、その意識が有である、ということは、皆それぞれに認識し得ることではないかと思う。意識をどんなに否定しようと思っても、どんな否定の中でも、それは有であり、有であること以外のあり方を与えられていない——つまり生きているものにとって、有である意識として以外存在し得ない。カントの、「私は考える〔という意識〕が、私の一切の表象に伴う」ということは、その有を捉えていると思うのだが、——ただカントは、そもそも「先験的主体」というべきものが自己所有の有としての存在である、という前提に立って——カントがそんなことを言っているわけではなく、私達の歴史的立場からはそのように思えるということなのだが——そこから、単なる現象界における意識が自己同一的な有である、ということを論じているように思える。しかし禅者が、「悟りを得ることは自分の足を持ち上げるようなもの」と言う時、その自分、つまりこの現象界における一つの意識であり、しかし悟りを得ようとしている自分は、有としての意識以外のものではないが、しかしその有と同一ではあり得ない、その根源にある「無」を、あるいは「空」を——「五蘊皆空」などという時の「空」だが——捉えることを語っている。つまり現象界における意識の有は、そこでは前提になっている。根源にある「空」といっても、それは勿論有である意識とは何処か別に、特別な根拠としてあるのではなく、有にとって、いわば内なるもの、自己自身そのものであり、だからこそ「赤肉団上に無位の真人あり」などと言われるわけだろう。しかし現象界における意識は、有以外のものではあり得ない。どんな時にも、それは有であり、私の意識であり、一つの主観であるばかりである。だからこそ、「自分の足を持ち上げる」必要があるのだ。

この足下の「空」を、私達は存在が無所有のものであるということ、また、縁起したもの、つまりその生成の根源から関係それ自体としてあるものである、という認識として理解することができると思う。仏教の本質を何故そのように考えるのかということは、また別の問題として考える必要のあることかも知れないが、ここではこれ以上立ち入らない。私達は仏者達の言葉や、私達自身が歴史的に生きてきたものにおいて、そのように認識することができると思う。関係それ自体であるということは、生成そのものが関係としての生成であるということ、つまり人間の意識について言うなら、意識が関係を生きるのではなく、関係それ自体であることの中から、意識が生起するということだ。そう考えなければ、私達はこの禅者の、「悟りは自分の足を持ち上げるようなもの」という言葉を、理解できない。この言葉が、哲学の言葉ではなくなってしまう。そして私達は長い間、この言葉を哲学の言葉と考えてきているのだ。「縁起」とは関係それ自体としてある、ということだが――どのようにか知らないとしても、とにかく「縁起」が関係そのものを捉えた思想であるということを否定する人はいないだろう――その時、意識が存在し、あるいは意識を生み出す「主体」がまず存在し、そこから、何処か外からやってくる関係が、その「主体」によって生きられるとするなら、その「縁起」――仏教の本質――を問うことが、「自分の足を持ち上げるようなこと」であるはずがない。関係であることの中から、意識が生起するのだ。有である意識が、その「縁起」を捉えることを、禅者はそのように表現しているのだ。ただ、この関係それ自体であることは、廣松の言う「事的世界」における関係の第一次性ということや、マルクスの物象化論と重なり得るものではない。禅者の理論では、有である意識が——必ず有であり、その有の中から一歩も踏み出し得ない、この人間の意識が——「空」を捉えることが語られるわけだが、私達がその仏者の理論の中に立とうとする時、崩壊するものは、「有と非有との同一」などを語っているヘーゲルの理論であり、不思議なことに、有であること以外の何も語らなかったカントの理論ではない。これは不思議なことであると共に、必然的なことであるわけだが。

廣松は、カントは演繹論を成就できなかったのではないか、と言っている。つまり、もし「先験的感性論」を受け入れるとしても、それは結局——「直観形式を通じて既に受容済みの内なる観念内容が純粋悟性概念に服するということは右の立論で一応は説明できる。だが、純粋悟性概念は対象を直観するメガネではないから、意識内容（主観内の観念）には射程が及んでも、外的自然とは無関係ということにならぬか？　純粋悟性概念はわれわれの認識にとっては必然的な制約であるにしても対象的自然界には向妥当しないのではないか？」ということなのだが。しかし対象的自然界とは一体何なのか？　廣松自身はヘーゲル、マルクスを中心にものを考えるため、カントに対してそんなことを言うけれど、しかし私達にとっては歴史的に、「境は境にあらず（対象世界は対象世界ではない）」という思想が生きられてきているのだ。こんな禅者の名言に、庶民が読みひたってきたわけではないと言うかも知れないが、私はそうは思わない。特に趙州禅師を読みはしない人間によっても支えられているものが、一つの文化であるはずだ。曽我量深は、講義録の中で、「人は決して全き個人として生まれては来ない、生まれ落ちる時から、関係を背負った存在である」ということを言っているが、この言葉など、人は決して外なる対象世界を決して完全に外なるものとして持ってはいない、ということを語っているようではないか。量深はそこで、「仏法は日本国体と矛盾しない」などとも言っているので、気が遠くなる思いではあるが、それらの言葉を、仏教の本質から全くかけ離れたものと考えることはできない。対象世界が対象世界でないということは、有である私達の意識にとって、明らかに対象世界は私の外に展開するものであるわけだが、しかしその有である意識が、外なる対象世界と関わることが、一般に生成と呼ぶべきものであるというのではなく、その有としての意識自体が、関係それ自体としての生成において生起したものである、ということだ。それが仏教における関係の一次性ということだと思う。その関係それ自体としての生成において、「無」、あるいは「空」が捉えられるのであり、意識は有以外のものであり得ないという認識が前提されていると思う。

カントにとっては、現象界における意識より先なるものとしての「主体」が、自己所有の有であるものと捉えられ、そこから意識が自己同一性を持った有であることが論証されている。感性は単なる受容性に過ぎず、感性的直観の純粋形式によってもたらされるものは――それによって「主観」が触発されるとはいえ、――単に多様な表象に過ぎず、悟性による認識に繋がり得るようなものではない。ただそこで意識が自己同一性を保つということは、時間の形式の中で前後して起こるもの、意識の内に生起するものを、意識は持続して認識する、というより持続して認識すること自体によって認識が成立するわけだから、その認識が成立しているということ自体によって、意識が同一性を持った有であるということが、論証されるということだ。そこで更にカントは、次のように言っている。

「もし個々の表象がいずれも他の表象とまったく無縁であり、いわば孤立して他から分離されているとしたら、認識は決して生じないであろう、認識は比較され結合された表象から成る一つの纏まりのある全体だからである。感性は、その直観において多様なものを含んでいる、そこで私がかかる感性に、多様なものを通観する作用を認めるならば、この通観には綜合が対応する、そして〔感性の〕受容性は〔綜合の〕自発性と結合してのみ、認識を可能ならしめ得るのである。かかる綜合は、一切の認識に必然的に存する三通りの綜合の基礎をなしている、即ち直観における心意識の変容としての表象の覚知、構想力による表象の再生、および概念による表象の再認である。この三者は、我々を導いて三個の主観的源泉〔感官、構想力、統覚〕に到らしめる手引きである、そしてこれらの認識源泉が悟性をすら可能ならしめ、またかかる悟性によって、悟性の経験的所産としての一切の経験を可能ならしめるのである。」（『純粋理性批判』下、岩波文庫、一四八頁（第一版の演繹論））

これは第一版のものからの引用だが、カントが論証しようとするものは、廣松がかいつまんで説明しているものであり、その理論の構造は基本的に第一版も第二版も等しい。感性的直観による多様な表象だけでは、まだ何も考えられず、認識もされない。しかし認識は成立しており、悟性の自発性としての比較や結合の能力が働いている。その働きには約束事があり、それが結局純粋悟性概念の存立を論証するものだ、ということなのだが、それで廣松は、仮に純粋悟性概念が働くことは認めたとしても、対象的自然界とはどう関係しているのか、と問うている。カントは、次のように言っている。

「いったい我々は表象の対象という語をどう解するのか、ということをここで明らかにしておく必要がある。上に述べた通り、現象そのものは感性的表象にほかならない、そしてこの感性的表象は、それ自体（表象力のそとにある）対象と見なされてはならないものである。我々が、認識に対応する対象、従ってまた認識とは異なる対象という語を口にするとき、我々はこれをどう解するのだろうか。その場合にかかる対象は、「何か或るもの」一般即ち《X》としてしか考えられてはならない、ということは明白である。我々は、我々の認識のそとには、この認識に対応するものとして対置し得るようなものを何ひとつもっていないからである。

しかし我々は、一切の認識はその対象に関係するものである、という我々の考えが幾分なりとも必然性をもつことを知っている。対象は、我々の認識がその都度手当り次第に、即ち任意に規定されることに反対するもの、むしろ我々の認識が常に或る仕方でア・プリオリに規定されるように仕向けるところのものと見なされるからである。つまり認識は、もともと対象に関係すべきものであるから、この関係において必然的に対象と一致せねばならない、――換言すれば、対象の概念をなすところの統一をもたねばならないのである。」（『純粋理性批判』下、岩波文庫、一五三～一五四頁）

意識の内にあるものは表象であって、Xそのものではない、しかしどのようにかXに向かうもの、あるいはXとの関係において生じたものであり、必然的に対応するものでもある、と言っているかのようで、少なくとも廣松を説得し得るものとはなっていないかも知れない。この表象はXそのものではないということは、カントの理論では、そのこと自体が純粋悟性概念の存立の証しになっていて、つまりそれにも拘らず認識は成立しているのだから、多様なものの綜合があり、その意識の形式的統一があるということが、純粋悟性概念の証しなのだ。またその意識の形式的統一が、意識の同一性と、それが言わば有それ自体であることの証明でもあり、すべてが一体になっている。論拠が依存し合っているわけで、おそらく廣松を説得し得ないだろう。「そこで我々が直観に含まれている多様なものにおいて綜合的統一を生ぜしめた場合に、我々は「対象を認識する」、と言うのである。」と、カントは言っている。しかし廣松にとっては、その認識は対象的自然界における、所謂対象Xと、どこで、そのようにして対応するのか?、という疑問しか生み出していないわけだ。

ところで私達が、「対象世界は対象世界ではない」という仏教の理論において、つまり意識が関係を生きるのではなく、関係それ自体であることにおいて意識が生起する、という、この思想の中から、演繹論に接すると、私達にとっては、認識が如何にして対象Xと関係するか、という問いは成立し得ない。意識はすべて認識であり、つまり認識とは意識なのだが、その意識は関係において生起していると言われているのだ。生まれ落ちる時から、関係を背負っている、と言われている。認識が如何にして対象Xと関係するか、という問いは哲学的だが、量深の言葉はそうではないと言われるかも知れないが、私はそうは思わない。ただそのように、生成はすべて関係を負っている、と仏者が言う時、そこに対象Xが存在しているわけではない。カントは、その場合の対象を、「何か或るもの」一般としてのX、と言っているが、それは勿論個々に存在する或るものであるだろう。個々に存在する多くの或るものが、多様なままの全体として、直観によって意識を充たすわけだが、その表象がそのまま認識であるわけでは勿論ない。「認識は比較され結合された表象から成る一つの纏まりのある全体だからである。」と言われている。つまりそこに純粋悟性概念が存立する、と言われるわけだが、しかし仏者が、生成はそれ自体が関係を負っている、と言う時、その関係が、個々の或るものとしての対象Xを捉えていると考えることはできない。本質的な捉えにおいて、仏教は人間と草木土石を区別しない。「花は紅」と言われる時、そこに捉えられているものは、その花のたった今現在における、全周囲を包含した姿であり、それが内包されている関係なのだ。人間も本質的に等しく、この思想においては、生はやはり受動的なものとして捉えられている感が強いと思う。しかし私達も意識における認識を問う時、そこにどのようにか対象Xが存在すると考えないわけにはいかない。認識は個々のものに対する認識であり、しかも「比較され結合された表象」でもあるだろう。この個々のものに対する認識を、意識は、個なるものとしての自発性と能動性によって生じさせるのであり、生成の本質にあるものは、決して受能性ではなく、一個の生命の自発性と能動性なのだと、私達も言うことができるのではないだろうか。

心理学者ピアジェは、知能の発達や思考力の発達の考察において見出されるものは、活動と能動性であるということを、繰り返し語っている。

「ご存じのように、化学と物理学では、反対方向への変化によって特徴づけられてはいるが安定した仕方で補償し合う動的な均衡が、存在しています。ですから、可能性という概念は、安定性の概念と矛盾するものではありません。均衡は、動的で安定したものでありうるのです。知能の領域でも、わたくしたちは、動的均衡というこの概念を、大いに必要としてます。たとえば、操作のシステムは、活動のシステムであり本質的に動的な一連の操作なのですが、これらの操作を決定する構造が、一度つくり上げられると、もはや変化しないという意味で、安定しうるものなのです。

第二の性格は、すべてのシステムが、それを変えようとする外部からの攪乱を蒙ることがあるという点です。この外部からの攪乱が、補償の方向へと向った主体の活動によって、おぎなわれるときに、均衡が存在するのだ、とわたしくは言いたいのです。補償の考えは、心理学の均衡を定義する上で、基本的であり、かつもっとも一般的であるように、わたくしにはおもわれます。

最後に、わたくしが強調したい第三の点は、このように定義された均衡が、何か受身的なものではなくて、反対に、本質的に能動的なものだということです。均衡が大きければ、それだけ、大きな活動を必要としています。心理的観点からみると、均衡を保存することは、非常にむずかしいことです。人格の道徳的均衡は、攪乱に抵抗したり、自分がとっている価値を保存したりなどするための性格の力を、前提としています。均衡は、活動と同義語です。知能の領域でも、同様です。個人が十分に能動的であって、外部の補償によるすべての攪乱に対立することができる限り、構造が均衡をとるようになります。その上、外部の補償による攪乱は、最後には、思考によって、予期されるに至ります。操作のはたらきのおかげで、可能な攪乱を、まったく予期することができ、逆換

操作や相反操作のおかげで、これを補償することができるのです。」（『思考の心理学』みすず書房、一九二～一九三頁）

ピアジェが、知能の構造と発達について述べている文章を、こういう所へ引用するのはおかしいと思う人もいるかも知れないが、人間の精神の営みと、そこから生じる社会的関わり合いとが、基本的に個々の生命が持つ、その自発性と能動性による活動によって生じる、ということを考えることは、私達にとって意味深いことではないだろうか。

私達は、神の存在が人間の自己所有の精神としての存在の証明であり、また人間の存在が神の存在の証明であるというような、絶対者の存在を否定し、生成の本質を無所有のもの、縁起したものとして、認識している。少なくとも、そのような認識から生じた文化が、継承されていると思う。無所有ということは、実体としての或るものが、関係を生きるのではなく、関係であることの中から、生成そのものも生じる、ということだ。その関係は、全周囲との未分化の関係として捉えられている。そうでなければ、「花は紅」という言葉が、存在の真理を捉えた言葉であり得ない。花はその全周囲の一切との未分化の関係を完全に包含した存在なのであり、そこで一輪の花もまた、この世界に一つの須弥山（世界の中心）として存在するのだ。私達はこの言葉をそのように、哲学の言葉として認識してきていると思う。あるいは惰性的に継承してきている。しかし私達も、認識する意識を、全周囲との未分化の関係においてあるものと考えるわけにはいかない。そうではないからこそ、その未分化の関係を捉えることを、禅者は「自分の足を持ち上げる」などと表現しているのだ。認識は、カントが言うように、単に全周囲の多様な表象が意識になだれ込んでくることなどではなく、それは「物自体」そのものではないにせよ、必ず何か或るものとしての対象Xに向かう。そしてそこでは、関係は未分化ではあり得ない。何か或るものとしての対象は、もはや未分化の関係の中にはあり得ず、そのことによって、つまりそのものに対する意識の活動が認識であるのだから、その認識することにおいて、対象は意識の内にあると共に、必ず外にある。もはや未分化の関係ではなく、分化が成立すると言える。その認識が、意識そのものであり、だからまた、そこでカントが言うように、その意識は「私の意識」として成立する。「私は考える（という意識）が、私の一切の表象に伴う」のだ。

もしそうであるなら、生成の本質に私達が見出し得るものは、対象Xに向かう、主体の自発的な営みであり、その営みが認識そのものであり、意識でもある。その営みが意識であるということは、意識が「実体」ではなく、ちょうど「心理学」においてウイリアム・ジェイムズが捉えているように、「考えそれ自身が考えの主体である」ということ、意識とは意識の流れ以外の何ものでもない、ということでもある。しかしその意識は、対象Xに向かう、「主体」の活動そのものでもある。またそれは、必ず或るものとしての対象Xである以上、そのものの形態とか分量とかを認識する、純粋悟性概念としてのカテゴリーが成立しているということだ。廣松は、カントの理論においては、対象的自然界における或るものであるXと、悟性は真に関係し得ないのではないか、と言っている。悟性はカントの理論においては「判断するもの」であるわけだが、判断以前に、意識の生成それ自体において、意識における関係の一次性は成立していると言える。廣松は関係の一次性を問おうというのなら、物象化論などに依らずに、少なくともそれを問うよりも前に、この私達が歴史的に生きてきている、意識はすべて関係である、という認識について問うた方が良かったのではないかと思う。

意識が関係であるということは、ジェイムズが言うように、意識、つまり「心的状態」というものは、「その対象と区別しては決して明瞭には理解できない」、ということでもある。しかし「心的状態」がそのようなものであるということは、その意識が、意識自体として、対象と未分化であるとが、不可分であるということは意味しない。むしろ意識はすべて「私の意識」であり、「私は考える」が私の一切の表象に伴うのであり、それは私そのものであり、またその意味で有そのものでもある。だから「現象」というものを、主体と対象との不可分な相互作用である、ということもできないと思う。私達は世界を、現象の総体として意識することができるが、しかし個々の現象は、それ自体が未分化の関係の中からの生成であるとしても、その生成は同時に分化でもあり、まして私達が自分自身の意識そのものにおいて、直観の成分は不可分である、などと言うことはできない。直観も当然意識であり、意識はすべて関係の中からの生成であるとしても、意識は同時に分化であり、「私の意識」であり、直観はその意識の一部に過ぎない。直観において、何か異なるものが見出されるなどと考えることとは全くできない。未分化の関係それ自体は、その私達の意識より前にあり、「私の意識」が未分化の関係を、その意識において生きる、ということはあり得ない。むしろだからこそ、自己自身について考える人間の意識が、その自らの心的状態について、その考えている内容である対象と、明瞭に区別しては自己というものの存在を理解できない、というような状態や、無意識についての様々の考察が生まれるのだ、と考える方が理性的ではないだろうか。

私達自身にとっては、全周囲の全体と自己とが、その生成において未分化である、という認識の方が強かったと思う。生成を、それ自体無所有のものと考えるということは、そういうことだと思う。実体である主体が、この現象界において、自己の外なる或る対象を認識する、というわけではないのだから。しかし私達にとっても、意識は「私の意識」であり、それは分化においてある。むしろその意識は、未分化の全周囲を単に受容することではなく、必ず自らの自発性によって、或る対象に向かうことによって、「私の意識」となると言える。この営みこそ、生命の活動の発端であり、現象の総体としての世界の発端であり、「自然弁証法」の基底に据えるべきものだ。そしてそこでは、「個が全体に先立つ」と言うべきではないだろうか。廣松は、この「個が全体に先立つ」という思想を、デカルト的コギトにおいて捉え、それが駄目だから、つまりそれは事実を捉えていないから、「全体が個に先立つ」というヘーゲル、マルクスの思想への移行が生じるようなことを言っているが、私達自身はデカルト的コギトのような、全体を創造した神に繫がっている個人の思想を生きておらず、むしろ全周囲との未分化の関係において、「全体が個に先立つ」という思想を生きてきている。私達にとってはその全体は、常に、幾重にも矮小化されて、地域社会や国家や民族の繫がりなどに囲い込まれて生き、またその繫がりにおいてのみ、人が自己認識を持つ、という事態を生んでいる。確かに一個の生命は、全体と繫がっている。意識は、それ自体が関係としてある。それは無所有でもあるだろう。しかしその関係としての現象が、この現象界に現れ出るということは、主体の自発的な営みなしにあり得ない。「花は紅」と言う時、その花の存在は、「私の意識」が或る対象Xへと向かう自発的な営みを感じさせるようには、能動的な自発性を感じさせるものではないが、それは盲目的かも知れないが、しかし生命の活動そのものであると言える。決してデカルト的にではなく、そのように生命の営みを捉えることにおいてのみ、「個が全体に先立つ」と言い得るのであり、それは私達に必要な認識であると思う。そのような仕方でなければ、私達は主体を回復することができない。ろうか。またそれこそ、エンゲルスが「自然弁証法」の基底に据えるべきものであったと、私達は言うことができるのではないだろうか。主体が喪失されているというのに、ヘーゲルやマルクスの全体へと向かうことが、どうしてできるのか。そこで「全体が個に先立つ」と言われていても、私達にはその個が存在していないのだ。

主体を、人間における主観を、そもそも自己所有の存在と考えるカントは、認識の成立について、「我々が直観に含まれている多様なものにおいて綜合的統一を生ぜしめた場合に、我々は「対象を認識する」、と言うのである。」と言っている。綜合的統一を生ぜしめる、とは純粋悟性概念が働く、ということなのだが。しかし私達は、全く未分化の関係における全周囲の闇の中から――ピアジェは主体と全周囲との関係が未分化である時、主体は盲目的な自己中心化においてある、と言っている――或る対象Xに向かう、外的な行為であれ、心理的で内的な営みであれ、何らかの自発的な活動によって、その人間としての主体は、主観であり意識であるものとなるのであり、つまり「私の主観」、「私の意識」となる。勿論、「個としての私」の生成であって、「私」という概念の認識ではあり得ないが。しかしそれが対象Xに向かう、主体の認識の発生の根源にあるものとも言えるのではないだろうか。

それが私達が私達の歴史の中から捉えることのできる、「全体に先立つ一個」というものではないかと思う。

勿論、そのように意識がそれ自体、関係性であると言っても、それは意識の内のものとしての表象が第一次的に関係を含んでいる、ということは言えても、表象が対象と一致するとか、純粋悟性概念が客観的真理へ人を導く、ということにならず、廣松のカント批判を撤回させるものとはなり得ないかも知れない。内なる表象は、決して対象と一致はしないだろう。しかし、いわばその問いより前に、意識は常に「私の意識」であり、主観は常に「私の主観」であるばかりである、ということが認識されるのであり、そのことの方が本質的な問題だと思う。消滅するまで、「私の意識」、「私の主観」でしかあり得なかったものが、しかし関係それ自体として生成するものである、ということが語られているのだ。廣松は、「われわれの内にあって表象と呼ばれるところのものが対象と関係し、対象と一致するのは如何にしてであるか」、ということをカントの問いと言っている。実際そうであるだろうし、またカントの理論の構造において、それが解決されていると言えないかも知れない。しかし私達には私達の思想というものがあり、そこから考えずに、どうして誰か別の哲学者のカント批判を受け入れなければならないのだろうか。カントは人間における主体を、自己所有の存在と考えるため、その無所有性の認識に立つ私達にとって、矛盾を孕んだ存在以外のものではない。しかし「内なる表象」が対象と関係するのか否かという問いに対しては、内なるものは全て、それ自体関係でもある、と私達は答えることができる。それは関係であるが、しかし「内なる表象」そのものであり、つまり意識はすべて「私の意識」以外のものではない。そしてそれはカントがとった立場でもある。意識はすべて「私の意識」であり、主観はすべて「私の主観」以外のものではないのだ。その認識が、カントにおいてはアンチノミーの認識に繋がっており、私達はその理論の構造を受け取ることができる。表象は対象と一致しない。しかしその問題については、主観によるすべての活動は、つまり認識は、真理でもあり得るし、誤謬でもあり得る、と語っているピアジェの指摘が、最も誠実で、また科学的な、つまり客観的な真理として考えやすいものだと思う。フッサールの直観主義を批判した文章の中で、次のように語られている。

「たしかに、フッサールの直観が著しく巧妙であるのは、また、彼が直観の成分は不可分であると信ずることができたのは、彼が「現象」を創り出すところの主体と対象との不可分な相互作用に依拠していたからである。しかし、そこから詭弁が生まれてくる。「現象」が主体と対象との不可分な結びつきに由来すると言うことと、現象の「直観」、および、そこに見出されるべきすべてのものが、主体の規範的要素と対象に関する事実的要素との不可分な結びつきを含んでいると言うこととは別のことなのである。事実、現象は、（他のある人が言ったように）「それがあるところのものである」のだから、現象の直観は、主体のすべての活動と同じく、真理ともなり得るし、誤謬にもなり得る。そして、現象が意識にとって内的であるとか、現象が原初的で直接的であるなどと言っても、絶対に何の変化ももたらさない。なぜならば、原初的所与は、主観的という語の二重の意味（歪曲するという意味と、認識するという意味）のために、複雑に構成された所与よりも、真実さに欠け、人を誤らせやすいものであり得るからである。したがって、直観が「対象」との接触であると同時に「真理」でもあるという信念は、事実と規範的証明との二重の証拠が必要である。ところが、それらの証拠を探し求めるや否や、直観は、経験と演繹とに分解する。」

「直観を実験的検証と演繹とに分解すれば、不可分だと見なされている主体と対象との相互作用を分解することになると答える人があるかも知れない。決してそうではない。現象そのものの分析が要請しているように、絶対的なはじまりという今日ではまったく恣意的な観念を、不断の生成という弁証法的な観念に置き換えることになるのである。ところで、個人の発達の研究と同じく、科学の歴史もまた、この相互作用が、不可分なものにとどまりながらも、未分化な段階から調整の段階へと移行することを示している。つまり自分自身を知らない自我への中心化の状態、主観的なものと客観的なものとが解きほぐせないほどにまざり合っている状態から出発して、主体が漸次脱中心化してゆく結果、物理学的客観性へと向かう外在化の運動と、論理・数学的一貫性へと向かう内在化の運動という二重の運動が生ずる。しかし、物理学的認識は、論理・数学的枠組なくしては不可能であり、論理・数学的枠組は、「何らかの」対象への順応なくしては構成することができない。直観主義がないがしろにしているのは、この二重の運動であり、だからこそ、「直観」は、哲学的認識に特有なきわめて貧弱な道具にとどまっているのである。」（『哲学の知恵と幻想』みすず書房、一三七〜一三八頁）

主観というものが、消滅するその日まで、ただひたすら「私の主観」であり、「私の意識」であるに過ぎない、ということは、勿論その意識の内なる表象は、内なる表象であるに過ぎず、外なる対象と一致したりなどしない。しかしそれが関係そのものであるということについては、その関係であることにおいて、主観が生起しているのであり、だからその生成が関係における生成であるということと、主観が「私の主観」であり、意識が「私の意識」であるということとが、一個の生成において両立しているわけだが、「私の意識」が、その両立を、平行的に自ら所有して生きている、というわけではない。直観は意識の一部であるに過ぎないから、何か真なるものを伝えているとか、真なるものを捉え得る、などと考えることはできない。主観の内の一切に、「私は考える」が伴うのであり、ひたすら「私の主観」であるに過ぎない。だから、「内なる表象は、どのようにして対象と一致し得るか」という問いを立てるとするなら、それは一致したりしない、と言うしかないだろう。ただ、廣松がカントの根源的な問いとして引用している、カントの弟子シュルツの言葉――「悟性は如何にして謂わば自分自身から抜け出して、自分の概念を自分の外に在る物に搬び移すことを、すなわち対象と関係づけることを権利づけられるか」――という問いについては、悟性は決して自分自身から抜け出すのではなく、その自分の意識、自分の主観の一切の営みは、関係づけにおける生成であり、だから関係づけそのものを、どうして権利づけられるか、という問いについては、第一次的にはその権利づけを、全ての意識が持っている、と言うことができる。少なくとも私達自身が生きてきた、関係の第一次性とはそのようなものであり、だからこそ私達は、自己を取りまく全体との関係は、全く生きている限り逃れ得ないものであるかのように認識してきている。しかしそこで、自分の概念が、また判断が、真であるか、ということは、勿論別の問題である。

この生成はすべて既に関係づけられたものである、という私達の認識においては、その関係づけは、何か自己を取りまく全体に対するもののように受け入れられてきているわけだが――この全体が、全体として観念される以上当然のことだが、概念化して捉えられる自己自身の意識以外の一切であると共に、自己を取りまく全周囲の具体的な現実であり、決して人間とその姿を同じくしている一人の造物主などに繋がらない、ということが仏教的認識の本質だと思う――しかし私達が現在、生成の営みの能動性を捉えようとする時、単に周囲の全体との関係づけということで、それを理解することはできないことは明らかだ。私達は主体の活動の全体を、外的行為であれ、意識の活動であれ、その一切を、必ず或る対象Xに向かう活動として、認識する必要があるのではないだろうか。

そこでは、先の、カントの根源的な問いと言われる、シュルツの表現である、「悟性は如何にして自分自身から抜け出して、自分の概念を自分の外に在る物に搬び移すことを、すなわち対象と関係づけることを権利づけられるか」――という問いは成立しない。自分の意識が、悟性が、どのようにか或る対象と関係づけられたものである、ということの権利づけについては、その権利を、全ての意識が持っている、という認識こそ大切なものであるだろう。主観によるすべての認識は、真理でもあり得るし、誤謬でもあり得る、というピアジェの指摘が、最も誠実で、客観的なものであると言う以外にないはずだ。

6

私達はカントの理論における、百ターレルの有無に関する存在論的証明は容易だが、つまりそれは客観的真理となし得るものだが、神の存在論的証明は人間の理性には不可能である、という問題を理解することができる。これを承認することができるだろう。ヘーゲルの言う、「天上と天下とのいずれを問わず、有と無との両者をその中に含まないようなものは存在しない、と云わねばならない。」という命題については、どうだろうか。私達はこの言葉を検証することができるはずだ。どちらかというと、こういう表現の方に、私達は馴れ親しんできている。仏教は「五蘊皆空」というが、空とは、「有であると共に無であること」であり、また「有でもなく無でもないこと」であったりするからだ。しかし私達はこの言葉を検証することができる。禅者がもし、単に人をたぶらかすためにこのように言っているのでないとするなら。禅者はたぶん、「天上、天下に、有と無との両者をその内に含まないようなものは存在しない」と言うだろう。しかしそれは、その有としての生成が、その自己所有性におけるものではなく、関係としての生成である、という認識についてであり、それを語る一人の仏者の「主観」について言うなら、それは有以外の何ものでもない。それは「有と非有との統一」などではなく、また仏者は、決して単に時間における推移を捉えて、「空」ということを語ることはない。時間は推移せず、現象そのものが推移するわけだが、その現象の生成と推移とが、すべての生成が関係としての生成である、ということによっているのだと、仏者は語っているのだ。それが「縁起」ということであるはずだ。だから私達は、仏教について特に深く学ばなかったとしても、「行く川の流れは絶えずして、しかも元の水にはあらず」ということを、まさか仏教哲学の真髄と考えはしないだろう。「無常」は二義的な概念でしかない。ヘーゲルの、「有と非有との同一」とは、一体何なのか。ヘーゲルは、この自ら立てた「有と非有との同一」という命題を、カントの百ターレルと混同して、次のように言っている。

「それで、――有と非有とは同一である、それ故に私の存在することと存在しないこと、この家が有ることと無いこと、この百ターレルが私の財産の中に有ることと無いこととは全く同じことだ、――というような推論、或いはこの命題のこういうような適用は、この命題の意味を全然変えてしまうものである。」（『大論理学』上の一、岩波書店、八三頁）

しかしカント自身は、「有と非有とが同一である」などという人ではなく、カントにとって自我は有であり、また「私は考える」が意識の全てに伴うことによって、それは自己自身にとって、またすべての他者にとって、常に有以外の何ものでもなく、また自己同一的な存在なのだ。だからヘーゲルが「有と非有との同一」を論証しようというのなら、ヘーゲル自身が同一の時限で捉えられないと言っている、カントの百ターレルの理論に寄りかかって、それにからめて論じるのではなく、自ら独立にそれを論じるべきだろう。

「有と無の区別を明らかにしようとすることは、また有が如何なるものであり、無が如何なるものであるかを明らかにしようという要求をも含んでいる。それで、この両者を互の推移と見ることに反対して、有と無のそれぞれについて別々の立言をしようとする人達は、その云おうとするところを明らかにしてもらいたいものである。即ち有と無についての定義を与え、その定義の正しい所以を示してもらいたい。」（『大論理学』上の一、岩波書店、九三頁）

私達は、全くそのとおりとしか言いようがない。

「彼らは普通には古来の学問の論理的規則を正当と認めて、これを適用しているのであるが、この古来の学問の最初の要求〔定義を与えること〕を満足させないでは、その有と無に関する如何なる主張も単に主観的な独断にすぎず、学問的な妥当性をもたない。」（右同頁）

これも、全くそのとおりとしか言いようがない。この文章の前に置かれているヘーゲル自身の立言は、次のとおりである。「有と無との真の統一としての成」と題されている。

「こうして、ここに見出された全体的な、真なる結果は成であるが、成は単に有と無との一面的な、或いは抽象的な統一ではない。むしろ成は次のような運動である。即ち純粋有が直接的で、単純なものであり、そのために純粋有がまた純粋無であるということ、従って純粋無と純粋有との区別はあるが、しかしその区別はそのまま自分を止揚するものであって、存在しないものだということ、――成は即ちこういう運動としてある。それ故に結果は有と無との区別を云い表わしているとともに、また〔もはや実在的な区別ではなくて〕想念上の区別にすぎないような区別を云い表わしている。

われわれは有と無とはむしろ全く異なるものであると思っている。そして両者の絶対的な区別ほどに明瞭なものはなく、またその区別を指摘するほど容易なことはないように見える。けれどもまた同様に、そうすることが不可能であること、区別が云い得ないものであることを証明することも容易である。有と無との区別をあくまでも主張しようとする人達は、如何なる点でその区別が成り立つものであるかを説明する義務があると思う。もしも有と無とが互に区別されるような規定性をもつとすれば、前に云ったように、その有と無は規定的な有と規定的な無であって、いまここに問題としているような純粋有と純粋無ではない。だから、両者の区別は全く空なものであって、両者の各々は同じように無規定的なものである。従ってその区別は有と無そのものの中にあるのではなくて、ただ第三者の中に、即ち想念〔私念〕の中にあるにすぎない。しかし想念は主観的存在の一形式であって、論理学の叙述の列に属するものではない。けれども、有と無との存立の根拠としての第三者は論理学の中でも出て来なければならない。否、それは現にここに現われているのであって、成が即ちそれである。成の中では有と無は区別されたものとしてある。というよりも、両者が区別されているかぎりにおいて、成が存在するのである。だから、この第三者は両者とは別のものである。——即ち有と無とは、ただ一つの他のものの中にのみその存立をもつのであり、云いかえると両者はそれ自身で存立するものではない。従って成は有の存立であるとともに、また非有の存立でもある。即ち両者の存立は、ただ両者が一つのものの中にある〔一つにある〕ところにある。つまり、この両者の存立こそ、まさに両者の区別がそのまま止揚されていることにほかならな

い。」（前掲書、九二〜九三頁）

私達自身は、歴史的に、生成の本質が無所有のものであるという思想によって、有と無との混合を現実に生きてきている。生成の全体が「関係であること」に拠っており、自己所有の存在ではないということは、無を想うこと、無を認識することであるが、しかしそれはまた有でもあるからだ。有を否定し得る人はいない。カントの「私は考える――が私のすべてに伴う」――という思想を待つことなしにも、有を完全に否定して、思想は成立しない。思惟することも、言語も成立しない。すべての思想、すべての意識、すべての想念が有でしかない。しかしそれが無であるということを、私達自身は、生成が関係それ自体であるということにおいて認識してきている。「私」が関係を生きるのではなく、関係であることにおいて、「私」が生起していると言われているのだ。それは有であって無であり、有と非有との同一、あるいは統一でもあるかも知れない。しかしその成であるところの、「私」は、その「有と非有との同一」や、その止揚を、自らの所有において生きることはない。「私」の所有であるものは、カントの指摘通り、私の営みのすべてに伴う、「私は考える」という意識だけなのだ。もしそれを所有と言うならば。私達はそれをむしろ、存在の無所有として認識してきたわけだが。ヘーゲルも言うとおり、想念はすべて「主観」に過ぎない。そしてすべての「主観」、すべての意識にとって、何が正しいか、という問題においては、それらのすべての「主観」が、それぞれに自らの対象と見なすその対象に対して、自分の意識（悟性）が関係づけられている、という権利づけにおいては、同じ権利をすべての「主観」が持っている。それこそが人間精神の平等であり、自然弁証法の原点だ。なぜなら、意識はそもそも関係づけられたものなのだから。

この関係づけを、私達自身は歴史的に、何か漠然とした全周囲の一切に対して感じており、それが曖昧さに繫がっている。それは実際、生成の根源において、全周囲との未分化においてあるものであるだろうが、しかし一個の個、一人の「私」の生成において、見出すことのできるものは、むしろ必ず或る対象、或るものへと向かう、生命の営みではないだろうか、ということが私の語りたい問題である。ヘーゲル批判が長くなったが、それが本題なのではない。ただ、その生命の営みを或る対象へと向かうものとして認識することは、廣松渉の「事的世界観」を否定することであり、ヘーゲル批判にも繫がる。「事的世界」については、廣松はデカルト流の「実体」主義などを越えて、「事的世界」を把握しようと言っているわけで、その趣旨はよく理解できるのだが。デカルトの「実体」主義などは、元より私達の満足できるような思想ではないのだから。しかしそこでヘーゲルやマルクス流に世界を捉えて、「事的世界」と言うのではなく、生成の流動の発端に或る対象を捉えることで、むしろ逆に「物的世界」を捉える方が、生の流動と、一個の生命の尊厳とを、私達は認識することができるのではないだろうか。

ヘーゲルの言う、成の根源にあるものとしての純粋有と純粋無とが、カントの百ターレルのような、規定的な有、規定的な無として捉えられるものではないとするなら——それは少なくとも私達にとっては、すべての「私」の根源にあるものとしての、自己とその全周囲との未分化の関係を表わすものであるが、その未分化の関係それ自体は、決して一人の「私」の内で、揚棄されるということがない。

それは「私」の根源にあるものとして、「私」の生命力の源でもある。W・ジェイムズは、これを自己と非自己との分割と呼んでいる。

「全宇宙を二分する一大分割がわれわれ一人一人によってなされているのである。そしてその一半に対して各人の興味のほとんどすべてが向けられているが、分割線を引く位置はすべての人によって違っているのである。分割された二つの部分をわれわれは同じ名称で呼び、その名前が「自我」と「非自我」であると言えば、私の言っていることが何であるかが分かるであろう。各人の心が各自その自我、あるいは我がものとも言うべきまったく独自の興味を宇宙の部分の中に感じていることは確かに謎であるが、これは基本的心理学的事実である。いかなる心も、他人の自我に対して自分の自我に対するのと同じ興味をもつことはできない。他人の自我は、すべての他の事物と共に一つのまったく異なる集団をつくり、自身の自我はこれに対立させると驚くほどはっきりと浮び上がってくる。ロッツェがどこかで言ったように、うじ虫には明瞭な自我の観念も宇宙の観念もないけれども、踏みつけられたうじ虫でさえも、苦しんでいる自分を彼以外の全宇宙と対立させる。虫は私にとっては単に世界の一部分に過ぎないが、虫にとっては私が世界の一部分に過ぎない。われわれはすべて全宇宙を異なる場所において二つに分割しているのである。」（『心理学』上、岩波文庫、二四三〜二四四頁）

生成が関係性であるということは、一個の「個」は、その全周囲を包含しているということでもあるが、その成であるところの「私」においては、それは対立でもある。「私」は有以外の何ものでもなく、その「私」において、純粋有と純粋無とが互いに推移しつつある、というものではない。しかしヘーゲルは、カントの言う「私の意識」というものの同一性と、それが有以外の何ものでもないという証明に対して、

「この証明は心の単純性ということを基にしている。心はこの単純性のために変化をうけず、即ち時間の中で他者に推移するということがないとせられる。」

と言っている。時間の中で他者に推移するとは一体何なのか。

「だが、質的な単純性は一般に上に考察した抽象性の形式にほかならない。即ち質的な単純性は質的規定性として有の領域で考察されたところであり、そこで質的なものは、このような抽象的に自分に関係する規定性であるというまさにその故に、むしろ弁証法的であって、単に他者に推移するものにすぎないということを証明しておいた。」（『大論理学』下、岩波書店、二九三頁）

この、「単に他者に推移するものにすぎない」というような認識は、ヘーゲルが生命を何らかの関係的存在であるものと感じ、また関係の中で制約を受けたものと感じたところから、生まれた認識であるかも知れない。この思想がマルクスの、「人間の本質は社会的諸関係の総体である」という思想に繋がっているのだから。廣松は、そこから「関係の一次性」という思想を引き出そうとしている。しかし社会的諸関係は、有としての「私」において生きられるものであり、その関係において、人の心が、その質的規定性において、弁証法的に他者に推移するものに過ぎない、などということはない。生成するものが全て、「関係であること」そのものを逃れられないという場合には、その関係は本当

に一次的であって、「関係であること」の中から「私」が生起するわけだが、しかしその関係が真に未分化であるのは、その自己自身の全周囲に対してだけであり、有である「私」においては、すべてのものが皆、互いにとって互いの対象であり、決して他者に推移するなどということはない。「私の意識」は「私の意識」として推移するのであり、その推移が「関係であること」それ自体によって生じており、その現象の推移を私達は時間として観念するのだから、時間の中で心がどのようにか「他者に推移する」などということはない。

カントの百ターレルなら、時間の中で他者に移行もするだろうが。この二つの推移の理論を混同させて、自らの理論を混乱させているのはヘーゲルであって、カントではない。カントは、「私の意識」を自己同一的な有として捉え、その互いに独立した有であるものが、互いにどのようにか関係し合い、客観的真理を成立させ得る、その理論を構築しようとしており、そこでその演繹論が完璧に成就されたかどうかを別にすれば、カントの目的とその理論の構造には矛盾がなく、破綻がない。カントにとって、「私の意識」は有以外のものでなく、互いは互いにとっての対象であるに過ぎない。そして互いに独立し、対立する者であるものが、客観的真理を共有するのであり、そこでカントは、霊魂の不滅や、神の実在について、人間の理性は客観的真理を定立できない、と言っているのだ。ヘーゲルはこの結論である、形而上学の批判が気に入らない。カントにとっては、これは形而上学の批判であると共に、真の形而上学の樹立なのだが。

「形而上学は一体に、――否、自分を固定的な悟性概念に制限し、自分を思弁に高めることをせず、また概念と理念との本性に高めることをやらなかった形而上学でさえも、――真理の認識ということをその目的とし、その各対象について、それが真実なものであるか否か、実体であるか、それとも現象であるか、ということを研究した。ところが、この形而上学に対するカントの批判の勝利は、むしろ真理をその目的とするということの研究、のみならずむしろこの目的そのものを斥ける点にある。即ちカントの批判は、肝心の点である問い、即ち或る規定的な主観が、つまりこの場合には観念〔表象〕としての抽象的な自我が、即且向自的に真理をもつか否かを問題としないのである。けれども、もしわれわれが徒らに現象にとどまり、或いは常識の立場で単なる表象〔観念〕と見られているようなものにとどまるとすれば、それは概念や哲学を断念することにほかならない。ところが、現象の立場を超えるということは、カントの批判においては怪しからぬこととせられ、それに対しては理念は何の権限ももたないと言われている。しかし事実は概念は、この没概念的なものを飛び越えるのである。そしてこの超越に対する直接的な理由づけとしては、一方では概念そのものが〔本性上そういうものだということが〕挙げられる。また他方、消極的な面からは、現象と表象の非真理性が挙げられる。或いはまた、物自体とか自我、即ち客体となるべきでないとせられた自我とかいうような抽象態の非真理性が挙げられるのである。」（『大論理学』下、岩波書店、二九三〜二九四頁）

ヘーゲルは、その出発地である『精神現象学』の緒論を、カント批判の言葉で始めているのだが、この自らの主著である『大論理学』においてさえ、殆んど終始カントにからまりつくことで、自らの理論を崩壊させている。カントの形而上学批判がヘーゲルにとって気に入らないものだったということ以外には、客観的真理と見なし得るようなものを、私達は何も見出すことができない。現象や表象を非真理と見なし、没概念的なものを飛び越える概念とは何なのか。

「しかし概念の所では、概念が存続性、不滅性、不変性との関係から見られる場合には、その概念はむしろそれ故に即且向自的にあるものであり、永遠的なものだということを述べておいた。というのは、概念は抽象的な単純性ではなくて、具体的な単純性であり、自分に抽象的に関係する規定有ではなくて、自分自身と自分の他者との統一だからである。従って概念は、この他者の中へ推移し、他者の中で変化するといったものではない。それはまさに、この他者、即ち規定有が概念そのものであり、従って概念はこの推移の中で、ただ自分自身に帰るにすぎないものだからである。」（前掲書、二九三頁）

この文章は、『精神現象学』の緒論の趣旨そのままだ。つまり、

「意識が自分の真実の現存に向かって邁進して行くうちに、意識は或る立場に到達するが、この立場において意識は疎遠な異種なものに、即ちただ単に己れに対してあるにすぎず、しかも他者としてあるにすぎぬものに囚れているという外観をぬぎすてる、言いかえると、この立場において現象は本質にひとしくなるから、意識の叙述はまさに精神に固有の学の立場と一致することになる。そうして最後に意識自身が〔精神であるという〕己れの本質を把握するときには、意識は絶対知自身の本性を示すであろう。」（『精神現象学』上、岩波書店、九一〜九二頁）

しかし私達は、このヘーゲルの言う絶対知はおろか、その出発の原点である世界観における、「有と非有との同一」とか「ありかつあらぬ」ということ、「一切は流転する」という、その理論を容認できない。「一切は流転する」ということは事実だが、しかしその現象の推移そのものが生成の原点なのではないからだ。仏教は「無常」を原点と見なさない。

この「一切は流転する」ということ、生成が「流動する現象である」ということを、廣松は「関係の一次性」として認識している。もっと具体的に言うなら、マルクスの「人間の本質は、社会的諸関係の総体である」という命題に示される思想であり、それがいわばヘーゲルの、「逆立ちした弁証法」を、真にその足で、大地に立たせたものなのだ。ヘーゲルにおいては、その「三位一体」の理論によって、「普遍は個別の実体」であり、その「実体＝主体」であることにおいて、個々のものは現実的存在であるわけだが、勿論このヘーゲルの観念論においては、現実的存在は少しも現実的存在として捉えられていない。もっとも廣松は、「普遍と個別、本質と実在、形相と質料、自由と必然、主観と客観、こういった伝統的な二元的対立をヘーゲルが弁証法的に統一した」、ということは認めている。こういう問題に、どんな現実的な意味があるのか、私達には理解できないだろうが。もちろん続けて、「ヘーゲル哲学がはたして、伝統的な二元性の対立を真に止揚統一しえているか、それがはたして真の「決算」たりえているかどうか」と言っているが、しかしまた、「カントの場合には、二元の接合にすぎないと評されうるのに対して、何といってもヘーゲルの場合には、一応の統一であることが認められうる。」と言っている（『マルクス主義の理路』勁草書房、一三四頁）カント自身は二元の統一などを目的としていないのだから——もしも接合できるものなら接合で充分だっただろう。カント自身にとって——二人の哲学者に対する奇妙な批評ではあるが。ただ私達自身にとっては、二元が接合されるか、止揚統一されるか、ということ自身があまり問題ではない。大体、二元の統一と言うのなら、真のではないかも知れないが、仏教は二元を統一してしまっている。この統一は、何の「決算」にもなり得ないのだ。真の止揚統一なら「決算」になり得る、というわけではない。統一の理論は「決算」になり得ないのだ。マルクスが空疎な観念論の「逆立ちした弁証法」を、真に足で立たせようとした時、考えたことは、あのヘーゲルの思想における——「普遍は個別の実体」であり、その「実体＝主体」であることにおいて、個々のものは現実的存在である——ということの、その「実体＝主体」という統一の理論の一方が空疎であるから、それを捉え返すというのではなく、空疎なのは統一の理論そのものであり、もっと端的に、現実に「個々のものは現実的存在である」わけだが、それは何故なのか、ということであったはずだ。リンゴやナシやハタンキョウを、「実体なるもの」、「果実なるもの」と繋げたところで、謎は解かれない。勿論この謎——リンゴが何故、私達が感じ、味わうような存在物であり、ナシは何故、このようなものなのか、という謎は解かれない。カントが言うように、「物自体」は不可知でしかない。たぶんヘーゲル以外には、この謎は解かれない。カンヘーゲルにとっては、「理性の狡智」であるから、全く説明がつかないということはないのだが。マルクスは次のように言っている。

「リンゴ、ナシ、ハタンキョウ、オランダイチゴが、実は「実体なるもの」、「果実なるもの」にほかならないとすれば、どうして「果実なるもの」が、ときにはリンゴとして、ときにはナシとして、ときには、ハタンキョウとしてあらわれるのであるか、一なるもの、「実体なるもの」、「果実なるもの」についての私の思弁的直観と、かくもはっきり矛盾するこの多様性の仮象はどこからくるのであるか、が疑問となる。

思弁的哲学者は答える。それは「果実なるもの」が、死んだ、区別のない、静止したものでなく、生きた、みずからのうちにみずからを区別する、動く本質だ、ということからくる、と。世俗的果実の差別性は、私の感性的悟性にとってだけでなく、「果実なるもの」自体、思弁的理性にとっても、意味がある。それぞれの世俗的果実は、「一なる果実」のそれぞれの生命の発現であり、「果実なるもの」自体がつくる結晶体である。だから「果実なるもの」は、たとえばリンゴにおいてリンゴ的定在を、ナシにおいてナシ的定在を自己にあたえるのである。だから、実体の立場でのように、ナシが「果実なるもの」であり、リンゴが「果実なるもの」であり、ハタンキョウが「果実なるもの」であるとは、もはやいってはならないので、むしろ、「果実なるもの」がナシとしてみずからを定立し、「果実なるもの」がリンゴとしてみずからを定立し、「果実なるもの」がハタンキョウとしてみずからを定立する、というべきであり、リンゴ、ナシ、ハタンキョウを、相互からわかつ区別は、まさに「果実なるもの」の自己区別であり、この区別が特殊の諸果実を、「果実なるもの」の生活過程のうちの区別された分肢にするのである、というべきである。だから「果実なるもの」

はもはや内容のない、区別のない、一なるものではなく、「有機的に分肢された序列」をなす諸果実の総体、「全体」としての一なるものである。この序列の分肢ごとに、「果実なるもの」は、より発展した、より明白な定在を自己にあたえ、ついにはすべての果実の「総括」として、同時に生ける一なるものとなる。この一なるものは、果実の一つ一つを、まさに自己のうちに解消してふくむとともに、これを自己のうちからつくりだすのである。それは、たとえば身体のあらゆる分肢が、たえず血液に解消し、またたえず血液からつくりだされるのとおなじである。

見たまえ。キリスト教は神に一つの托身を認めているだけであるのに、思弁哲学は、ものがあるだけ、それだけの数の托身を所有しているのである。すなわち、このばあいでいうなら、すべての果実のうちに、実体すなわち絶対的果実の托身を一つ一つもっているのである。」（『聖家族』大月書店、五七〜五八頁）

存在するものが、このような構造において存在するのかどうか、ヘーゲルの理論からは誰も検証できない。およそ自分の心で感じ、自分の頭でものを考える人間は、ヘーゲルの理論に止どまることはできないだろう。マルクスはその「逆立ちした観念論の弁証法」を、大地に立たせようとする。廣松にとっては、そこに見出されたものが「関係の一次性」であり、物象化論なのだ。

「そこで、人々がこれまで、普遍とか本質とか類とか……形相とか……そういうことで実体（＝主体）として思念してきたところのものは、真実にはいかなるものであるのか、一体なにをどう錯視することにおいてそういう思念が生ずるのか、そういう錯視を成立せしめる所以のものは何か、このことを省察しなければならない。それは同時にまた、普遍・類……の化肉的定在として思念されてきた個別、個実在の側についても、それの実体性について考え直すことを要求せずにはおかぬ問題状況であります。」（『マルクス主義の理路』勁草書房、一三七〜一三八頁）

そこから捉えられたものが、「人間の本質は社会的諸関係の総体である」という認識であり、また「社会とは諸個人の関わり合いそのものの一総体である」という認識であるわけだが、それは勿論、「実体なるもの」、「一なるもの」が、「現実社会」として捉え返されたというわけではないだろう。「実体＝主体」の、その統一の理論の一方がより具体的になったからといって、統一の理論であることに変わりがない。しかし私達が欲するものは、統一の理論ではなく、この世界の一切は皆、マルクスが言うように、「死んだ、区別のない、静止したものでなく、生きた、みずからのうちにみずからを区別する、動く本質」であるわけだが、その動く本質である一個の生成とは何なのか、ということだけなのだ。統一の理論の一方を具体化することではなく、直かに、「動く本質」とは何なのか、という問題にふれることが、「逆立ちした弁証法」を、その足で、大地に立たせることであるはずだ。大体、私達にとっては、仏教がそもそも統一と関係の思想なのだから、統一や関係を言うだけでは、新しいものは何も見えてこない。

エンゲルスは、「物質が運動するのは或る永遠の循環の中でである。」（『自然の弁証法』四五頁）と言っている。また、「全自然は最小のものから最大のものまで、砂粒から太陽に到るまで、原生生物から人間に到るまで、永遠の発生と消滅との中に、中絶することなき流れの中に、休止することなき運動と変化との中に、その現存をもつ」とも言っている。しかし、「物質が運動するのは或る永遠の循環の中でである。」ということは、人間の思想であり、判断であるに過ぎない。そこでその判断が正しいか、ということを問うのではなく、「物質が運動する」とはどういうことなのか、と問うて欲しい。「物質が運動する」ということは、人間精神の判断に先立つ運動があるということであり、それを問うて欲しいのだ。地球が生成した何ものかであるように、地球上の植物も動物も、すべてが生成する何ものかであるとするなら、それを問うことが、弁証法が大地に立つことだ。それらの運動が、どんな永遠の相の下にあるのか、という判断については、その判断を、人間の理性は客観的真理として持ち得ない、ということを既にカントが論じている。その永遠の相が何ものであるかをあれこれ論じることが形而上学であり、あるいはカントにとっては古い、死すべき形而上学であり、そのような様々の人間の判断に先立つ、「運動すること」とは何なのかを、できるだけ科学的に問うことが、自然の弁証法であるはずだ。

「運動とは何なのか」という問いに、答が出るはずはなく、不可知であり、無理な問いだと思うだろう。しかし科学的に問うということは、できるのだ。私達は自分自身が、「死んだ、区別のない、静止したものでなく、生きた、みずからのうちにみずからを区別する、動く本質」であるということは何なのかを、問わなければならないはずだ。ヘーゲルはそれを、「実体なるもの」、「一なるもの」に繋げている。この「逆立ちした観念論の弁証法」を、大地に立たせようとするマルクスとエンゲルスは、それを「現実社会」として捉え返そうとする。私達自身は、「一なるもの」などに自己自身を繋げるということはできない。私達にとってはそれは、マルクスに否定して貰うまでもないことだ。生成の本質が無所有のものとして捉えられ、無常、つまり動くこと、流動し合うことより先に、関係性が捉えられている世界において、その動くこと全体の根源に、「一なるもの」を捉えるということはできない。動くことという具体的な生成の根源に、ヘーゲルは「一なるもの、」「実体なるもの」という観念を据えるわけだが、仏教は関係性という観念を、個々の生成するものにとっての具体的な全周囲との関係として具体化しており、いわば一つの完全な理論の構造を持っている。「一切は流転する」とか、「真なるものは有ではなく、有と非有との統一としての成である」などといくら言っても、それらは第一義的な真理とはなり得ず、その全体を統一する「実体なるもの」を語らずには済まされない。「実体なるもの」などという観念は、誰も検証できないから、マルクスはそれを、「現実社会」として捉え返す。しかし仏教においては、「無常」は元より二義的な概念でしかない。「真理とは何ぞや」と問われて、趙州禅師は、「庭前の柏樹」と答えている。同じ趙州の、「境は境にあらず（対象世界は対象世界ではない）」という言葉と合わせて、禅者らしい端的な表現で、しかも仏教の理論を完璧に伝えるものであると、私は思う。ここでは、「みずからのうちにみずからを区別する、動く本質」である一個の生成が、単なる「縁起したもの」、「関係としてあるもの」という観念ではなく、その一個における具体的で現実化した全周囲との関係として捉えられており、思想が具体的なものを包括している。もし趙州が、「庭前の柏樹」の本質は、天上にある真の柏樹の似姿であることであるとか、「実体なるもの」の自己区別であるなどと言ったのだったら、こんな思想を誰も検証できないから、たちまち引っくり返されてしまうだろう。

この全周囲との関係というものは、その関係の中で制約を受けているということと共に、その一個の生成が全周囲を包含しているということでもあり、そこに或る一個の自己とその非自己、つまりその一個の生成以外の一切が捉えられており、その関係の中ですべてが流転するものとして捉えられていることで、一つの完全な理論を成しており、しかも具体的な一個の生成として捉えられるものであるだけに、つき崩すことができず、つき崩す必要も切実には生じにくい。このような関係にあるものとして、仏教では草木土石が等しく平等であり、人間も本質的にはその一つである。しかし私達はこの全周囲との関係の中では、緑の柳や柏樹ではない人間の精神が何故平等であり、個々の生命がそれぞれに尊厳を持ち、また、何よりも、すべてのものが「死んだ、区別のない、静止したものでなく、生きた、みずからのうちにみずからを区別する、動く本質」であるということを、本当に具体的には摑みにくいと思う。「自分を取りまく具体的な全周囲の制約を受けている」という、どちらかというと受動性と厭世観に繋がる認識の方が、強調されてしまう。勿論、そうは言っても、ヘーゲルとマルクスで事足りるというわけにはいかないわけだが。

ヘーゲルは『精神現象学』緒論で、次のように言っている。

「意識は或るものを己れから区別すると同時にこれに関係しもするが、この「関係すること」をよく用いられる表現で、或るものが意識に対してあると言ってもよく、そうしてこの関係ないし或

るものの意識に対する存在のひとつの特定の側面が知というものである。」（八五頁）

もちろん私達は、この言葉を容認できない。「意識は或るものをそれから区別すると同時にこれに関係しもするが」とヘーゲルは言うが、意識は何処から生じているのか。私達が検証し得ることは、「或るものを己れから区別すると同時にこれに関係しもする」ことが、意識の生成であり、「主観」の流動である、ということではないだろうか。だから勿論、「この関係することをよく用いられる表現で、或るものが意識に対してある」と言うことはできない。むしろ或るものに対して、意識が生起すると言うべきだろう。さらに、勿論、「この関係ないし或るものの意識に対する存在のひとつの特定の側面が知というものである」と言うこともできない。或るものに関係することが、意識の生成であるというなら、そこにはまだ知は成立していないと言うしかない。事物は決して判断ではないのだ。知や判断に先立つ、或るものが（意識に対して）存在し、またその主体における生成も、勿論、知や判断に先立っている。しかしここで、「或るものを己から区別すると同時にこれに関係する」とヘーゲルが言っていることは、私達にとって新鮮ではないだろうか。カントも、「外界に物が並んで存在する」と言ったり、「一切の物は空間において並存している」と言ったりしている。対象界には、個々の或るものが並存している、という認識が自明のことであるかのようだ。しかし仏教が、個々の生成するものを須弥山（世界の中心）として認識する時、そこにあるものは自我と非自我であり、この非自我は自我を取りまく全体に過ぎない。その全体の中に、一切のものが並存しているということが、決して否定されているわけではないが、しかし全体としての非自我として捉える方が、自我を須弥山として捉えやすく、またそこでこそ、「境は境にあらず」という認識も明確に捉えられる。しかしその一個の自己の能動性を捉える時には、それを個々の或るものに対する活動として捉えずにはいられないのではないだろうか。全周囲に対する関係というのでは、個々の具体的な活動を、活動として捉えられない。「区別のない、静止したものでなく、生きている動く本質」として、捉えにくいと思う。

ピアジェは勿論、個々の生成を能動的なものとして捉えているが、次のように言っている。

「行為には外部に向って展開していくものと、思考して内部化されるものと、二つの種類がある。しかしどんな種類のものにせよ、それは、「適応」の形をとる。いや、「再適応」としてあらわれるといった方がいいかもしれない。

個人または個体は、「欲求」を体験するとき、活動をおこす。すなわち、環境と有機体との均衡が、一時にせよ破壊され、たちきられたとき活動がおこり、この活動は、均衡を回復しよう、という傾向をとる。すなわち、クラパレードの用語をつかえば、有機体自身を、「再適応」させるのである。」(『知能の心理学』みすず書房、一一～一二頁)

活動が、「適応」、あるいは「再適応」であるということは、個体の活動が否応なしに環境を受容した、いわば周囲の一切のものの実在の受容において成立するものである、ということであるだろうが、その時、その活動を引き起こす均衡の破壊は、当然のことだが環境全体として起るのではなく、それも個々の或るものの活動に拠っているだろう。曽我量深は、人は決して全き「個物」として生まれては来ない、生まれ落ちる時から、あらゆる関係を引きずっている、と言っているのだが、何か全体的な関係を引きずっていると考えるのではなく——仏教が根源的に未分化の関係を捉える時、それは必ず全周囲の一切として捉えられる意外にないものであるだろうが——一つの「主体」の活動がこの現象界に一つの営みとして現実化する時、それは必ず自ら一つの「主体」であるように、必ず個々の或るものに対する活動として、それはあるのだと私達も考える必要があるのではないだろうか。活動が「適応」の形を取るということは、私達は皆、本質的に他なるもの一切の実在を受容した所から生きている、ということでもある。それは必ず個々の或るものの実在の受容であるだろう。そんなことは本質的に「有」の世界であり、「個物」が実在するという思想の世界であるヨーロッパ文化においては自明のことであり、彼らは「対象界」は個々のものが並んで存在する外界だと考えている。しかし私達は、生成の本質においては、「境は境にあらず」であり、対象世界も決して単なる外界ではあり得ず、一個の生成の内に包含されたものであるという思想の世界に生きて来ている。おそらくそれこそが、「関係の一次性」と言うべきものであり、また「有と非有との統一としての空」でもあるのだ。しかし一個の主体が現実に一個の営みとして現実化する時、その活動は、勿論自ら一個の営みであるように、必ず外界における個々の或るものに対する活動であると、私達も言うことができるのではないだろうか。その営みが、個体の自己中心性や外界そのものの本質的受容と未分化の関係を踏まえた上で、主体による自発的で本質的に能動的な活動として捉えられていることにおいて、ピアジェの思想とその指摘は私達にとって意味深いものであると思う。

個々のものは皆、おそらくその活動において平等であり、それが生成するものの、尊厳でもあり、また、人間の知においては、すべての人間の精神は、自らが対象と見なす、その対象に対して、自分の精神が関係づけられているということに対する、平等な権利づけを持っている。それはカントの演繹論の構造を少々変えることではあるが、しかしその理論の全体を崩壊させるものではない。私達が「関係の一次性」というものを、このように捉える時、崩壊するものはヘーゲルの理論であり、カントではないのだ。「主観」はただひたすら「主観」であるにすぎず、そこに現われる「客観」は、「主観」による表象であるにすぎない。しかしその前に、「主観」は「主観」であることそれ自体によって、既に第一次的な関係を完了しており、この関係づけに対する権利を、すべての精神が平等に持っている。そこには必ず「主体」の活動そのものと共に、「或るもの」が存在するのであり、だから、事物は決して判断ではなく、むしろその活動において、「個が全体に先立つ」と言うべきではないだろうか。それが生成するものの尊厳であるとともに、人間にとっては精神の営みの本質的な平等の根拠でもある。少なくとも私達は、もともとこの世界に神の創造物としての物が並存しており、また人間精神はその神の精神に繋がるものとして平等である、などという思想を持たず、むしろその単なる並存を覆す思想を生きて来ているわけだが、そこからは廣松渉の言う「関係の一次性」というものを、このように捉えることによって以外、「個」の尊厳と、人間精神の平等とその「人権」とを、認識することができないと思う。

この、並立した存在であることの否定というものは、厭世観に繋がる思想でもあると思う。ものは皆、肉体的には、或る一定の空間を充たして、互いに並存しているかも知れないが、その営みは決して単に並立し合ったものではない、ということであり、仏教ではその世界観が、明らかに厭世観に繋がっており、また、どちらかというと消極的で受動的な、自己の持つ苦悩や葛藤を、他者に対して発散させる形で解消するべきではない、という思想に繋がっている。しかしその生成の営みが、決して互いに並立し合ったものではないという認識こそ、「有と非有との統一としての空」というべき思想であり、それ以外に私達はこのような表現から導き出される思想を、見出すことができないと思う。

エンゲルスは、地球が生成した何ものかであるように、地球上のすべてのものも生成する何ものかであるのだ、と言っているのだが、この生成する何ものかであるということを、単に川の流れの水が刻々に異なるものであるように、日々流動し、歴史を変えていくものであるとしか考えないのなら、その無常観を、敢て「有と非有との統一」などと表現するには及ばないだろう。流動する、その移ろいを捉えるのではなく、流動こそが生成である、その営みの構造を捉えることが、「縁起」ということ――関係の一次性を捉えることであり、そこに見出されるものが「有と無の統一としての空」という認識であるはずだ。その「空」ということを、人が自分自身の精神の営みについて認識する時、あるいはそれを感じ取る時、ヒュームの言葉である、――「心の奥底のどんなに深くを覗いても、知覚以外の何ものも見出されない。心は次々と生起する知覚の流れであり、その束に過ぎない」――という表現が、一番繊細で、痛ましく、そして誠実なものであると思う。誠実ということは、人が誰でもそれを自分の心において見出し、検証することもできるだろう、ということだ。物理学者は、これを「要素こそが世界の本体なのだ」と言うかも知れない。マッハは、次のように言っている。

「要素こそが世界の本体です。私共自身、この世界の一部分たるにすぎません。要素は爾余一切のものを理解するための鍵を与えてくれます。不可知な、近づきがたい、第二階位の物を想定することは絶対に余計です。」(『認識の分析』法政大学出版局、一九頁)

この不可知な、想定する必要のないものとは、カントの「物自体」なのだ。

「可能的経験との関わりをもたない表象や概念というものは、無用の長物であり愚かしい幻影です。この点で私はカントと一致しますが、但し私としては「物自体」をも幻影のうちに算入します。要素ABCを不可知な実在に附随する仮象だと考えるには及びません。」

と言っている。「物自体」は自然に、本能的に生じる幻影ではあるが、不合理であり、不必要なものであると、マッハは言っているのだ。

「考えそれ自体が考えの主体である」と言い、「意識は存在するか」と問うたジェイムズも、カントの「先験的主体」を否定している。

「自我の意識は一つの考えの流れを含み、その各部分は「主我」として過去に生起した諸部分を記憶することができ、その諸部分が知っていたものを知り、その中のあるものを特に「客我」と考え、その他の部分をこれに取り入れる。この客我は客観的に知られた事物の経験的集合体である。それらを知る主我はそれ自身集合体ではあり得ない。それは、心理学上の目的から、霊魂のような不変の形而上学的実体である必要もないし、「時間を超越した」ものとしての先験的自我（エゴ）のような原理である必要もない。それは一つの考えであり、各瞬間ごとにその一瞬前の考えとは異なるものであるが、この一瞬前のものをも、それが自分のものとしていたすべてのものと共に包摂しているものである。すべての経験的事実はこの記述の中に尽くされているのであって、経過する考えと経過する心の状態が存在することを仮定する以外に何も仮定する必要はない。」（『心理学』上、岩波文庫、二九九〜三〇〇頁）

この経過する考えとしての意識には、勿論カントの言う、「私は考える」が常に伴っており、自己同一性を保っているだろう。ただそこに実体的存在物を仮定する科学的見解は持ち得ない、つまりそれを客観的真理とはなし得ない、意識は一つの機能に過ぎない、というのがジェイムズの思想なのだ。この意識は機能に過ぎない、という認識は、自ずから「先験的主体」の否定に繋がるものであるかのように、ジェイムズは考えている。しかし私達自身は、自己を元来自己所有の実体物として考えておらず、無所有の関係的存在として認識してきている。関係的存在であるということは、ひたすら自己の全周囲との関係の中で流動する、つまり経過する考えであるに過ぎないということでもあるのだが、しかしそこからその生成の営みをどのようにか構造化して捉えようとする時、私達も人の心の営みを、ただ「花は紅」と言って済ますわけにはいかない。それどころか、植物でさえ、或る一個の生成を、その唯一無二の姿で捉えようとするなら、単なる「柏樹」ではなく、「庭前の柏樹」であるのだと思う。「花は紅」と言ったり、単なる「柏樹」においては、そこに包含される全周囲は存在するが、「他者」は存在していない。しかし「庭前の柏樹」には、どのようにか「他者」が存在するかも知れない。勿論、認識された他者は存在しないが、しかしたぶん、どのようにかそれと関わりあう具体的な「他者」が存在するだろう。人の心の営みにはなおの事、常に「他者」が存在するわけだが、その他者と共にある営みの中でこそ、人の意識には、「私は考える」が常に伴う。単に関係的存在であるに過ぎず、本質的には一輪の花と等しい生成であるに過ぎないとしても、それを「私」として表現したり、意識したりし、またこの世界のすべてのものを個々のものとして認識する人の心は、そのすべてがそれぞれに唯一無二の生成としてある、その生成の根源に、個々の「先験的主体」を認識しているのではないだろうか。この「先験的主体」を、自己所有の不滅の実体などと考えるわけではないとするなら、敢てカントの言葉を用いる必要はないと思うかも知れない。しかしジェイムズは、流動する考えにすぎない意識の根拠に、不死の霊魂などを仮定することは、科学的了解を越えており、つまり客観的真理と為し得ないと言っている。それはカントが認めた問題でもある。カント自身はキリスト教の神の実在と魂の不死を信じていたかも知れないのだ。おそらく信じていただろう。しかしそれを人間の理性は、客観的真理と見なす根拠を、自ら所有し得ないと彼は言っているのだ。不死の霊魂は、そのまま個的実体像に繋がるものであり、全周囲との未分化の関係をこそ、最も根源的なものとして認識している私達には、普遍性を持って受け取れる思想ではなく、大体その認識からは、「意識は存在ではなく機能である」という認識そのものが、矛盾を伴ってしか生じ得ない。人が定義し得ないものとしての「先験的主体」こそ、私達が客観的真理として認識し得る観念ではないだろうか。全周囲との未分化の関係の中にすべてのものがあるとしても、そこには個々のものがそれぞれに唯一無二の生成として存在しており、人の意識は必ずそれを認識するとするなら、それは私達にとって必要な概念であると思う。

「物自体」は、更に深い意味を持った、概念であると思う。ジェイムズ自身は、「意識は存在するか」と問うた上で、意識は実体的存在物ではなく、機能であると、もし答えるとするなら、そこで更に「先験的自我」などの存在を仮定する必要は全くないと考えている。しかし何かが必要だとは考えており、次のように言っている。

「意識が存在することをいきなり否定するのは、一見明らかに不合理なようにみえるので――「思想」が存在することは否定しようがないからである――読者のなかにはこの先を読むのをやめる人があるのではあるまいかと危惧される。そこで、ただちに釈明させていただくが、私はただ、この「意識」という語が存在を表わすとする考え方を否定したいだけなのであり、この語は機能を表わすものだということを、私は断固として強調したいだけなのである。ということは、つまり物的な事物の素材 stuff と対照をなす、そこから物的な事物についての私達の思想が形成されてくるような原始的な素材ないしは存在の質などというものは存在しないということなのだ。存在するのは、経験において思想がはたす機能なのであって、この機能がはたされるために、そうした存在の質などというものがまるで魔法《まじない》みたいに呼び出されてくるのである。この機能とは、知ることである。事物は単に在るだけではなく、報じられ、知られもするという事実を説明するために必要だとして、「意識」が仮定されてくるまでなのだ。意識概念を自分の第一原理の目録から抹消しようと思う人でも、この機能が行なわれるようにいずれなんらかの方途を講じねばならないのである。」（『根本的経験論』白水社、一六〜一七頁）

ジェイムズ自身がその方途を、『根本的経験論』において追求しているわけだが、その魔法みたいに呼びだされてくるものとは、少なくとも私達がキリスト教世界のそれについて認識し得ることは、それがこの世界で自己所有性を主張する権利を持った実体的存在物であるということだ。だから勿論それは人間の精神についてだけ当てはまる認識に過ぎない。私達にとって大切なことは、仏教はその自己所有性を否定しているということだ。それが仏教の本質である。それで私達は、意識がその機能をはたすために、千年来、どのような方途を講じてきたのだろうか。私達は仏教を受容したに過ぎず、自らの思惟によって意識の自己所有性を破壊したわけではないけれども、しかしジェイムズが言うように、何らかの方途を持っていたと思われる。というより仏教自身が、生成するものの自己所有性を否定し、関係的存在であること、つまり関係性そのものを生成の第一原理として規定している。この関係は、一つの生成する自己と、その全周囲との関係である。無所有の、未分化の関係というものは、必ず全周囲に対して認識されるものだ。つまりそこでは個々のものがこの世界に並存している、という認識は否定されている。仏教が生成する個々のものを、それぞれに一つの須弥山（世界の中心）として捉える時、その須弥山はその全周囲と共にあると言えるが、その全周囲は必ず一纏りの全周囲であり、そこに個々の他者が存在すると考えることはできない。その全周囲が、未分化の関係において生成する一者（自己自身）に包含されているると、仏教は言っているのだ。ところで先の、なんらかの方途に対する、ジェイムズ自身の立論は、次のようなものである。

「もし私たちが、世界には根本質料ないし物質、すなわちあらゆるものを構成する素材がただ一つだけ存在するという仮定から出発するならば、そしてこの素材を「純粋経験」と呼ぶとすれば、そのとき〈知るということ〉は、純粋経験の諸部分が結びうる特殊な種類の相互関係である、と容易に説明することができる。この関係自体が純粋経験の一部であって、この関係「項」の一方が知識の主体ないし担い手、つまり〈知るもの〉となり、他方の関係項が〈知られる対象〉となるのである。」

この立論は、私達にとってジェイムズの思想の全体が大変親しみやすい、一体に感じのよいものであるため、決して邪険にするつもりになるものではないが、しかし全く無理な立論であり、また大変奇妙な気持にさせるものだと思う。関係項の一方が知るものであり、他方が知られる対象であるというためには、既にこの世界に何か或るものが互いに並存しているという認識が必要だが、私達はその認識自体を否定し、一つの生成、つまり或るものとしての自己にとって、存在するものは全周囲でしかあり得ないと思っているからだ。しかもこの全周囲は、本質的に未分化の関係として自己に包含されており、つまり私たちには他者が存在しないのだ。この他者の存在しない全周囲が、常に矮小化されて、社会の現実を肯定していく思想や、共同体との一体感や、天皇制にまで繋がって生きられてきているのではないかと思うが、そのことについてはここでこれ以上立ち入らない。おそらくそれが、私達にとっての「方途」ではないかと思う。ただ、そうであるなら、私達は自己にとっての関係項の他方を定義しているかもしれないが、「主体」としての自己を定義していないということでもある。ジェイムズの言うように、意識の機能を「知ること」として、主体を「知るもの」として定義する必要があるということではないが、しかし「主体」がどのようにか定義されなければならないはずだ。もし私達が自己が必然的に生きる関係項の一方を、或る具体的な共同体などにおいて定義しているとするなら、それは既に仏教における概念としての全周囲から、現実的で人間的な定義へと一歩を踏み出しているということなのだが、その人間的な定義において、「主体」が定義されていないということは、欠落以外のものではないだろう。そして「主体」が定義される時には、必ず他者が存在しなければならないはずだ。ジェイムズが言うように、もし意識を知ることとして捉えるなら、そこには知るものと知られるものとが存在する。ジェイムズはその関係を純粋経験として定義しようとするわけだが、私達ももし主体を定義しようとするなら、自己の内に包含された全周囲との関係をもって、活動する現実的な主体としての主体を、定義することはできないのではないだろうか。

仏教は基本的に、その全周囲との未分化の関係の所在を私達に伝えるための思想なのだから、言葉がそこへと集中することは当然であり、仏教思想がそもそも主体を欠落させた、不備な思想であるなどというわけでは勿論ない。私自身は、趙州禅師の言葉など、大変に意味深いものだと思う。言うまでもないことだが。ただ私達は、主体が現実的に活動するということは、必ず他者に対して、つまり或るものに対して活動するのだと、考える必要があるのではないだろうか。ジェイムズが言うように、意識の機能としての知ることを、純粋経験として定義して、その或る意味で未分化の関係の一方を知るものとしての主体、一方を知られる対象と考えるというのではなく、知るということも勿論だが、主体が活動するということ、その活動がこの世界で現実化するということは、必ず他者としての或るものに対する活動である、と考える必要があるのではないだろうか。そこで初めて、活動する主体としての主体が現実化し、他者としての個々の或るものも現実化するということだ。だからそこで初めて、「一切の物は空間において並存している」という命題も、可能になるということだ。カントにとっては、感性の純粋形式としての直観があって、初めてそこに並存している或るものが、感性と関係を持ち得ると考えられている。

「空間は、多くの外的経験から抽象されてできた経験的概念ではない。或る感覚が私のそとにある何か或るもの（換言すれば、私が空間において現に占めているところの場所とは異なった場所にある何か或るもの）に関係し得るためには、――つまり私がこれらの感覚を、それぞれ別々にかつ並んで存在しているものとして、従ってまた感覚そのものが互いに異なっているばかりでなく、それぞれ異なった場所にあるものとして表象し得るためには、空間の表象がそもそもその根底に存しなければならないからである。それだから空間表象は、外的現象の種々な関係から、経験によって得られたものではあり得ない、むしろかかる外的現象そのものが、空間表象によってのみ初めて可能になるのである。」（『純粋理性批判』上、岩波文庫、九〇頁）

「私の外にある何か或るものに関係し得るためには」、とカントが言うのは、主体と、何か或るものとが存在する、という認識に拠っており、また実際、もし客観的に考えるなら、それらが既に存在していると言い得るのだろうが、しかし私達自身は主体をそのように既に自己所有の存在として考えておらず、無所有の、未分化の関係を負ったものとして認識している。その未分化の関係は、全周囲との関係であり、だから私達にとっては、外的現象そのものがそこで可能になるような根源的空間表象というものを、もし考えるとすると、それ自体が未分化の、つまり主体の内に包含された全周囲になってしまい、別々に並んで存在する外的現象が、相変わらず可能にならない、という理論の堂々めぐりが生じてしまう。個としての主体の生起、主体の活動そのものが、必ず或るものに対する活動であり、そのことが主体の営みの現実化と共に、或るものの現実化を可能にしていると、私達は考える必要があると思う。

また、別々に並んで存在する或るものを、それぞれ認識するということには、カントの理論で言うなら、そこに純粋悟性概念が働く必要がある。認識には概念が必要である。感官体験だけでなく、認識するためには、概念を必要とし、また人が思惟するということには、概念と言語なしにすませられない。もしかしたら、マッハが言うように、この世界の本体は感覚だけ、要素だけ、であるかもしれない。しかしそう考えるためには、既にジェイムズが言うように、意識を実体的存在物ではなく、機能として考えることが必要であり、また、物理学者はそう考えているだろうが、しかしそうであればなおのこと、カントが問うたように、意識はどのようにして対象と関係し、これを認識するのか、と問わなければならない。もっとも私達自身は、この問いを覆してしまっている。意識は或るものへの活動を生きることで、自らを現実化するのなら、その対象への関係づけそのものは、認識より前に完了しており、その関係づけに対する権利を問うなら、すべての人の意識が平等にそれを持っているのだ。おそらくこの平等より他に、人間精神の真の平等、つまり客観的に認識し得るであろう平等というものはないのではないかと思う。「神の前に人は平等である」などと幾ら言ってみても、私達自身はこの「神」――超越者の存在が人にとって真に客観的真理ではないかも知れないと言われる歴史を生きているのだ。誰も信じていない平等論から、どんな実りのある平等の思想が生きられるというのだろうか。

ところで認識することは概念であるが、その前に既にその他者の実在の受容であるはずだ。主体の活動が或るものに対する活動であるとするなら、その活動の一瞬一瞬は、その或るものの実在の受容以外の何ものでもない。実在そのものであると言いかえることも、可能だろう。意識は一つの機能であり、つまり意識はそのように意識であるばかり、主観は主観であるばかりであり、それ以外にこの世界に現実化した自己の本体としての存在を、私達が客観的に認識し得ないとするなら、その意識にとって、主観にとって、他者は実在であると言う以外にない。さらに、認識するということは概念化であるが――動物達は勿論、植物も、或るものに対する活動をそれぞれに生きるだろうが、しかし彼らが「一切のものは空間において並存している」などという認識を持つと考えることはできない。絶対にあり得ないと人が断言することはできないとしても、そう考える根拠があるわけではない。しかし人はそのような命題を持つわけだが、そうであれば私達は、活動そのものが単に他者の実在の受容であるというだけではなく、それらのものを必ず「そのもの自体」として概念化して受容している、ということでもあるだろう。それはカントの「物自体」だ。カントは「物自体」を不可知であると言いながら、しかし同時に、「もし物が理性によって物自体として――換言すれば、我々の感性の性質を顧慮せずに考えられるならば、」――などとも言っており、つまり「物自体」は本質的には「主観」にとって不可知であるが、――そして「主観」は「主観」であるばかりなのだから、不可知であることに相違ないが――しかし決して「主観」が考えることもできず、全然認識することもできないものとは、言われていない。当然のことではあるが。ただカントは、その思想の全体が矛盾を孕んでいるため、――少なくとも私達から見るならば――少々曖昧なところも多く、その曖昧さが私達にこのような解釈を可能にするのかも知れないが。主体の活動の一瞬一瞬が、他者の実在の受容であるなら、そして人間の精神は、「一切のものは空間において並存している」という認識を持つとするなら、そこで「物自体」の存在が受容され、認識されていると言えるのではないだろうか。その実在は、人の意識の営みのうちのものであるわけだが。

廣松は、事実として現前するのは、例えば「花が咲いている」とか「花が赤い」ということ、、、であるが、人の意識はそれを「赤い花」が咲いているとして判断し、そこでいわば「事」を「物」化して認識する、ということを言っている。しかし、そこに「そのもの自体」の存在を要請し、概念化して捉えないかぎり、人はその「事」を互いに共有できない。「物自体」とか、あるいはとにかく「物体」という概念は、必ずその概念を共有することによって共存する、人間精神の共存の証しであり、つまり「物自体」は決して物理学者の「物自体」ではなく、言語的概念の共有によって共存する、人間精神の「物自体」とも言うべきものだ。この「物」化は、一種の有の思想であり、個々の物が個立して実在するという認識をもたらすものであるから、禅者はこれを否定する。生成するものが、本来個立した実体であることを否定し、生成の根源を未分化の関係において捉える仏教が、禅に限らず、しばしば論理そのものを覆そうとするのは、そのためだろう。人間の言語的共存、論理的共存は、「物」がそれぞれ個立して存在するということを、決して前提としているわけではないが、それらの或るものを概念化して共有することによって、必然的にそこに結びつく。その個立したものの共存ということを、生成するものの本来の姿として認識することを否定する仏教は、必ず論理そのものを覆すのだ。殊に禅の歴史は、まるで彼らがしばしば弟子達を「打つ」の「蹴る」のとしつづけているように、人間の言語的論理の秩序に対しても、それをしているかのようだ。マルクスは、「人間は本質的に社会的諸関係の総体である」と言っており、勿論この認識を間違いであるなどと誰も思わないだろうが、ただ社会的諸関係は、当然言語的共存の上に成立しており、そしてそれは必然的に個立したものの共存という認識を生むもの、またそこから生成する人の意識によって成立するものであり――マルクス自身がそのことを受容してしまうことにおいて、意識は言語においてこそ現実化すると言っている。そのことを受容するということは、そのこと、つまり「個立したものが現実に存在する」という認識を唯一支える思想、あるいは信仰である、個立した存在者としての神の実在を受容しているということだ。だからこそ、彼はヘーゲルから決して離れることができない。この個立した存在者という神の実在を、人間の理性は決して客観的真理であり得るものとして互いに証明し得ない、ということを語っているのはカントなのだ。――その個立を、生成の本質において否定する仏教は、その「社会的諸関係の総体」としての人間を、「関係の第一次性」における生成として認識することは、決してしないだろう。つまり廣松の思想に、同意することができないということなのだが、しかし勿論、人間の論理性そのものを否定しようというのではない。禅者の理論においても、そんなことを目的としているわけではない。私達は今でも、生成するものの本質を、未分化の、無所有の関係において認識しているだろうが、しかし人はその未分化の関係の中から、その言語的共存、論理的共存において、個々のものが存在するという思想、その他者の実在の受容を、互いに共有している。論理学はそこに成立しており、だから論理学は決してヘーゲルの言うように「神の存在証明」などではなく――そんな論理学では私達はそれを真理とし受容することができないではないか――他者の実在の証明であり、共存する外的世界に現実化した一切のものの実在の受容の人間的共有なのだと思う。それが実在する、ということの証明ではないが、実在の受容を互いに共有している。また、その実在の受容それ自体は、生成の本質が関係性そのものであることに拠っているだろう。他者――或るものの実在の受容こそ、意識の生成であり、生成の現実化なのだ。人間の心理は、他者の実在の受容において形成されているはずであり、だからこそピアジェが言うように、論理学は心理学によって裏づけられ、また論理的誠実こそ他者と社会に対する誠実なのだと思う。

ただ、この人間の心理は他者の実在の受容であるという認識が真の意味を持つのは、関係の一次性というものを、仏教的な、本来未分化の関係において捉えることにおいてであると思う。自己の個立自体の受容が先であるなら、再び論理学は「神の存在証明」であるという認識へと、戻ってしまう。私達自身は、未分化の無所有の関係というものが強調されるためか、まるで「社会的諸関係の総体」としての人間の存在にさえ、一体何処から何処までなのか判然としない、全周囲との無所有の関係というものがまとわりついて、政治学者が「無責任の系譜」と呼ぶような歴史が生まれている。そこには他者が存在しない。他者の実在の受容の共有による、社会的人間としての誠実な営みが存在し得ない。私達は関係の一次性というものを、廣松が志向したような意味においてではなく――もっとも私達が今そのように言うことができるのは、廣松のすべての仕事に拠っており、その思索の一切が尊いものであることに変わりはないが――この関係の一次性を仏教的な意味において捉え返し、それを文字通り対自化することによって、社会的人間にとって他者が何であるのかを、考える必要がある。そうでなければ、私達は互いに真に、論理的誠実が他者と社会に対する誠実であるということを、心から共有することができないだろうし、また「論理学は心理学によって裏づけられる」という、科学者ピアジェの尊い言葉にも、互いに心から同意することができないだろう。

7

しかしまた、このような認識に立つということは、廣松の言う、人間における類と個の対立の止揚、統一ということの、否定であるしかない。勿論廣松自身が、その統一を、決してヘーゲルの言うような「主体─実体」論における観念的統一において志向しているのではなく、マルクスの物象化論を基底とする地平において捉えているわけだが、しかし私達自身が私達の歴史の中から、それを問うなら──私達自身の歴史的諸事実においてそれを見るなら──これに対しても、否と言う以外にないはずだ。廣松は次のように言っている。

「そこで、人々がこれまで、普遍とか本質とか類とか……形相とか……そういうことで実体（＝主体）として思念してきたところのものは、真実にはいかなるものであるか、一体なにをどう錯視することにおいてそういう思念が生ずるのか、そういう錯視を成立せしめる所以のものは何か、このことを省察しなければならない。それは同時にまた、普遍・類……の化肉的定在として思念されてきた個別、個、実存の側についても、それの実体性について考え直すことを要求せずにはおかぬ問題状況であります。」（『マルクス主義の理路』勁草書房、一三七〜一三八頁）

廣松の見方は、また、勿論マルクス自身においてもそうなのだが、その錯視を取りはらって考察する時、関係的存在としての人間というものが見えてくるのであり──廣松はそれを関係の一次性と呼んでいる――つまり「人間の本質とは社会的諸関係の総体である」という提題が、そこで生まれる。この本質的に社会的諸関係の総体である人間が、そのまま類的存在を形成する、少なくともそこに本質的に繋がっていく。ところで私達が、「関係の一次性」という言葉を、もし何の説明もなしに思い浮かべるとしたなら、そこで考えられる第一次的な関係性とは、仏教的な関係概念におけるものではないだろうか。廣松自身は、主著である『存在と意味』の冒頭でも、自分の関係思想は仏教的なものではないということを言っており、その廣松に対して、仏教においてはこうではないかというようなことを言うのは、そもそもおかしいと思うかも知れないが、しかし私達にとっては、それが私達自身の歴史的諸事実であるという、その原点に立たないわけにはいかない問題だと思う。

仏教の理論、とりわけ禅の論理を、もし受容するなら、そこで端的に否定されるものは、存在論と論理学との不一致であり、その不統一である。禅者が最も激しく私達に語りかけてくるもの、伝えようとしているものは、それなのだ。そう考える以外にない。時に殆ど言葉を捨てて、弟子達に棒をふるう僧達は、そのこと以外の何を私達に伝えたというのだろうか。廣松は、実体的、あるいは現実的に存在するものは、具体的な個人だけであるという、マックス・シュティルナーの思想に対するマルクスの態度を語りつつ、次のように言っている。

「単に唯名論の立場に移行して、普遍とか本質とか類とかいうものは、名辞たるにすぎず、そういうものは存在しないといって済ませてしまうわけにはいきません。ヘーゲル哲学の立場を通ってきている者にとって、唯名論への単純な回帰などということは、とうてい困難であります。」（前掲

書、一三七頁）

この言葉の後に、先の文章が続いており、つまり関係の一次性を捉えることができなかったために、錯視されていたものが、普遍や本質や類……であり、またヘーゲルの絶対精神であり、つまり廣松はヘーゲルは存在論と論理学の統一を一応もたらしたとはいえ、その絶対精神による観念的で空虚な統一を、そのまま受容しているわけではない。ところで論理学が成立するということは、一体何なのか。人間の心理学がそれを支える論理学とは、何なのか。人の意識のいとなみであり、運動である心理学が、それを支えるのだ。私達は禅者の非論理の論理から、逆にそれを学ぶことができると思う。禅者は論理を否定し、時に訳のわからない不合理な言葉を弟子達と私達とに投げつけるが、そこで捉えられているものは、対象世界が対象世界ではない世界、つまり基本的に全周囲との未分化で無所有の関係そのものであり、そこにはまだ他者は存在していない。もちろん論理学も成立し得ない。その不成立、つまり存在論と論理学の不一致と不統一を、禅者は私達に端的に表現してみせている。しかし勿論禅者も論理を駆使しもするのであり、むしろその不統一を独得の論理構造の中に捉えて、私達に見せてくれるとも言える。語られる言葉は、全く論理学から離れたものでなどあり得ないのだから。論理学が成立するということは、その未分化の、本質的に自己中心的な関係の中から、――勿論その生成の原点そのものを揚棄するということは、できることではないが――一つの主観が、必ず他者である或るものを認識し、そこに向って活動する、その生成の営みに拠っており、だからこそ論理学は必ず他者と共にある。「天地創造に先立つ神の思惟」などでは勿論なく、他者と共にある人間の営みであり、他者との共存における心理に支えられるものなのだ。

つまり、そこでは人は他者に対して、一つの個立した存在であり、勿論他者をも個立した対象として、基本的に受容している。ただ仏教は、その個立を、根源的なものとして認識することを否定している。最も根限的な生成の姿を、本質的に全周囲を包含する、未分化で、それぞれに無所有の関係において捉えている。そこでは互いに個立したものが、並存しているのではないのであり、それが「空」であり、少なくともそれが仏教において生成の真の姿として捉えられている。ただ私達は当然、社会的な生活において、互いに互いの個立を受容し、また主張もし合って生きるのであり――ピアジェが言うように、幼児は未分化の、自己中心的な関係の中から、他者と社会とを受容し、その互いに個立し合うものとして自他を認識し、社会を認識もすることにおいて、その互いの営みの中での人間精神としての均衡を求めて生きて行く――だからその社会生活において、私達が恰もどうにもしようのない運命的な全周囲との関係を引き摺って生まれてくるかのように言うことは、もちろん間違っているとしか言いようがない。

ところで社会生活においては、人は事実として互いに個立を生きるわけだが――決してそれ自体が実体ではあり得ないわけだが。少なくともそれが仏教的な認識である――その事実上生きられている、社会生活や論理的な営みの、根拠として認識されてきたものが、廣松の言う、普遍とか本質とか類とか……であり、また勿論人間自身がその似姿であるというような神の存在であり、ヘーゲルの絶対精神でもある。ヨーロッパ哲学史上に、この根拠そのものを崩壊させている人は、ヒューム一人であり、この崩壊を崩壊として受け入れ、つまり今言ったような根拠には頼ることなしに、人間の理性そのものにおいて立て直そうとした人が、カントなのだ。カントはヨーロッパ哲学史の中心に位置するようでいて、むしろ最も独得の、おそらく誤解されやすい基盤に立っている哲学者であり、実際全く誤解され、謎を残した存在になっていると思うが、むしろその意味でこそ私達にとっては唯一無二の、かけがえのない哲学者だと思う。私達自身は、その根拠を認めていないのだから。仏教は、そのような根拠の否定以外の何ものでもない。

ところで、普遍とか本質とか類とか……が、事実上成立している、個立し合ったものとしての人間の営みの、理論的根拠として求められたものであり、しかし現実にはそれは錯視であり、少なくとも検証し得ないものであり、その錯視を、あるいは盲目を取りはらって、そこに「関係の一次性」を認識するとするなら、少なくとも私達はそこで、仏教的なものを認識せずにいられないと思う。ところが廣松はそこで、「社会的諸関係の総体としての人間」という、マルクスの命題を捉えるのであり、これは全く無理としか言いようがない。勿論、社会的諸関係の総体としての人間を考察することには意味があるのだが、社会的諸関係は既に個立し合ったものとして生きる人間の生活であり、その個立の根拠を、そこに認識するなどということは、どんな人間もできることではない。おそらく相変らず、神が登場し続けるだろう。私達自身はそのような超越者の存在が、客観的真理であり得ないのではないか、という宗教者の言葉の歴史の中に生きてきており、そこから受容し得るものは、仏教における「関係の一次性」以外のものではないと思う。

それは、個立し合ったものとしての人間の社会的生活が、生成するものの本質そのものではないという認識でもあり、私達自身はそこから生じる、私達自身の錯誤や「未開性」、他者や論理性の無視や、「無責任の系譜」を、自ら検証することができるだろう。しかしそのことに苛立って、個立の根拠を、仏教における「関係の一次性」以外のものに求めることはできないと思う。社会的人間が互いに個立し合っていることは事実だが、その個立を何らかの実体的なものとする根拠を、求めようとすることは、それが既に社会的個立そのものを、自らの所有として、つまり生得的所有として認識することであるが、しかしそれは間違っている。社会的個立は他者と共にあることにおいて成立しているが、そのことが成立するのは、そのように個立し合ったものとして人間を生み落とした神に拠っているのではなく、未分化の関係の中から、必ず他者に向って生き、――勿論それ自体は、すべての生成するものが、それを生きているのだが――人はその他者を、自己同様に個立した対象として、その実在を受容する、その人間的営みに拠っているのだ。個立を、自己の生得的所有と見なすことは、反省を欠いた思想としか言いようがない。

　しかしそれが存在論と論理学の一致の体系でもあるのだ。仏教はひたすらその不一致と不統一を説いているわけだが――その不一致を理論化しているのは禅だが、私達にとっては『歎異抄』に現れる親鸞の言葉が、その不一致と不統一の中にある人間の繊細な悩みを伝えていて、最も心にふれる、親しみやすいものだと思う――ところが廣松は、この存在論と論理学の一致を求めており、それがヘーゲルにおいて一応達成された、と考えている。むしろその不一致がもたらすものが、「主観」―「意識作用」――「客観」という、「三項図式」であり、カントもまた、物自体―現象―先験的主観という三項図式においてしか認識を捉え得ず、つまりその限界を超え得なかったものとして認識している。

「ここではドイツ観念論の展開過程に立入る余裕も、またその必要もありませんが、カントにおける物自体―現象―先験的主観という三項図式、なかんずく物自体の不可認識性のテーゼ（これは、近代合理主義的知性概念で以っては客観的実在そのものの認識が不可能であるということを意味します）を止揚すべく、知的直観、すなわち、物自体を直接的に認識する主観的能力が持込まれるようになったこと、そのことによって、三項図式を斥けて直接的な主観―客観関係、この二項図式が立てられるようになったこと、この一事は銘記すべきでありましょう。」（『マルクス主義の理路』勁草書房、三二頁）

私達が、仏教はいわば初めから存在論と論理学の不一致に立っているという、その認識の中からカントを見るなら、カントは勿論存在論と論理学の、一応の一致を求めたに違いなく、また「三項図式」を必ずしも破壊していないから、このように言うことが間違いではないだろう。しかしそれならば何故、不可知な「物自体」などという、誤解と無理解にさらされただけの、不可解な概念を彼は語るのだろうか。「先験的論理学」は、この不可知な「物自体」と、また同様にいささか謎めいた「先験的主体」とを、互いの背後に残すことにおいてのみ、人間にとって成立し得るものとして、語られているのだ。このことは、仏教徒にとっては、全く意味深い。しかし勿論カントは、廣松が言うように「近代合理主義的精神」でもあるから、私達は心を引き裂かれるけれども、しかし稀有の意味を持った哲学として認識せざるを得ないと、私は思う。存在論と論理学の不一致と不統一を理論として、また人間の悩みとして、私達は仏教の歴史から学ぶことができるけれども、それだけでは済まされないとするなら、——つまり、それを不統一のまま放置して構わないというわけではないのだから——その時意味を持ち得るもの、——というより、それが済まし得ないものであるということを、私達に教えてくれるものは、カント思想であると私は思う。

存在論と論理学の一致とは、つまり論理学が成立する、その地平である、互いに互いの個立を受容して生きる人間の社会的存在の、その根拠を求めるということなのだ。仏教はその根拠が求められるということ自体を否定し、存在論と論理学の不一致を説いている。ヨーロッパ思想は、勿論その一致に立つものであるから、その根拠が、廣松の言う、普遍や本質や類……であり、人間の似姿としての神であり、絶対精神なのだ。ところがカント一人がそこで、そのような必ずしも客観的真理として検証し得ない根拠に拠ることとなしに、人間の理性そのものにおいて、それを捉えようとしている。私達自身も、もし現実に論理学が成立しており、人に論理的誠実というもの、また理性の働きや真理と言うべきものがある、という認識に立つなら、それを求める以外にないではないか。勿論カントが、論理学と存在論の不統一などを言うはずはなく、その認識の中にある私達は、「先験的論理学」を丸飲みするようなことはできないのだが、しかしそこで、「主観」—「意識作用」—「客観」という単なる「三項図式」と、必ず不可知な「物自体」を背後に残すことにおいて成立するカントの論理学とを、一緒にしてしりぞけるようなことは、できないだろう。廣松は、その言葉を続けて、次のように言っている。

「ヘーゲルは、知的直観の理説と相即するこの二項図式から出発します。その限りでは、彼はそもそも近代合理主義が前提するかの三項図式を初めから免れていたとも申せます。彼としては、しかし、知的直観の立場が、単なる直接知という仕方で把えうるとしたところのものを、その被媒介性においてとらえかえさねばならないという態度をとり、この被媒介性、媒介知ということの論理として、弁証法の問題を自覚的に提起するに至った――さしあたり、この脈路だけは押さえておきたいと思います。

結果的・図式的に――哲学史的な媒介過程を捨象して――カントとの関係をつけて申せば、ヘーゲルは、現象と物自体とのカント的な区別を止揚し、主体と客体との直接的な関わりを保証しうる構図を立て、しかもまた、カント的な意味での感性と悟性との区別を止揚することによって、論理と実証との二元性の克服、ひいては、思考の法則と存在の法則との二極的分離の超克を可能ならしめる次元を拓いた、と申せるのでありまして、ヘーゲルにおいては、論理の形式的な思考法則ではなく、同時に存在の法則性でもあるごとき理法として現われることになります。すなわち、論理学と存在論との統一が、絶対的観念論を地盤として〝達成〟されたわけであります。」(前掲書、三一〜三二頁)

「主体と客体との直接的な関わりを保証しうる構図」と廣松は言っているのだが、単に直接的な関わりと言うなら、私達は仏教からそれを聞かされている。ただその仏教的な構造の中には、まだ他者は存在せず、その生成は、全周囲を包含しているに過ぎない。しかし人間の思考の法則の中に、他者が存在することは明らかなのだ。私達は互いに、未分化の全周囲の闇の中から、互いの個立とその実在とを受容し合うことによって、その思考の法則を生きている。そして仏教はそこで、しかし存在の法則は、全周囲との未分化の関係の中にある、ということを言っている。むしろだからこそ、存在し合うものは決して単なる並存ではないのであり、他者を傷つけないこと、自己の内の悩みや不合理を他者に対して発散させてはならないこと、などが説かれている。しかしもしも私達が、思考の法則と存在の法則とが、どのようにか重なり合う——決して一致はし得ないけれども——その地平を探るとするなら、生成するものは、その生成の現実化において、必ず他者である或るものを自己自身の対象として持ち、そこに向かって活動することにおいて、その営みを現実化する、と考えることができると思う。その生成の最も初々しい営みにおいて、それはこの現象界にたった一つの、独自の営みと創造となって現実化するのであり、私達はその営みの背後にある、互いの「先験的主体」をこそ、認識し合いたいと思う。

　しかしそのことはまた、この世界に現実化しているその「主体」において、私達は必ず或る「客体」を自己の外に持ち、その対立と共存を生きることそれ自体こそ、互いにとっての生成であるわけだが、その時、その「主体」——「客体」としての互いの生成は、決して互いに単にこの地上に並存的に存在するものではない、ということでもある。それが仏教徒にとって、存在論と論理学の不一致、不統一ということであり、思考と存在の関係にも、勿論繋がる問題だ。

「ヘーゲルにあっては弁証法においても彼の体系の他のすべての部門におけると同じく、すべての現実的なつながりの逆立ちが支配している。」

という、エンゲルスの言葉を、もう一度考えてみたい。私達自身の血肉の歴史において、それを問う時、廣松のものの見方も一つの逆立ちであり、論理的混乱であるように、私は思う。

思考と存在の関係ということは、カントの問いである、思考と対象との関係、つまり認識は如何にして対象と関係するか、という問題であると共に——基本的にそのことと重なる問題なのだが——思考の法則と存在の法則とが一致するかどうか、という問題でもある。仏教ははっきりとこの不一致の認識に立っており、そのことを認識させるためにこそ、禅者は弟子達に棒をふるい、いわゆる「非論理」の言葉を語り続けてきている。それが私達の歴史の本質であり、精神の本質であると私は思うわけだが、だからそのことを全く脇へ追いやって何かを思考するということは、私達にはできないと思うわけだが、しかし廣松はこの思考法則と存在法則の一致を、ヘーゲル肯定の原点としている。引用してきているように、例えば、「ヘーゲルにおいては、論理は形式的な思考法則ではなく、同時に存在の法則性でもあるごとき理法として現われることになります。」というのだが、そして勿論ヘーゲルは独自の理論でそれを一致させているわけだが、しかし単にその一致ということなら、ヨーロッパ哲学はもともとその一致の世界であって、カントだって不一致の認識に立っているわけではない。ただ、そのカントの理論においては、廣松自身が詳細に語っているように、「純粋悟性概念」の理論などで、認識が対象と関わるということが捉えられているということに納得できないし、また仮りにそれは一応納得したとしても、その対象の背後には不可知な「物自体」が残されているということが、問題であるということなのだが、私自身は、その不一致を仏教哲学の本質であると共に、私達の精神と歴史の本質であると考える。そしてその時、幾分かでも私達の血肉の歴史の底にふれてくる哲学は、カント哲学であると思う。

思考法則と存在法則の不一致ということは、仏教においては全く簡単な問題であって、決してカントのような、「認識は如何にして対象と関係するか」という大問題ではない。単に人が自己自身の存在の法則を問う時、決して思考する存在としてでなく、必ず草木土石とも等しく捉えることのできる、その全くの原点において生成を捉えるということなのだ。廣松は哲学的な問いについて、次のようなことを言っている。

「現象論的な場面から出立して哲学的省察を試みようとする者にとって、原基的な与件をなすのは「或るものが現前する」とでも標記しうべき事態であろう。しからば、一体「或るものが現前する」とは如何なる事態であるのか？」

勿論、廣松自身がこの問いを肯定しているわけではない。

「哲学者達は、往々、この事態を「或るもの」（＝客観的所知）が「意識」（＝主観的能知）に「立現われる」という構図で把え、ここから直ちに、「対象事態―立現われ―意識作用」という三項図式を立て、そこから出発しつつ認識論上の様々な議論を展開してきた。しかし、われわれの見るところでは、謂う所の三項図式からして、所与の事態に不当なパラダイムを押し当てる所以のものであり、当の事態に関する錯認であって、厳しく卻けられねばならない。」（『もの・こと・ことば』勁草書房、四三頁）

その三項図式を覆すことを彼は語るわけであり、また最初に、「現相論的な場面から出立して」と言っているのだから、この文章を批判するというのはおかしいかも知れないが、ただ私達自身は仏教を宗教であると共に哲学であるものとして認識してきているわけだが、その哲学的省察において、原基的な与件をなすのは「或るものが現前する」という事態ではなく、ただ「自己というものがある」という事態以外の何ものでもない。それが草木土石と等しいところで生成を捉える、ということであると私は思う。だから、「或るものが現前する」とは如何なる事態であるのか、と問うことはできない。意識にとっては常に或るものが現前し、全く何ものも現前しないという事態を私達は体験することができないわけだが、その何ものも現前しないという事態を決して体験することのできない自己とは何か、と問うことが、少なくとも私達にとっては生成を草木土石と等しく捉えるということであったと、私は思う。

草木土石と等しく自己を捉える、などということが既に摑えどころのない問題であり、捉えようがないと言われるかも知れないが、そこにはただ単に「自己のみが存在する」のであり、そして勿論思考する人間にとっては、思考する精神である「自己が存在する」わけだが、そこで私達にとっても肯定し得る哲学的認識は、「「私は考える」が私の意識のすべてに伴う」という、カントの認識ではないだろうか。しかし、勿論カント自身は、その「主観」である意識が、対象と如何にして関係するのかと問うのであり、私達はこの問いには全面的に同行することはできない。廣松自身は、このカントにおける「主観」と対象、「主体」と「客体」との、その二元的対立の構造を、ヘーゲルが止揚統一した、その理論の構造を一応肯定するわけだが、しかし私達自身はそのカント的な、あるいはヨーロッパ的な二元的対立の構造の中にはなく、私達にとって「自己のみが存在する」という、その自己は、自己と並立するものとしての対象を自己の外に持たない。仏教的認識において、最も根源的な自己は、それ自らが世界の中心であり、全周囲を包含しており、そこにあるものは自己一人、あるいは自己と非自己のみであり、その非自己とは、決して様々のものが並立して存在する対象界ではないのだ。だからそこにはまだ、或る一つの対象としての「或るもの」が現前していない。仏教はそのような認識の中で完結してしまっているようなところもあるのだが、しかし私達自身が今、そのあらゆる存在、あらゆる草木土石と等しく捉えられる自己ではなく、当然認識する精神としての自己を問う時、私達の出発点となり得る認識は、カントの言う、「私は考える」が私の意識のすべてに伴う、ということであるはずだと思う。それは意識が、結局一個の「主観」以外の何ものでもないということ、死によって崩壊するまで、ただそれ以外の何ものでもない、ということなのだが、しかしだからといって私達はここで、その「主体」――「客体」の対立構造を止揚統一するという、ヘーゲルの思想の懐に抱かれるというわけにはいかない。私達の思想の原点である仏教的な認識を、私達がもし忘れないなら、私達が認識し得ることは、私達はむしろ未分化の全周囲の中から、必ず或る「客体」、或る一個の対象へと向かう、「主体」としての営みを生きるのであり、その「主体」―「客体」の分離こそ、生成の営みであるということではないだろうか。必ず或る「客体」、或る対象へと向かう、その営みこそ、「主体」の生成の現実化なのであり、そこにだけ自由と偶然が存在し、一個の「主体」としての独自の営みである生が存在し、また社会的存在である人間の精神にとっては、責任がそこに存在するのだ。

それは、「歴史的必然」という認識の否定でもある。「歴史的必然」という認識は、存在論と論理学の一致の思想からしか生まれ得ない認識であり、ヘーゲルがそれを完成させ、マルクスが踏襲し、廣松もこれを肯定している。「物象化論の構図」における、「II物象化論の構制と射程」において、共産主義社会の歴史的必然ということが肯定的に語られている。共産主義社会の必然という思想が間違っているのではなく、何であれ、「歴史的必然」という認識自体が間違っているのだ。ヘーゲルがそれを語るのは、勿論存在論と論理学の一致の思想、その「主体」―「客体」構造の止揚統一の思想においてなのだが、その統一をもたらすものは、「主体」の放棄にしかすぎない。

もし生成というものを、単に世界の中心であるに過ぎず、自己自身の内にその全周囲を包含するに過ぎない、その自己の内から歩み出て、或る対象に向かって自発的に活動する営みであるとするなら――私達はその営みをこそ、マルクスが『聖家族』で言っているように、思弁的な「果実なるもの」などではない、つまり、「区別のない、静止したものでなく、生きた、みずからのうちにみずからを区別する、動く本質」としての自己自身の営みとして、その世界に現実化した自己自身そのものとして、認識することができると思うのだが――その営みは、必ず「或る対象」、「或る客体」を自己の外に持つが、しかし自らは「主体」そのものであるに過ぎず、その意識は「主観」そのもの以外の何ものでもない。「主観」そのものであるに過ぎない、その「主観」にとって、「客体」は必ず内なるものであると共に外なるものであるのであり、これを逆にすることはできない。つまりヘーゲルが言うように、独自の「主体」、独自の「主観」であるに過ぎない――そうであるからこそ、すべての存在は唯一無二の存在であるわけだが――その意識が、自らのその営みの途上で、主客合一したり、主客の対立が止揚統一されたり、有と非有との合一が生きられたりすることはない。有と非有との合一としての「成」は、その「主観」において達成されているが、しかし「存在が非存在であり、非存在が存在である」と表現し得るような状態は、その「主観」にとって自己以外の一切が必ず自己にとって内なるものであると共に外なるものであるという、そのことを指しはしても、「主観」が「主観」以外の何ものでもないという状態を変えるものではない。むしろ、そうであるからこそ、少なくとも仏教においては、生成は「有であると共に無であるもの」であるのだ。その「成」であるところの「主観」そのものは、ただひたすら「主観」の内に止まり行くものに過ぎない。ヘーゲルはその統一の理論において、その「主体」を放棄すると共に、その「成る」ことそのものをも放棄したと言う以外にない。

このヘーゲルにおける現実的で具体的な「主体」の放棄ということについては、フォイエルバッハが曲折した批判を加え、マルクスが完成させている。つまり「果実なるもの」などではない、「生きている動く本質」としての人間が欠落しているのであり、マルクスはそこから現実的な人間を、常に

「社会的諸関係の総体」としてある人間として捉えている。それが逆立ちした観念論を足で立たせることなのだ。しかし私達にとってはヘーゲルの理論は端的に「主体」の放棄、「成る」ことそのものの放棄であって、決して具体的な人間の放棄というわけではない。

フォイエルバッハの理論は、カントの「物自体」批判にからめて語られている。「カント哲学は、主観と客観、本質と現存、思考と存在との矛盾である。」と言い、「そこで、われわれがこの矛盾を廃棄するとき、われわれは同一哲学を持つことになる。」と言われている。そのヘーゲルの哲学とは何なのか。

「同一哲学の中心点である思考と存在の同一性は、その概念あるいは本質が存在を含むものとしての神の概念からの一つの必然的な帰結にほかならない。思弁哲学は、神学が神の概念だけに限った特性を一般化して、思考・概念一般の特性としたにすぎない。だから思考と存在との同一性とは、たんに理性の神性の表現にすぎない。言いかえれば、思考あるいは理性が絶対的な存在であり、一切の真理と実在性の総括であり、理性の対立物は存在せず、むしろ――厳密な神学において神が一切のものであるように――理性が一切のもの、すなわち一切の本質的な、真に存在するものである、ということの表現にすぎない。しかし、思考と区別されない存在、理性の一つの述語または一つの規定にすぎない存在とは、ただ、一つの思考された抽象的存在にすぎず、実際にはなんら存在ではない。したがって思考と存在の同一性とは、単に思考のそれ自身との同一性を言い表わしているにすぎない。つまり、絶対的思考は決して自分を離れ、自分から出て存在に到達するのではない。存在は、あくまで彼岸的なものである。絶対哲学は、われわれのために神学の彼岸を此岸とはしたが、しかしその代り現実的世界という此岸を彼岸としたのである。」(『将来の哲学の根本命題』岩波文庫、五一〜五二頁)

ヘーゲルの「思考と存在の同一」における存在とは、思考と区別されない存在にしかすぎず、つまりそれ自体が一つの思考された抽象的な存在にすぎず、現実的世界における存在ではあり得ないということであり、この認識が曲折を経て、マルクスの思想に繋がっている。

カントの「物自体」に対する批判に対しては、私達自身にとっては、「物自体」批判はすべて受け入れられない、と言うべきものではないだろうか。それは私達が、「阿弥陀如来の存在は客観的真理ではないのではないか」と、仏者が語る世界にあるからだ。不可知な「物自体」というようなものをもし想定した時、その存在そのものが解体せずにはいられない存在とは、全能の神だけであり、つまり絶対者だけなのだ。私達の歴史はこれを否定している。勿論仏教はそれを否定している。勿論これだけでは、認識論における「物自体」を擁護する言い訳にはならないのだが。

マルクスは「社会的諸関係の総体」として、人間を捉えている。それによって、ヘーゲルの観念論を足で立たせるわけだが、そのヘーゲルの「思考と存在の同一」における存在が、単に思考と区別されない存在であり、それ自体が思考された存在にすぎないとするなら、マルクスの「思考と存在の同一」における存在は、何処に捉えられているのだろうか。

廣松は「物象化論」において、人間の「社会的行為の対象性」ということを語り、「私どもは、日常的生活において、その都度の対人的環境場面にふさわしい仕方で振舞うよう〝社会的〟に規制されており、大むねそれに従って行動しております。」と言っている。「社会的行動の一切がいうなれば演技としておこなわれている」ということであり、それも単なる社会的配慮ということでなく、人間にとってはその「実存」としての在り方がすでに扮技の一形態である、と言っている。

「社会生活という人生劇場の俳優は、しかし、厳密にいえば、本来的な自己なるものをもちません。舞台上の俳優には舞台上の生活と劇場外の私生活との別があり、本来的な自己と舞台上での自己との区別ということに現実的な意味があります。しかし、社会という人生劇場においては舞台外の生活がありません。学校では教師として、クラブでは会長として、家庭では父親としてというように、つねに一定の役を演ずるのですから「自己としての自己」と「俳優としての自己」との区別は論理上は成立ちません。扮技云々という先の表現は近世的個我主義に妥協した云い方だったのであって、人間には実体的な本質はなく、まさに「社会的諸関係の総体」と申さねばなりません。」

(『廣松渉著作集13』岩波書店、一八四頁)

「社会的諸関係の総体」という認識を、このように捉える場合、あのマルクスが、決して「果実なるもの」などではあり得ない、「生きている、みずからのうちにみずからを区別する、動く本質」と言った、その自己の本質は何処に捉えられるのだろうか。エンゲルスが「自然の弁証法」において、何であれ一切の生成するものは、決して単に「在るのではなく成るのである」と言っている、その「成る」は何処に捉えられるのだろう。勿論、その営みの全体が「成る」ことである、ということなのだろうが、しかしそのように背後に何ものも捉えない時、その人間精神の営みは、言わば思考する意識であるわけだが、その関係としての営みである思考する意識の背後に何ものも捉えないということの認識を、ヘーゲルから引き出すわけにはいかないはずだ。ヘーゲルにとっては、その思考する意識の背後に絶対者が存在するのであり、フォイエルバッハが言うように、そこでは、「神学が神の概念だけに限った特性を一般化して、思考・概念一般の特性」としているのであり、それがヘーゲルにおける思考と存在の一致なのだ。その絶対者に繋がる観念論を翻して、そこから足で立とうとする時、ただ思考する意識であるばかりの人間を、捉えるわけではないだろう。その意識も含めて、営みの全体が、関係としての営みであるということであるわけだが、その営みの全体が関係であるような人間、関係でしかないような人間、またその関係であることの背後に、唯一の絶対者を持たず、さらに勿論、その絶対者を理性の神性に融合させているような思想を持たない人間、というものは、現実には私達が生きてきたものではないだろうか。

　自己の背後の、何ものをも否定したからこそ、それを懐疑したからこそ、親鸞は、「法然上人にすかされまいらせて——云々」という言葉を残しているのだと思う。しかしそこから、私達が、自らのうちに見出し得るものは、「主体」の喪失であり、不断の流動を生きる、不安と悲しみであったように思う。またそこからは、人間を我と汝として捉える思想は、そのままでは生まれない。背後に何ものも持たず、また実体的な本質を持たず、「まさに社会的諸関係の総体と申さねばならない」ような人間にとって、それがそのものの「自己自身」そのものであるような関係とは、未分化の全周囲であって、そこには他者も汝も存在していない。しかし人はそこから「自己意識」を所有し、また個々の対象を所有するが、その時、人の意識が、その自己所有のために、自らのうちに前提するものこそ、それ自体不可知なものとしての、「先験的主体」と言うべきものではないだろうか。勿論ヨーロッパ哲学がそこで前提とするものは、その人自身が自己所有の存在である神なのだが、これを否定している私達にとって、残されているものは、「先験的主体」だけではないだろうか。また、そうして人間における生成は、自己を所有すると共に——というよりその自己所有そのものの底で——必ず或る対象に向かう活動を生きる。その活動が自己そのものでもあるのだ。その活動において、個は全体に先立っており、事物は決して判断ではない。また、人の意識は自己を所有すると共に、あらゆる対象を、必ず個々の対象として、個々の事物として認識するが、その認識を可能にする、意識の営みのうちにあるものは、あらゆるものの背後に、自己にとっての「先験的客体」たる、「そのもの自体」としての「物自体」の存在を受容する、人間の理性の営みではないだろうか。

「物自体」批判はさまざまに語られており、エンゲルスはカントの思想のうちで、最も保存される値うちのないもの、などと言っている。不可知な「物自体」に象徴される、このカント哲学における思考と存在の矛盾という認識は、フォイエルバッハが語っているが、勿論マルクスとエンゲルスの思想でもあり、廣松もこれを継承している。しかし私達の歴史では、つまり仏教においては、「思考と存在は矛盾する」という命題こそ、自明のものであるように私は思う。もっともこの言い方は、少々乱暴であるかも知れない。「思考と存在の矛盾」ということを、カントの問いである、「認識は如何にして対象と関係するか」という問題として考えた上で、それは関係し得ない、などと仏教が語っているわけではないからだ。関係は思考の前に成立していると、それは語ってきているのだ。思考とは、意識であり「主観」であるわけだが、だからこそ「主観」はひたすらただ一個の「主観」であるにすぎない。それ自体が関係における生成であり、その営みの全体は「社会的諸関係の総体」であり、不断の流動であるだろう。しかしその「主観」が、その営みの全体が、対象と関係づけられたものである、ということ自体は疑いようがない。その、とにかく関係づけられてあるということにおける平等こそ、人間の精神の営みの平等であると思われる。それをカントは、「我々は外的な物に関して単に想像するだけでなく、経験もしている」と言っている。「私の外にある対象即ち空間における対象の現実的存在を証明するところのものは私自身の現実的存在の単なる、とはいえ経験的に規定された意識である」わけだ。しかしそうであるなら、そのように単に経験的に規定された意識であるにすぎない意識にとって、その自らの営みの現実性を証明するものは何なのだろうか。

　マルクスとエンゲルスが人間を「社会的諸関係の総体」と規定する時、勿論ヘーゲル流の「三位一体」の理論の構造で捉えられる「主体—実体」論を踏襲するわけではなく、さらに「神性」を「人間性」へと転じて捉えるフォイエルバッハさえ、彼らは乗り越えて、端的に唯物論の立場に立つ。「存在が意識を決定すると共に無意識をすら決定する」という、その唯物論における存在とは、廣松の言葉で言うなら、関係の一次性に立脚した存在であり、さらにその関係は、それぞれの背後に神である「永遠の汝」の存在を見出し得るような「汝」としての他者との関係、つまりフォイエルバッハ流の観念的な「汝」との関係ではなく、現実的で具体的な「社会的諸関係」であるわけだ。おそらく仏教徒は、この認識に同意するだろう。私達は人間にとって関係的存在であることがすべてであるかのように言われる歴史を生きてきており、しかもその関係は、経済学や生態学によって分析されてはいないにせよ、現実的で具体的な社会の総体でないとは言えない。そしてもしそうであるなら、私達自身の歴史は、そこで不断の流動を生きる不安と悲しみを背負い、また「主体」の実在という問題については、どちらかというと喪失感を持っていると思うのだが――「主体―実体」などという観念ほど、私達から遠いものはない――だからそこで問われなければならないものは、そのように存在（関係）によって経験的に規定されるだけの存在にすぎない意識は、その柵から何処で翻って、自己自身を認識するのだろうか。またそのように、自らの全体が関係的存在でしかない意識は、どのようにしてその自己から歩み出て対象を認識し、またその主体は、どのように客体と関係するのだろうか。このカントの悩みを悩み、その問いを問うことなしに、その唯物論は自らを思想として主張し得ないと思うし、その認識論の問いに答えることなしに、存在論であることはできないと思う。

エンゲルスは観念論と唯物論の相違を、最も基本的には、存在の背後に絶対者の存在とその世界創造を認めるか、認めないか、という問題として捉えているが、それをさらに思考と存在の関係としても捉えている。思考と存在の関係という問題が、どうして世界創造などと関係するかというと、そこではすべての存在は神の思考であるのかどうかということが問われるわけで、つまりそれは神の思考と存在の関係であり、更に人間における思考と存在の関係もそこで問われるわけだ。

「しかし思考と存在との関係という問題は、なおもう一つの側面をもっている。それは、われわれをとりかこんでいる世界についてのわれわれの思想は、この世界そのものとどんな関係にあるのか、われわれの思考は現実の世界を認識することができるか、われわれはわれわれの表象と概念のうちで現実の世界について正しい映像をつくりだすことができるか、という問題である。この問題は、哲学上の言葉では、思考と存在との同一性の問題とよばれ、哲学者の圧倒的多数によって肯定されている。たとえばヘーゲルにおいてはその肯定は自明の理である。」（『フォイエルバッハ論』岩波文庫、三〇～三一頁）

と語られている。その上で、それに対して異論をなす、つまり不可知論の立場にある、歴史上重大な役割を果たした二人の哲学者として、ヒュームとカントの名を挙げている。私達にとっては、思考と存在の不一致という問題は、思考の法則と存在の法則とが矛盾するということだが、そのことは決して人々の思考が正しく世界を認識し得るのかどうか、あるいは誰か或る人々はその精神において正しく認識し得るのか、というような問題ではあり得ない。それが混同されるのは、そもそもこの世界の営みと現象の全体は神その人の思考に拠っている、という認識があるからであり、それなしには混同され得ない問題だ。それらが混同された上で、思考と存在の同一性が自明の理であるとするなら、そこから引き出される必然的な結論は、そこでエンゲルスがヘーゲルに対して言っているような態度以外のものではないだろうと思われる。

「ヘーゲルは、思考と存在との同一性についてのかれの証明から、さらに進んで次のような結論をひきだしている。すなわち、かれの哲学はかれの思考にとって正しいのであるから、唯一の正しい哲学でもあり、そして思考と存在との同一性は、人類がかれの哲学をすぐに理論から実践へ移し、全世界をヘーゲル的諸原則にしたがって改造することによって証明されなければならない、というのである。これは一つの幻想であって、かれは、ほとんどすべての哲学者と同じく、こうした幻想を抱いているのである。」（前掲書、三二頁）

それがヘーゲルにとってや、またすべての哲学者にとってだけでなく、すべての人間にとって幻想であるのは、「主観」とその思考はすべて、崩壊するその日まで、ただひたすら「主観」である以外の何ものでもなく、そこから歩み出て世界を認識するわけではないからだ。「主観」と世界（対象）にとって、関係が何処で成就されているかというなら、「主観」の生起の前に、それは成就されている。「主観」とその思考が、関係の中から生起しているのだ。それが仏教における認識であると思う。それが正しい認識であるかどうかは別としても、仏教においてその関係は、そもそも未分化であり、一個の自己とその全周囲との関係であり、個々の対象との関係ではない。その関係であることそれ自体が生成の根源であるものとして語られており、人間の思考や、またこの世界の一切の営みが神その人の思考に拠っている、などという認識は、私達には考えられないことだ。私達にとって問題なのは、その関係の中には個々の対象が存在しないこと、我と汝の汝たるべき他者が存在しないことだ。フォイエルバッハは、少なくとも私にとっては、決して興味深く読める、魅力を持った哲学者では全然なかったが、それでも、あの観念的な愛の思想はともかく、「汝との関係」という指摘には、はっとさせるものがある。私達は個々の他者と、どのようにして関係を結ぶのだろうか。人は皆個々別々に、親鸞にとっての法然上人を見出すしかないかのようだ。まるで恋人の誠実に全運命を賭けるかのように。しかもその自己一人の背後に絶対者を持たず、その自己に対するものとして全周囲を持っている、その孤立の中から、私達はどのようにして対象と関わり、客体と関係するのだろうか。それはカントの悩み、カントの問いであり、それ以外のものではない。この悩みを悩み、この問いにどのようにか答えることなしに、私達は「社会的諸関係の総体」としての人間というものを考えることができないはずだ。

8

人々の思考が正しく世界を認識し得るのかという問題については、私達は自分の思考とその営みが対象と関係づけられているということにおいて平等だが、何が正しい認識かということについては、誰も自分の思考を唯一の正しい認識であると主張できない。他者と共にあろうとする人間にとって、「物自体」は終りにならない。エンゲルスが言うように、「カントの認識できない物自体はそれで終り」でなどないのだ。唯物論の立場に立つならば。エンゲルスはカントに対して、決してえげつない批判や罵詈雑言を浴びせる人ではなく、飄逸な印象があって、私は好きだが、著書のあちこちにちりばめている「物自体」批判に関しては、たぶんこの概念を保存することなしには、唯物論は立ち行かないだろうと言いたい。

エンゲルスは観念論と唯物論の相違について、かなり単純に割りきって、観念論の陣営では、自分自身の思考とその営みの背後に、神自身の思考とそれによる世界創造を肯定している、と言っている。それを否定し、自然を本源的と見るのが、唯物論であるわけだが、自然が本源的という言い方は曖昧で、観念論の定義より解りにくいが、しかし仏教徒にとっては解りやすい。自己自身や、またすべての営みの背後に、神の思考やその創造などを認めない、ということは仏教においては全くはっきりした問題だからだ。存在の根拠ではなく、単に救済の根拠としての阿弥陀如来の存在さえ、必ずしも人々が共有し得る客観的真理とは主張し得ないかも知れない、ということを、仏者が語っているのだから。

そのように認識するということ、エンゲルスの言葉で、「自然を本源的」と考えるということは、少なくとも私達にとっては、自己自身を本質において草木土石と等しく捉える、ということを意味している。そしてそうであるなら、私達は自己自身の実在の根拠を何処に認識するのだろうか。対象に対する知が不確実であるように、この問いの答も不確実なのだ。「物自体」が決して、「それで終り」になどならないように、私達の不安と悲しみも終りにならない。しかし、そこで確実に言い得ることは、私達が対象に対して、「物」に対して、あれこれ言う時、それらの言葉は必ず人間の精神に、自分自身の存在に、そのまま返ってくるということだ。「物自体」が「それで終り」なら、人間の精神も「それで終り」でしかない。「科学のすばらしい進歩によって、わかりにくかったものがつぎつぎに把握され、分析された」からといって、「物自体」は終りにはならない。「カントの時代には自然の物体に関するわれわれの知識は、極めて断片的であったので、カントもその自然物についてのわれわれの僅かな知識の背後に何かまだ神秘な「物自体」があるかもしれぬといったのであろう。」（『空想より科学へ』岩波文庫、一〇七頁）しかし自然の物体について、そのように言うことができる人も、自己自身について、そのようには言わないだろう。感覚的に、また分析によって知り得たことは、すべてその「物」が私達に及ぼす影響に拠っているが、しかしそこで何かを知り得ることと、それらの影響を及ぼすものを、必ず或る物として認識することとは、当然のことだが一つになり得ない。また、自分自身については、自己を、「区別のない、静止したものでなく、生きた、みずからのうちにみずからを区別する、動く本質」であるものとして、認識し得ないだろう。私達は自己を、とにかく一つのもの、一つの主体として、認識している。そこで私達の意識は、「物」の背後には「先験的客体」たる「物自体」を、また自己の背後には「先験的主体」の存在を要請し、当然そのことを互いに受容し合って活動しているだろう、と言ったら――たとえそうであったとしても単に一個の主体、一個の客体と言えば済むことであって、カントの概念である「先験的主体」、「先験的客体」と言う必要はない、と言われるだろうか。しかし私はそれが大切なことだと思う。このカントの概念こそ、この世界に現象として働き出て、現実化している営みの、背後にあるものとして語られているからだ。

おそらく私達が、自己自身と他者の背後に「先験的主体」、「先験的客体」の存在を受容し、自我を一個の自我として認識するのは、自己という言葉、また「私」という言葉によって他者と関わり合う、ということに拠っているだろう。その意味では、マルクスが言うように、「言語こそ現実的な意識である」と言うことができる。しかしこの言語が私達の心に生み出す普遍をもって、——言語が私達の意識を繋ぎ、人間的共存を造り出すわけだが——「普遍は個別の実体である」と言うことはできない。言語は、営みの背後、存在の背後にはないからだ。これはキリスト教世界では解りにくいことなのかも知れないが、仏教においては全く仏教の本質そのものであり、決して譲ることのできない問題だ。言語と、言語による思考が、人間の意識に普遍を生み出さないと言っているのではない。また、それが人間的共存の本質でないと言っているのでもない。しかしそこに生まれる普遍をもって、「個別の実体」とは言わないということだ。それを否定するのでなかったら、どうして禅者はあのように言語を足蹴にし続けてこれるだろうか。

幼児は「私」という言葉ではなく、親から呼ばれる自分の名で、自分を語り始める。それは自己意識の証しというよりは、他者との共存の証しであり、自分の存在を親と共有するのだ。それなしに自己を保持できない。言語は人間の意識の普遍的共有の証しであり、勿論人間的共存の絆だ。しかしそこで生まれる普遍性は、個別の実体ではあり得ない。マルクスは『聖家族』で、この「思弁的構成の秘密」を暴露して、現実のりんご、なし、はたんきょうから果実という普遍的表象を造り、また、更に果実なるものという抽象を生み出すことで、思弁哲学はその抽象を現実のりんごやなしの実体であると公言する、と言っている。しかし実際には、果実や果実なるものと言い出さなくとも、或るものを「りんご」と呼び「なし」と呼ぶというだけでも、私達はそこで、その「りんご」や「なし」とではなく、互いに人間的共存において、それらのものの存立を、人間として共有する。人間精神の共存における、普遍性の共有がそこで成立するのだ。それが「主体―実体」という論理に繫がるのは、ヘーゲル式には「三位一体」の理論によっているが、ヘーゲル一人の問題ではなく、キリスト教世界では大きな異和感もなく、この「実体」論が受け入れられてしまうのではないだろうか。マルクスはその秘密を暴露した後、果実なるものなどではない、つまり「死んだ、区別のない、静止したものでなく、生きた、みずからのうちにみずからを区別する、動く本質」としての人間の自己を、「社会的諸関係の総体」としての存在に求めている。この社会的諸関係は、勿論現実的な関係を意味しているのだが、しかし私達にとっては、この問題はもっと別の問題を持っているものなのだ。

　私達にとって、関係における生成ということは、意識がそこから生起する関係を意味しているが、そこでは生成は勿論一つの営みであるが、しかしそれ自体が関係そのものであることで、それは一つであると共に自己の全周囲を包含するものであり、全周囲と対立するものとしての個立した実体ではあり得ない。しかし人が自己を他者に対する何ものかとして意識し――幼児が親から呼ばれる自分の名で自分をどのようにか意識するように――更に互いに「私」として言語的、社会的共存を生きる時、その自己と他者は、当然社会的に個立し合ったものであり、そこには溝がある。人はその溝を越えて、あるいは溝を抱えて、互いに個立したものとしての自己を生きる。この言語的共存における自己の在り方を、恰も存在の全体を支えるものとしての「主体―実体」論に繫げることはできない。意識における普遍性は言語的共存において見出されるものだが、しかしそこで「普遍は個別の実体である」と言うことはできない。私達は自分自身以外の、この世界の一切のものを、それぞれに個立したものとして、その存在を人として互いに意識的に共有し合って生きているが、その時それらすべてのものの背後に、その一つの営みを一つの営みとして受容する、「そのもの自体」としての「物自体」の存在をも、受容し合っているのではないだろうか。ヘーゲルは、いみじくも次のように言っている。

「物は他者の中にあるあれやこれやの点に働きかけ、特有の仕方で、その関係の中で自己を表出するという特性をもつ。物はこの特性を、他の物がもつそれに対応する性状という条件の下でのみ証明するにすぎないが、しかし同時に、この特性は物に特有なものであって、その自己同一的な根底である。」(『大論理学』中、岩波書店、一四九頁)

私達が或るものを認識するのは、そのものが私達に対して及ぼす影響においてであり、その影響に対する反応が、そのものに対して私達が持つ概念を形成するわけだが、そこでその一定の影響の特性を、そのものの自己同一的な特性として認識する時、私達はそのものを関係としてでなく、そこに「そのもの自体」の存在を要請し、その存在を受容していると言える。「物自体」はその物の営みの、何処か彼方にあるのではなく、人間の認識の内にあるのだ。またそれらの物を、私達はその実在を、人として意識的に共有し合って生きている。人間的共存は、自分自身と他者の背後に、その互いの個立を支える、「先験的主体」を認識し合っているのではないだろうか。それが、カント的な意味での「先験的主体」ではあり得ても、「主体―実体」論ではあり得ないのは、私達はその「先験的主体」において抱え込んでいる、全周囲との未分化の関係を、その生成の本質において引き摺ったまま、しかし互いの存立のその個立を、人間の尊厳として互いに受容する、その営みの根拠として、それは働くはずのものだからだ。それは、おそらく現実に人間的営みの本質を支えているものであるだろうし、また私達にとっては、理論的にそのように認識されなければならないものであるはずだと思う。私達は「人権」や、またすべての生成するものの尊厳を、一体何処に認識することができるのだろうか。人が、何処か彼方で、個人的存在者としての神に繋がっているとか、あるいは奇妙な「三位一体」の理論によって「世界理性」に繋がっているとか、さらにその理論が単に方向を変えて人間の足下に置かれたりするだけでは、私達は血肉的に、それを心から生きることができない。

フォイエルバッハは、カント思想は存在と思考の矛盾であると言って批判しているが、しかし私達にとっては、それが矛盾であるからこそ意味を持っている。存在論と論理学の、ヘーゲル流の荒々しい一致が、私達にもたらしてくれるものは何もない。その不一致の理論と、そこから生じる悩みの数々を、私達の歴史は抱え込んできており——庶民はもっと浮薄に生きてきたと言うかも知れないが、私はそうは思わない。当然の事だが浮薄さと共に、悲しみと不合理を抱え込んで生きてきただろう——そうであれば、私達はその悩みとその言葉とを、捨て去ることなどできないのだ。

存在論と論理学の不一致の認識と、その認識から生じた文化こそ、私達の歴史であると私は思うわけだが、廣松はそのことを認識しないか、無視している。論理学の定義は、『人性論』の冒頭で語られるヒュームの定義が、最も解りやすい。

「論理学がもっぱら目的としているのは、われわれの推論の機能の原理と作用、およびわれわれが持っている観念の本性を明らかにすることである。」(『世界の名著32』中央公論社、四〇九頁)

意識が推論の機能を働かせ、観念に満たされている時、意識が前提し、受容していることは、自分の外にある何か——印象としてなだれこんでくるものを、或る一つ一つの物、一つ一つの営みとして、その実在を受容しているということであり、またその意識の働きには、「私が考える」が常に伴っている。基本的に個立し合ったものの関係という認識と、そのものの自己に対する実在の受容なしに、意識における推論や明晰な観念というものは成立し得ず、だから勿論、論理学はその個立し合ったものとしての存在、ということを前提している。廣松の「事的世界観」では、関係の一次性ということが語られ、「実体」がまず自存的に存在し、関係がそこから第二次的に生起するという認識が否定され、そのような見方そのものが錯誤である、ということが語られている。ヨーロッパ哲学は存在論と論理学の一致の世界なのだが、その一致とは、結局その論理学における、互いに個立し合った存在とその関係という、意識の機能における前提とその受容が、存在論にまで引き伸ばされて認識されているということなのだが、私達はそのように考えてこなかった。存在論においては、本質的に個立し合ったものが関係し合っているのではない、というのが仏教的な認識である。廣松は、「実体」が自存した上で、二次的に関係を生じる、という見方を錯誤だというが、私達自身はそのような錯誤を生きてきていない。むしろ存在論的には、関係が一次的であって、決して根源的に個立し合っていないと考えるからこそ、言語的論理が軽視されたり、論理学が発達しなかったりしてきているのだ。そこから生じる、様々の生々しい問題を抱え込んでいるのが、私達の実状であると思うのに、廣松の理論の方が拠り所を失っていると私は思う。

ヨーロッパ哲学は基本的に存在論と論理学の一致の世界であるから、勿論ヒュームといえども、それ自体を破壊しているわけではない。しかし私達が、その不一致の歴史の中から見る時、少なくともその完全な一致を、どのようにか破壊し、崩壊させ、あるいはその不安と懐疑の中から語られたヨーロッパ哲学は、ヒュームとカントの思想だけであるように思う。ヒュームは、自ら言っているように好人物の「大天才」かも知れないのだが、カントは愚直なばかりの、真面目一方の人だから、破壊や懐疑ばかりで済ますわけにいかない。私達から見ると、全くびっくりするような理論で、その存在論と論理学の一致を求めている。カントが求めたものは、人間精神の自由と自立とその個立であり、しかも関係し合うこと、真に関係し合い、客観的真理が成立し、理性が真に存在すること、なのだが、元々その確信の根拠である神なしに、カントはその理論を構築する。ヒュームの破壊に対して、誠実に。しかしヨーロッパはそれを選びはしない。廣松もそれを選ばない。『フォイエルバッハ論』におけるエンゲルスの言葉が、最も深くそのことを表現している。選び取るべきものは、基本的にヘーゲルがもたらした一致であり、「けっきょくヘーゲルの体系は、方法においても内容においても、観念論的に逆立ちさせられた唯物論にほかならない。」というのである。あるいはこの著書の冒頭に記された、ハイネへの賛辞に、よく現われている。ハイネのあの、「わがドイツの哲学革命は終った。ヘーゲルがこの革命の大きな円環を閉じた。」という、その言葉に（『ドイツ古典哲学の本質』）。エンゲルスはこの哲学革命を、観念論から唯物論への道として語っている。ハイネの方がもっと生々しく、超越神論から汎神論への道として語っている。ハイネ自身は勿論汎神論者なのだが、しかし幼児期から馴じんだ、神への親しい感情の震えをもって語られていて、大変生々しい文章になっているが、それらはドイツ哲学における真の自然哲学誕生への道として語られている。カントが超越神論に死罪を言い渡した、といわれているが、その不完全な思想——カントは『純粋理性批判』でそれをしながら、『実践理性批判』では一歩翻って、道徳上の理由から、またハイネの言葉で言えば、素朴な人々への配慮から、神の存在を認める道を残したわけだが、（ハイネはカントは人がいいのでその道を残した、などと言っている）——が、真の自然哲学である汎神論への途上と理解されて、ヘーゲルによって、その道が完成され革命が閉じられた、と語られている。それが完成であるのは、そこで論理学と存在論が再び一致したということなのだ。その壊乱の不安と懐疑の一時期を経て、それが再び一致したということだ。

その不一致を、哲学の本質に持つ私達が、それを評するなら、そこで人間の論理学的機能における、人間精神の立脚地である、個立し合った存在とその関係という、その認識、というよりはそのような前提の自ずからの受容が、人間の本質的な存立構造として、「超越神」なしに確立された、ということだ。廣松が否定するはずの、「実体」としての個人の存立が、存在論的にしかも科学的？に確立されているのだ。勿論そこでヘーゲルは、その個立し合う人間の関係を捉えた、ということになっている。しかし私達にとっては、関係は個立し合う人間よりも前に成立している。関係の中から個が生起するのだ。ハイネは、カントは人がいいので、素朴な人々のために、また道徳上の理由から神の存在を認める道を残した、と言っているのだが――そして実際カントは、印象としてはそういう感じがする人だし、またハイネは、カントは生真面目な小商人根性の哲学者だ、などともいっているが、これも確かにそういう感じがあると思える。ヒュームのような人と較べるなら、その感性の繊細さや純粋さや、鋭利さや独自性など、ヒュームの方が遙かに勝っていると思える。しかしこの「人がいいので」、という評は、哲学的批評としては全く認められない。カント自身の自覚の曖昧さを指摘することは可能であるとしても、確かにカントにとって、それは哲学的必然でもあったはずだからだ。

人間の論理学的機能において、つまりその社会的、言語的共存において、私達は互いに自己所有の個人として、並立し合う。勿論、喋り始めた幼児が自己所有の存在であるわけではないが、むしろ、だからこそ人間の社会的存在としての成長は、この自己所有への道であると言える。仏教はその自己所有を、生成するものの本来の所有と見なすこと自体を否定し、人間をも草木土石と等しく捉えることにおいて、本質的無所有を説いている。その本来無所有のものとしての生成の内に見出されるものが、少なくとも仏教における「関係の一次性」というべきものなのだ。キリスト教社会では、人間の言語的共存における自己所有性が、存在論にまで拡大されてしまうのだが、ヒュームはそれを破壊している。そこでの存在論と論理学の一致を支えるものは、その人間の営みの全体が神の思考に拠っているという認識であるわけだが、ヒュームはそれを破壊した。存在論と論理学が不一致だ、などと彼が言うわけではないが、その営みの全体が神の思考であるという認識を、破壊している。その一致が、単に主観の内の、習慣や惰性へと貶められてしまう。カントは危機感をもって、むしろ彼は真の存在論と論理学の一致を求めて、そのために超越神に死罪を言い渡すのだ。何故なら、それは客観的真理であり得ないから。安易な道を取ることなしに、しかも思考と存在の間の矛盾を何処かに認めながら、しかし彼は苦労して存在論と論理学の一致を求めている。その思考と存在の矛盾故に、多くの批判を生んでいるが、しかし私達にとっては、それがあるから信頼することができる。ところが彼は、決して超越神には頼らないが、しかし殆ど必死で存在論と論理学の一致を求めている。そのために途方もない理論を構築したのではないか、と思わせる所もあって、複雑な思いにかられはしても、しかしカントは、私達にとって、あらゆる意味で唯一無二の哲学者であると思う。

ヘーゲルがしたことは、その一致を、たぶんキリスト教社会で理解しやすい形で、再び完成させることであり、スピノザゆずりの汎神論において、それを成し遂げている。私達はハイネに対しては、何も言おうとは思わないだろう。カントが『実践理性批判』では神を認めもするのは、下男のラムペへの同情ではなく、二元的共存を生きる人間にとって、それは必要なことと考えたからではないだろうか。つまり人は論理的共存においては、互いに個立した自己所有の存在として存立している。しかし私達は、その自己所有を、存在論にまで拡大しない。カントもまた、それを安易に存在論にまで引き伸ばすことができないことを知ったのだ。私達にとっての問題は、当然のことだが神が何処に見出されるかなどということではなく、ヘーゲルの「主体―実体」論が正しい理論かということでさえない。私達にとっても、神は死罪を言い渡されている。その実在は客観的真理とは言い得ないものであるとして。「主体─実体」論については、その理論の観念性についてマルクスが語り、エンゲルスは「観念論的に逆立ちした唯物論」とヘーゲルを評している。しかし私達にとっては、逆立ちしているという問題ではない。ハイネが求めたように、自然哲学や自然科学が人間の手の中のものとなるために、またそれによって人間の社会的平等への道が一歩ずつ歩まれるために、その時、汎神論が現実に必要であった、というのであれば、それは本当にその通りであったかも知れないから、私達は畏敬の念を持って、その歴史を学ぶこと自体はできるし、学ぶことは必要なことであるかも知れない。ただ異なった過去の歴史を持つ私達にとっては、一致の理論そのものが大きな問題を持っている。カントが認めた、人間の論理学的共存における事実を──ハイネはそれをカントは『実践理性批判』でまるでつけ足しのように認めた、と評しているが──つまりその人間的共存における、互いに自己所有の個立した存在としての共存を、決して人間における思考と存在の一致を求めて、本質的存在論にまで拡大して認めることはできないということだ。カントにとっては、それは個立し、自立し合った人間の、真の関係──そこに客観的真理の成立の根拠を見出すことができるような──を求めることでもあったわけだが、廣松はそれを評して、「純粋悟性概念」の理論がそれを論じ得たとは考えられない、カントは演繹論を成就しなかった、と言っている。しかし私達にとっての問題は、私達自身はむしろ関係そのものを、その人間の論理学的共存における存立より前にあるものとして認識することによって、思考と存在の矛盾を、存在論と論理学の不統一をこそ、生きてきているのではないか、ということであるはずだと思う。それが私達にとっての事実としての問題ではないだろうか。

「先験的主体」や「物自体」という概念は、曖昧さを含んではいるが、私達にとっては、私達が歴史的に抱え込んできている思考と存在の矛盾の問題を、私達に意識させずにおかない何かを持つものだと思う。私達は本当には、互いの存在の不合理な部分を、互いの背後に残すことで、それを互いに認め合うことによって、社会的に個立し合った、自己所有の存在としてあることができるのではないだろうか。実際、人はその言語的共存において、また社会的存在として、互いに個立したものとして共存し合っている。カントが実質的、便宜的に神を認めもするのは、それが或る意味で事実だからであり、人は互いに社会的に個立したものとして存在するし、存在せねばならない。その個立を守ることが、人間の社会的自由でもあるのだ。ただカントはそのことの背後に、その事実の論拠として、その「主体」の背後に神という実体や、疑いようのない絶対的存在などを、決して想定しなかった、そのことを前提としては、どんな論証もしなかった、ということが、カント思想の本質なのだ。この本質において、それは私達にとってかけがえのない哲学なのだ。カントは、この世界に人間の知性の批判を、超越的に逃れ得るものは何もないはずだ、という自ら立てた思索の前提を、その思索の誠実を貫いている。それは自分自身の知性の実在と共に、他者に対して、他者の精神の実在を受容することであり、真の論理学の根拠となるべきものだ。

他者の実在の受容こそ、論理学の本質であり、その根拠であり、だから他者と共にあることなしに、人間の論理的誠実はあり得ない。人はどのようにして他者を認識し、その実在を受容するのか。人間にとって、その人自身が他者――永遠の汝である神という実体の実在において、それが可能である、という認識をカントは覆しているのだ。そして私達自身は元より永遠の他者としての神という実体を持たず、その実在を客観的真理として生きてきていない。カントは超越神に死罪を言い渡しながら、つまりその絶対性なしに殆ど必死で、人間における他者への道の理論を探ろうとしている。私達は私達自身の歴史の中から、そのカントの思索を学ぶことができる。私達にとっては、自己と他者とを繋ぐ、絶対神のような実体もないとともに、他者もまた存在しなかった。私達にとって哲学の本質において、他なるものとは、自己以外のこの世界の一切であり、自己の全周囲の具体的な一切であり、一切の中から具体的な一つのものが選び出される時、それは「法然上人」になってしまって、そこには概念化された自己と他者との共存の理論は存在しない。しかし私達が今、一人の他者に対して、あるいは一人一人の全ての他者に対して、論理的誠実を人が生きるということは何なのか、またそもそも論理学が可能であるということは何なのか、と考える時、私達はこの一切の他なるものの中から、必ず一つのそのもの自体を、その一つ一つの存在の実在を受容するのであり、それなしに他者の受容も、真の共存も、誠実もあり得ないということを理解することができるはずだ。その人間の知性と理性において、「先験的客体」としての「物自体」の受容は現実に生きられている。神という実体や、あるいは「主体—実体」論のような、ヘーゲルの理論の全体こそ虚構であり、「物自体」は虚構ではない。「物自体」という理解しがたい概念があるために、カント思想を受け入れがたいという、その言葉を理論的に支えることのできるものは、超越神の実在ということだけであり、それこそ論理的不誠実であるとして、カントによって死罪を言い渡されたものなのだ。自分にとって不可知なものの、存在を許し得ないものは、超越者だけだからだ。私達が今、それを選び取ることなどできるものだろうか。

「知性の機能とは、他者をあくまで他者としながら、しかも他者をその他在において理解することをおいてはありえない。」――という指摘がある。丸山眞男の著作（『現代における人間と政治』）からの引用だが、この指摘自体は理解しやすく、受け入れやすいものだと思う。他者をあくまで他者としながら、しかもその他在において理解するとは何なのか。人間にとって可能なかぎりの理解や共感というものは、自己と他者、また我と汝との間にある矛盾は決して揚棄し得ず、私達の存在論と論理学は一致、統一せず、矛盾を持っているという認識においてこそ、可能であると思われる。私達にとっては、その私達の立脚地に立つということが、必要なことであるはずなのだ。先程ふれた、ハイネが求め、受容したものである汎神論は、彼にとって、それによって自然哲学や自然科学が可能になり、人間の社会的平等への道が一歩ずつ歩まれる、つまりそれらを生む根拠としての彼の真実だった。神を畏れおののく心と共に、この真実を求める心が語られている。もっともこういう言い方はおかしいと思う人もいるかもしれない。平等や自由のためにそれを真理として求めるというのではなく、それが真理だから人を自由にし得るのだ、と言うかも知れない。しかし私達自身は唯一の絶対的真実や真理を、見失っている。悪人は悪人であることそれ自体によって救われるのでないのなら、人が救われるということはないのではないか、という思想は、私達がこの存在の背後に、何も持っていないのではないか、という認識、少なくとも懐疑であったと思う。しかし私達は背後に絶対的な何ものも持たなかったとしても、互いのこの言語的共存、社会的共存において、個立し合った「一人」としての自己としてあり、そこで人は、決して「自由に生まれ」はしないとしても――つまり「実体」としての個人や「主体―実体」としての主体として生じはしないとしても――しかし自由であらねばならない。本当に、ハイネが求めたように、自然哲学や自然科学が、私達の心にとって可能でなければならないし――科学こそ、その真理は99％の真理でしかないとしても、少なくとも他者と共有し得る真理を求めるものであり、つまり他者との共存の中にあるものなのだから――社会的平等への道が一歩ずつ歩まれなければならない。それは私達にとって、自己自身の主体を支えるものを見出すことであるはずだ。そうでなくてどうして「他者を他者として、しかもその他在において理解する」ことが可能であるだろうか。

ここで、私達が主体の背後に見出し得るものは、ただ不可知なものとしての「先験的主体」だけであり、また他者の背後に見出し得るものは、「先験的客体」としての「物自体」だけではないか、と言うとするなら、全く突飛なことだと思われるだろうか。廣松はこの、主体と客体、「先験的主体」と「物自体」という、カントの認識の構造を取りあげて、ルソー、カント型の「実体」主義的なもの、つまり主客の対立の構造を超え得ない二元的なもの、と分析している。しかし私達自身は、廣松の分析におけるような「実体」主義などを、歴史的に生きてきていない。先に引用した丸山眞男の文章は、『現代政治の思想と行動』に収められたものだが、この著書の冒頭に置かれた「超国家主義の論理と心理」には、その私達の非実体主義が、これ以上解りやすいものは考えられない解りやすい分析で語られている。国家の存立や法律が、個人の内面や主体の存立を支えるものから分離して、中性的なものになっておらず、実体的権威を有していたが、しかしその権威を何処まで遡っても、自由な主体としの個人には行き当たらず、天皇といえども、無限の古にさかのぼる伝統の権威を背後に負ったものであり、自由な責任ある個人は存在しない。丸山が引用している、福沢諭吉の文章が印象的である。

「福沢諭吉は「開闢の初より此国に行はるゝ人間交際の定則」たる権力の偏重という言葉で巧みにこの現象を説いている。

曰く、

「上下の名分判然として其名分と共に権義をも異にし一人として無理を蒙らざる者なく一人として無理を行はざる者なし無理に抑圧せられ又無理に抑圧し此に向って屈すれば彼に向て矜る可し(中略)前の恥辱は後の愉快に由て償ひ似て其不満足を平均し(中略)恰も西隣へ貸したる金を東隣へ催促するが如し。」(「文明論之概略巻五」『現代政治の思想と行動』未来社、二五頁)

このような分析から引き出し得るものは、そこには主体の背後に何ものもないということであり、主客の対立たる「実体」主義や二元主義など存在しない。私達は関係の中から主体を生きたのであり、自らを実体的個人として認識する主体が、関係を生きたのではない。廣松の理論は、実体主義を斥けると共に、真の関係思想を見出すことであっただろう。それを恰も「近代」を超えるもの、少なくとも「近代」の欠落を埋める思想として、追求している。真の関係思想が自己自身の何処か外部にあると考えることはできない。勿論廣松も、そのように考えてなどいない。だからカントの、「認識は如何にして対象と関係するか」という問いは、矛盾であるだろう。少なくとも私達の歴史において、この問いは矛盾でしかない。私達にとって、決して意識が対象と関係するのではなく、必ず対象に向かい、外界へと向かう営みこそ、意識であったのだから。しかしこの意識において本来あるものは、外界全体であり、一切の全周囲でしかない。しかしもし私達が人間としての自己の営みと意識とを検証するなら、自己を個我として認識し、あるいは感じ得る時、意識は必ず或る物、或る客体、或る一つの存在に対して、活動するのだと考えることができるだろう。その生成の背後に、確実な何ものも見出し得ないとしても、その意識の営みにおいて、私達はそこに「先験的主体」と、「先験的客体」たる「物自体」とを、見出すことができるのではないだろうか。それらのものの実在の受容が、意識において互いに生きられているということを。私達は「人間なるもの」として、また「主体―実体」としての主体として、互いに個的主体としてあるのではなく、互いに対して活動する、その自発的な営みにおいて、個的主体として現実化しているのだ。このことは勿論矛盾であり、不合理なことでもあり、仏教思想では苦の本質として認識されている。この苦の認識の中から、仏教がどのように諦観を選び取り、どのように現実順応の思想を生きたかということを、ここでは問わない。しかし私達が廣松に対して言い得ることは、私達は同一哲学を持つことはできないということ、また「近代」は本質的に超えることができないものではないか、ということだと思う。私達が必ず、或る物、或る客体、或る一個の存在、あるいは或る観念や思想に対して活動することが、この世界に現実化する個我としての自己の営みであるとするなら、――そこに自己の自発性や責任の所在もあるわけだが――

対立は基本的に止揚できないものであり、その個我性において、個人の責任と倫理とを問うものである「近代」を、私達は超えることができないということだと思う。それは廣松がマルクスに同意して斥けようとした、ルソー・カント型の「近代」というものをも、超えることができないということでもある。勿論それらの思想が完全だというのではない。「社会契約論」は自由と平等のお守りにならないし、「平和論」は平和のお守りにならない。しかしそれらを全く斥けることはできないし、基本的に「近代」は超えることができない。私達は互いにこの関係的生成において、決して自己が他となり、他が自己となる、などという訳の解らない状態を生きるのではなく、必ず或る物、或る事に向かう、自発的な営みを生きるのであり、それをその度ごとに、一個の自己として自ら選び取っていく。それが生成の自発性であり、個人の尊厳でもあり、人権と平等の根拠でもある。その時、一個の個は全体に先立っているのだ。そしてそれを、自己以外のすべての他者に対して生きている。責任や自由や平等は、そこから問われ、生きられねばならないのであり、カントはそこで、絶対者としての神ではなく、内なる道徳律を説いているのだ。そして私達もその互いの個我性の支えとして、カントが下男のラムペのためにはそうしたように、素朴な神への信仰を持つということはもはやできない。絶対的救済者としての阿弥陀如来を持つことができなかったように。廣松の嫌う「実体」主義や個人主義は、生成の現実を捉えておらず、間違ってもいるだろうし、理論的にも崩壊する。「演繹論」が成就されなかったように。しかしそのことと、「近代」を超えるということとは別なのだ。むしろ私達にとっては、この私達の立場において、「近代」は決して超えることができないということを認識することが、大切であると思う。それなしに、私達にとって「他者を他者として、しかもその他在において理解する」ということはありえない。むしろ、私達がもしこの私達自身の立脚地において、近代は超えることができないということを認識するなら、それはもしかしたら近代の欠落を埋める思想と活動との、端緒となり得るかも知れない、と言えるだけだろう。

廣松はカントを「二元の接合」と評するのだが、そしてカント自身が「二元の接合」を求めたかも知れないのだが、しかし「接合」はカントが語り得たものの内にはない。もしカントが語ったものを二元的と呼ぶとするなら、彼が語り得たものはただその二元的であるものが実在するということ、つまり対象が実在し、その対象の実在の受容としての、意識の営みである自己自身が実在するということだ。それ以外に、意識が見出し得る実在はないということこそ、カントがその彼自身にとっても全く明瞭とは言えない立脚地と、曖昧さを含んだ思惟の中から、語り得たものだと思う。

カントの立脚地が不明瞭で、その思惟が曖昧で暗さを含んだものだということを、最も明瞭に認識した人はハイデッガーだろう。そのカントの不明瞭を、懇切に解説している。しかしハイデッガーはそのことを明瞭に認識しはしても、少なくとも私自身は、カントがその彼自身にも明瞭と言えない立脚地において真に語り得ているものを、彼は捉えていないと思う。だからハイデッガーは、カントの不明瞭を認識することにおいて明瞭だが、しかし彼自身がそこから語り得ているものは、本当は何もないのではないかと思う。

カントは、意識が「時間的自己」以外のものであり得ない、という認識から、意識の営みにおける対象の実在そのものを論証している。「観念論に対する論駁」がそれなのだが、「我々は外的な物に関して単に想像するだけでなく、経験もしている」と言い、「我々の内的経験、即ちデカルトがもはや疑い得ないとした経験すら、外的経験を前提してのみ可能である」と言っている。そこで語られた「定理」の証明は、意識は「時間的自己」以外のものではない、ということなのだ。つまり意識の営みは、私の外にある何か或るものによってのみ可能になる知覚の束であり、流動でもあるということであり、またその自己を自己が意識するということは——これは演繹論で語られていることだが——外感について、意識は外的に触発される限りにおいてのみ対象を認識するのと同様に、内感についても、「我々はただ我々自身によって内的に触発せられるままに我々自身を直観する、ということを認めねばならない。」と言っている。意識の営みは、本質的に外的な或るものの実在を必要とするものであり、それ以外のものであり得ないということだ。この認識は決して外的な事物事象の実在の客観的証明というようなものではない。むしろその客観的証明はあり得ない、ということの認識なのだ。ただ意識の営みとは、現実に意識が認識し得る限りで、外的な或るものの、つまり意識にとっての対象の実在を必要とするもの、つまりその実在の受容そのものだということなのだ。

私達は演繹論の構造をそのように理解することができると思う。そのように理解する以外にない。もしカントの理論の一切を無きものと考え、あるいは全体が完全に間違ったものと考えるのでないならば。唯一、カントが混乱し、明らかに間違ってもいると思うのは、時間の直観を、空間の純粋直観と等しく、並置し得るものとして、純粋直観と呼んでいることだろう。意識が「時間的自己」以外のものであり得ないことの認識から導き出されるものが、意識における外的対象の実在であるなら、外的対象の実在なしに「時間的自己」があり得ないということであり——カントは実際それを論じているわけだが——この意識における外的対象の実在それ自体を可能にするものは、空間の純粋直観であるはずであり、つまり時間と空間を同列に、並置的に捉えることはできない。

カントの演繹論が、廣松の批判に反して、成就されたものであり、その理論が真であるということ、私達にとって真であると考えられるということは、認識とは、つまり意識の営みとは、必ず自発的に、自らの内なる対象であるものを外なる対象として表象するということ、つまりそこで未分化の外界としての内なるものが、外なる対象として可能になるということ、だから意識の営みとは、営み自身にとっての対象の実在の受容以外のものではない、ということだ。カントに対して、それ以外の解釈を持つことはできないと思う。またカント自身の理論の流れは、それを充分に証明するものだと思う。ハイデッガーは時間の純粋直観に拘わり、意識が「時間的自己」以外のものではないということから、その意識の時間性の追求の中に、もっと真なるもの、もっと明瞭なものを見出そうとしている。しかしカント自身はその意識が「時間的自己」以外のものであり得ないことから、意識にとっての外的事象の実在を論証して、決してそれ以上のものをそこから引き出そうとしていない。むしろそこから引き返すことによって、その理論は「弁証論」や「実践理性批判」へ繋がっているのであり、その理論の全体を無視するのではないならば、カントは意識の時間性に対しては、そこで踏み止まったのだと解する方が正しいと思う。

　踏みとどまるということ、つまり自己自身の意識の営みが本質的に対象の実在の受容であるという認識に止まるということは、私達にとっては一切が決して本来的に個立し、並立し合った「一個」対「一個」の関係においてあるのではないということであり、その認識が私達の哲学の根源を形成するものとなっている。しかしカントは一切は個立し並立し合ったものとして存在するという認識を持ち、また人間の精神は神と共にある自己所有の存在であるという認識も持っている。しかし神を実在と見なし得る理論を、人は共有し得ないことを語っている。経験の土壌を離れて飛翔しようとする理念に対して、アンチノミーが見出されるのは、そこで唯一の理論を人が互いに客観的心理と見なし得ないからであり、そのカントの理論において実在として残り得ているものは、自己自身と共に対象である他者の実在であり、そのそれぞれの「主観」の実在なのだ。またそのすべての他者と共に私達がそのものの実在の認識を共有している、それを共有することで人間的共存そのものが成立している、外界の一切の事物事象の実在なのだ。これは廣松の嫌う、「二元的思想」や「唯名論」に繋がるものだ。しかし私はこの思想を尊いと思う。個々の事物ではなく、その背後の実体たる「絶対精神」を、どうして実在と見なし得るのか。カントにおいて個々の存在の背後の「先験的主体」は、単に意識の営みにおける「先験的主体X」でしかなく、これが実体であるのではなく、現象として現われでている個々の「主観」のみを、意識は実在と見なし得る。というより意識にとっては、それしかない。見出し得るものは営みとしての自己だけなのだ。そしてその営みが証明するものは、外的事象の実在なのだ。私達が客観と見なす外界の現象は、意識の表象でしかないが、しかし表象とは、外界の現象の、意識における実在の受容でもある。この矛盾を揚棄したところに成立する弁証法を、私達も虚妄と言わなければならない。虚妄というよりは、個々の「主観」の、また個々の事物の実在であること自体の拒否と言うべきものだ。

カントが実践的理性における自由の概念を語る時、その自由が道徳観念と強固に結び付いているのも、カントが実在と見なしたものが個々の「主観」の存在であることに拠っているだろう。神の実在をそれより先行させて捉えていない。神と不死とはいずれは真であり得るものであるだろうが、しかし現実に私達が互いの人間的共存の中で、それを実在となし得る理念は、自由だけだと言っている。互いに、互いの「主観」の実在を認識し合うところから生きられる、その意味で道徳的善の観念と結び付いた、自由の概念だけが、実践的理性における実在であり得ると、カントは語っているのだ。この理念こそ、文字通り、私達が民主主義の理念として受け入れる以外にないものであるはずだ。たとえこの理念を、私達が現実に実在であるものとなし得なかったとしても。

廣松は、「カントを理解することは、カントを超えることである。」という言葉を引用したりしているのだが、しかし私自身は、人がカントを理解するということは——つまり一人の人間の哲学はその人自身以外には理解できない、などという本質論を斥けて、理解するという状態があり得るとするなら——人は、私達は、カントを決して超えることができない、ということを認識することであると思う。つまり私にとっては、決して超えることのできないものこそ、カント哲学の本質であるということだ。これは民主主義を揚棄できない、ということと同じなのだ。私達にとっては、今、「近代」を揚棄しようとか、超克しようということはあり得ても、――そのように言う人はいるだろうが、――民主主義を揚棄しようと言う人はいないだろう。G・H・ミードは、「十九世紀の思想動向」において、カントを本質的に民主思想の哲学者と規定している。ミードの理論は、私達から見るなら少々単純であり、もの足りない思いのするものなのだが、しかしこの規定そのものは全く正しいと思う。

9

ウイリアム・ジェイムズは、彼自身は勿論経験論者であり、個人主義者というべき人だが、自らの信仰における神の存在を、百人のキリスト教徒にとって、百一番目の実在としての超越者であると言っている。その上で、彼は、ヘーゲルの絶対者――絶対精神とは言わず、敢えてヘーゲルの絶対者と言っている――は、百人の人間にとって百一番目の存在なのではなく、百人を包み込む全体であるわけだが、その観念性を批判している。経験論と観念論を比較して、次のように言っている。

「このただ一つの全体である真理は、その部分の一つ一つを別々にぬきだすと、この部分はお互いを否定し、相手を不可能にしてしまう、という性質をもっている。しかし全体を統合的にとるならば、各部分に必然性を与え、それぞれに所をえさせるのである。こういう真理こそは、さがしもとめられていたものである。それ以外に選択肢がなく、それに何ものをもつけ加えることができず、それから何ものをもひきさることができず、それを少しでもかえるということは馬鹿げたことである、こういうような性質をもった真理の概念は、人間の心において支配的な地位をしめている。今問題の真理は、まさにこの人間の心を支配している真理概念を、図や絵にかいたようなものである。世界古来の問題をこのようにたくみにといたこの図表の姿を、いったん目にいれると、判断の必然性を証明する古いやり方は、もはや我々に満足を与えなくなる。ヘーゲルの方法こそが正しい方法であるにちがいない、と我々は考える。真理は、本質的に、自己をうつし自己にふくまれる回帰者でなくてはならず、それ自身の他者をふくみそれを否定することによって自己を確保するものでなくてはならない。この真理は、球のような体系をなしていて、この真理以外のものがこの真理につかみかかる手がかりになるようなはじっこをぶらさげているものであってはならない。この真理は永遠に完結している、すなわち、直線的にのびてそのはじを開いているものではない。ところが、ヘーゲルが悪い無限の世界とよんだような、単なる寄せあつめでできている宇宙は、この直線的なかたちをしており、はじが開いている。そうして個々の部分や要素の単なる定立から出発する経験主義は、たかだかこの直線的な宇宙に達することができるのみなのである。」（『多元的宇宙』日本教文社、八一～八二頁）

マルクスが『聖家族』で、ヘーゲルの「主体―実体」論の観念性を批判したのとは、別の仕方で、ヘーゲルの思想の全体性、観念性を批判しており、少なくともヘーゲルに呑み込まれていない精神の人間にとっては、大変解りやすい文章だと思う。そこでジェイムズは、次のようにも言っている。

「はじめてある光景を目にしたのだけれども、それをどうやってはっきりつたえたらよいかわからないでいるといった人が、世間にはよくあるものだが、私は、ヘーゲルは、むしろ、こういう人の一人だったのではないか、と考える。」（前掲書、八四〜八五頁）

これは、本当にそうかも知れない。ただ、勿論そのような素朴で善良なものではなく、彼は「大哲学」を構築してしまったわけだが。ヘーゲルは確かに、この世界の営みの一切が、関係による生成である、ということを感じ取っており、しかもそれが内在的な関係であると考えている。その点が、カントと全く異なっている。カントは離れているものを繋ごうとしており、あくまでもその離れているものを繋ぐ関係の理論を求めている。廣松の言う、二元論であるわけだ。ジェイムズの言う、百一番目の存在としての神は、カントにとっても存在しただろうが、それは道徳の支えであり――それもカント自身にとっては、道徳は内なる道徳律で充分だが、素朴な人々のために、神という存在を彼は残している――その神の存在論的証明は不可能であることを、彼は論証している。それはカントが二元論的であることと不可分であり、自己と他者とは離れて孤立し、自立した実在であり、そこでカントは自己の精神の実在と自立を信じるのと等しく、他者の精神の実在と自立を受容し、その上で、神の存在論的証明の不可能を論じるのだ。その証明は、自分自身にとってなされると共に、必ず他者に対してなされなければならないものだからであり、カントの論理学はそこで、人間精神における、他者の実在と、その受容とを、証明しているのだ。

ヘーゲルにおいては、人間は互いに内在的に関係し合うものとして捉えられ、一個の生成は、その生成において、必然的に他の一切を否定する。その自己の生成もまた、他の一切によって否定される。そこに弁証法が成立するわけだ。ヘーゲルの汎神論ではそこで、それらの不完全で有限なもののすべてを包む絶対精神が想定され、その絶対者自身は、勿論自己を否定する対象を持たない、無媒介の純粋有とされている。このような宇宙観を信じるかどうかは、それぞれの人のなすことだが、人はその前に、つまりそのような宇宙論より前に、自己自身の基本的な拠り所というものを持たねばならず、またそれは現実にそれぞれの社会において持たれている。人間は本当に関係的存在以外のものではないから、或る社会は、その文化の根底で、そこに生きる個々の人間の拠り所と言うべきものを、形成している。百一番目の存在としての神は、カントにとってや、ジェイムズにとって、道徳の支え以外のものではなかっただろうが、文化的にはそうではない。人間は神の似姿として創造されたという思想がそこに存在し、その言語的で個人的な存在である神の似姿である人間は、基本的に自己が生きる関係を自己の外側に携えて立つ、個立した実体として認識されている。その拠り所が、信仰によって支えられている。この強固な自己所有性ほど、異文化を生きるものである私達を悩ませるものはない。この自己所有の二元論の中から、ヨーロッパが生んだ独自の善きものがすべて生まれているということを常に認識していてさえ、この自己所有性に対しては、内省を欠いた、驚くべき無神経なものであると感じずにいられないし、また私達の一般の素朴な感じ方では、存在はもっと不合理な、割り切れないものを負ったものであるはずなのに、という不満となって感じられていると思う。廣松の言う、揚棄せねばならない実体主義というものも、勿論そこから生まれている。「近代」も、そこから生まれ、それによって支えられている。だから私達自身は決して本質的には、つまり哲学的には、それを受け入れることができない。しかし、それにも拘らず、「近代」は決して超克し得ないと私は思う。廣松も「近代」を超えることを語るのだが、しかし「近代」は決して超え得ないし、私達にとっては「近代」は超克などし得ないということを認識することの方が、大切であると思う。

　或る一個の生成は、その生成自身の内で、他の一切を否定し、その生成もまた、他の一切によって否定される、というヘーゲル流の、弁証法的関係思想は、その一見謎めいた、言葉の文《あや》のかけ方だけを見るなら、私達が長年馴じんできた、仏教哲学の関係思想と、何処かが繋がり得るかのような印象を与える。謎解きは、禅者の得意とするところでもあるし。しかしヘーゲルにおいては、ジェイムズがいみじくも語っているように、百人の存在のその生成というものが存在し、――否定の否定としてであれ――絶対精神はその百人を包み込むものとして想定されている。マルクスの『聖家族』における「主体―実体」論批判においても、ヘーゲルの観念論をそのように捉えている。しかし仏教においては、或る一個の生成のその本質において、その一個は自己の生成の内に全周囲を包含して存在する。それを仮りに「否定の否定」などと表現することは、不可能ではないが、大切なことはそこに常にただ一個が存在するだけであり、百人の存在はないということだ。全周囲を包含していることにおいて、すべてのものが世界の中心としての一個であり、須弥山であるわけだ。だから仏教においては、その縁起してあることそれ自体が、生成の本質であり、根拠でもありそのすべてを包み込む絶対精神などを想定する必要がなく、勿論そのような観念は存在しなかった。伝統的なキリスト教においては、ジェイムズが言うように、百人の存在に対して百一番目の神が存在し、道徳の支えであると共に、その自己所有の存在としての「個人」の存在の根拠であったと思われるが、ヘーゲルにおいても勿論その伝統的なキリスト教精神が生きており、しかも彼はこの世界の現象に対して、内在的な関係性というものを感じとったために、驚くべき宇宙観が創造されている。ジェイムズが言うように、彼はその自から感じとった関係の内在性というものを、どう処理してよいか、あまり明瞭に解らなかったのかも知れない。勿論、仏教の宇宙観を正しいとする根拠があるわけではない。どの哲学も、その最も根源的な部分を、論証するということができない。仏教は初めからそれを、悟りは悟ったもののみの所有であると言っている。最後の一歩を、あるいは最初の一歩を、すべての人は皆自分一人で歩むのだ。

ところで私達にとっては、百人の存在というものが、決して初めからは存在しない、ということが私達の問題だと思う。一個の生成が、その全周囲を負ったものであるということにおいて、すべてのものが平等であり、人間も草木土石も等しい。生成をそのように捉える時、そこには常に一個の生成があるばかりだ。このような思想が、少なくとも人間社会の形成の理論を直に支えるということはできない。そこでは、百人の人間が存在する、という思想が必要であるはずだ。私達はこの百人の存在を、キリスト教におけるような百一番目の神に支えられる、自己所有の百人として認識することはできないけれど、しかし百人の人間が存在する、という認識を確実に必要としている。草木土石ではない人間は、その「知性の機能」においてこそ、「他者をあくまで他者としながら、しかも他者をその他在においての理解する」ということを、なし得るのであり、その時百人の人間が存在する。それは人間精神が生きていくものなのだ。

カントは、主観は如何にして対象と関係するかと問うた。しかし私達自身の歴史的認識においては、主観におけるその存在がそもそも無所有のものとされ、営みの一切は関係的生成として認識されており、しかもその関係は常に流動する具体的な眼前の全周囲との関係なのだから、初めから「主観」を定立して、対象と如何にして関わるかと問うことはできなかった。その私達の関係が、神に繋がるものではなく、眼前の全周囲であるということは、私達はそのような神の存在から必然的に紬ぎ出された汎神論における、「何々なるもの」や、「主体—実体」論における主体などを、自己の根拠として認めることもできないということだ。

関係の一次性ということは、仏教においては、意識が関係を生きるのではなく、関係の中から意識が生起する、ということだ。この関係は、神や、何らかの絶対者に対する関係などではなく、全くこの現象界の自己の全周囲との関係でしかない。それが「庭前の柏樹」ということであると思う。全く具体的な眼前の全周囲との関係の中にある存在以外のものではないということであり、それが私達にとって真理でもあり、事実でもあったということだ。だからこそ、自己は基本的に無所有の存在であるし、「空」であり、「境は境にあらず」とも言われる。対象が対象でないということは、私達の意識にとって対象界に存在する他者と、私達は互いに実体として並立し合って存在しているのではないということだ。意識は本質的に、対象を包含しているのだから。しかし、そうであれば、そのような意識はどのようにして他者へと向かい、またこの世界の一切を個々に認識するのだろうか。

10

カントは、認識の分析において、「一切の認識、即ち意識を以って客体に関係させられた一切の表象は直観であるか或いは概念である。」と言っている。私達にとっては、このように、意識を以って客体に関係する、と表現すると、そこには主体が先にあって、それが意識において客体に関係するかのようだが、私達はそのように考えることができなかった。私達にとっては、客体に関係する意識が、この世界に現実化した現象としての自己自身である、としか考えられていなかったと思う。しかし客体に向かうということは、必ず或る一個の客体に向かうということであり、そこで或る一個の何かへと向かう営みこそ、それ自体が一個の個の生成として、この世界に現実化したものであると言えるのではないだろうか。

カントは、概念の分析において、「熟れの概念に於ても質料と形式とを区別することが出来る。——概念の質料とは対象であり、其形式とは普遍性である。」と言っている。この分析は、理解しやすいと思う。この文章は、先の認識分析に続くもので、そこでは次のように語られている（引用はすべて『カントの論理学』理想社、から）。

「直観は個別的表象であり、概念は普遍的表象、即ち反省的表象である。概念による認識は思惟と呼ばれる。」

さらに、

「概念は直観に対立する。何故なら概念は普遍的表象即ち若干の客体に共通なものの表象であり、従って種々なるものの中に含まれ得る限りに於ての表象であるから。」

カントはこのようにいうのだが、しかし概念の持つ普遍性というものは、決して「若干の客体に共通するものの表象」だから、というようなものではないのではないだろうか。客体の側の問題ではなく、全く主体の側の問題であると思える。概念は反省的表象であり、思惟であるのだから、当然言語的認識であり、それ以外のものではない。言語的認識としての概念において、人は他者と共通の意味なり概念をそこで共有するのだから、人間的共存における、或る普遍性の中に意識は立つと言える。しかし人間にとって、言語がもたらす普遍性が先にあるのではなく、必ず或る客体、或る一個の個へと向かう、その個の生成それ自体が、言語を生み、他者との概念の共有と共存を生んだ、と考える方が、少なくとも私達の哲学を全うするものとなると思う。言語的営みは人間精神の他者との共存の証しではあるが、しかしその普遍より前に、個へと向かう、個の生成そのものがあり、そこで「普遍は個別の実体である」と言うことはできない。

直観が個別的表象であると言われるのは、対象に関係する、その一個の主体の独自の営みそのものと言うべきものの中に、それがあるからであり、つまり個々の主体の、その個別性に、より密着したものであるからだろう。そのように解釈する方が、「概念の質料とは対象であり、其形式とは普遍性である。」という分析が、より理解しやすいと思う。

個別的と普遍的と言うと、個別の方が個立した状態であり、普遍の方が何らかの関係性の中にある状態であるように思えるかも知れない。しかしこれは存在論的には逆であり、より個別的で独自の一個の主体の営みである――カントの分析で言うなら直観の方が、まだ未分化の関係性の中にあり、主客が分離していない。だからそれはより関係的であって、しかもそれが個我そのものであると言える。関係が未分化であるという意味で、無所有であり、そこでは意識そのものが関係における生成なのだ。そこではまだ認識が、精神の所有とはなっておらず、言語より前にある生成であるとも言える。人は概念の共有によって分化を生き、そこで人間的共存における互いの個立と実在を、また人間以外の他の一切のものの実在やその概念を共有することで、その互いに個立し合う自己所有の社会的共存を生きる。しかし生命力そのものは、関係の未分化の中にこそあり、そのより関係的であると共に個別的な、未分化の関係の中にあり、その概念的共存に対する不一致と不統一こそ、人間の憂いの根源の一つであると思う。

言語的共存において、私達は互いに自己所有の個立を生きるが、その言語がもたらす普遍をもって、個別の実体であると言うことはできない。それは社会的、言語的共存における、その自己所有性を、人間が存在論的に所有することに繋がっている。それが実体という観念をも生んでいるだろう。つまり廣松が批判する、実体としての自己と、実体としての他者が存在するという認識を生んでいる。彼が「三項図式」と呼ぶものも、そこから生まれている。廣松は、カントの理論もその「三項図式」の一つと呼び、そこでは「先験的主体」――「意識作用」――「物自体」が、それぞれ分離して存在すると言っている。しかしカントの理論は、むしろ実体という観念を破壊するものだと思う。少なくともそこに矛盾をもたらしている。

「物自体」が不可知であるということは、私達は互いに互いの存在をその背後に残して、少なくともそのそれぞれの個別性と独自性の根拠の何処か或る部分を、その不可知な部分を、互いの背後に残すことで、互いに個立し合った自己と他者とであることができる、ということではないだろうか。その互いの背後の不可知なものに対して、尊厳を見出すことなしに、私達は真に互いにとって他者であることができない。意識は基本的に全周囲を包含した、「唯我独尊」の存在であるとしても、私達の意識はたとえ不断に葛藤を感じつつも、当然自己と他者とを並立し合った存在として意識し、そのことを互いの社会的共存の基本として受容しつつ生きている。その時人間の意識は、この世界に一個の個としてある自己と、他者との背後に、個としての自己を支える「先験的主体」としての自己の本質と、同様に個としての他者の本質を支える、そのもの自体としての「物自体」の実在を認め、あるいは要請し、受容しているのではないだろうか。そのことは、人が唯物論の立場に立ち、つまりエンゲルスの言う、端緒に神の思考とその技とを求めることなしに、一切を関係における生成として捉えようとする時、私達が自己自身の個としての生成の背後に認め得るもの、おそらく私達がそれだけを互いに客観的真理として認め得るであろう唯一のものではないか、ということだ。しかし人は自己の背後に、自己の本質としての「先験的主体」を認識する時、他者と、願わくば一切の存在の背後に、自己にとっては「先験的客体」たる「物自体」の存在を、認識し、それを実在として受容する。それが人間の知性なのだと、私達は自覚することができるのではないだろうか。そしてそれは唯物論でもある。エンゲルスはいみじくも、「不可知論は唯物論だ」と言ってさえいる。

しかしエンゲルスの言う、「ヘーゲルの体系は、方法においても内容においても、観念論的に逆立ちさせられた唯物論にほかならない。」という、この認識は間違っている。エンゲルスにとって唯物論とは、世界を問う、その思考の端緒に神の思考を前提しない、ということであるのだが、そのような前提なしに地球の生成や人間を捉える時、彼が「自然弁証法」等で語るものは、一切の生成が関係における生成である、ということなのだ。しかしマルクスとエンゲルスが捉える関係は、何かに包み込まれた百人の存在における関係という認識から、歩み出るものとはなっていない。勿論そのヘーゲル流の何かの観念性を彼らは批判し、マルクスがそこから具体的、現実的に捉え返したものが、「社会的諸関係の総体」としての人間というものなのだが、しかし関係そのものは、百人の存在より前にあるのであり、それが自然の弁証法であると思われる。もし百人の存在を、内在的関係において繋ごうとするなら、その時にはヘーゲルの端緒における絶対的精神としての神、つまり無媒介の純粋有としての絶対者が必要になってしまう。少なくとも、存在論を完結しようと思うならば、それなしに、社会的な関係ということを、恰も生成における内在的な関係であるかのように認識しようとしても、存在の哲学は形成されないし、またそこではむしろマルクスが望んだ、人間における個の確立から離れた、不安定な認識しか生まれない。私はマルクスはそれを、人間の個の確立を望んだと思う。人は皆それぞれに、「死んだ、区別のない、静止したものでなく、生きて、みずからのうちにみずからを区別する、動く本質」としての、自己自身としてあるのだから。私達は皆、互いに内在的な関係の中から歩み出て、他者へと向かうのであり、百人の人間の存在へと向かうのだ。生成の哲学の本質に、決して初めから百人の存在を持たない私達には、そのことがよく解るはずだ。人間精神の営みにおいても、私達は漠然とした全周囲との関係の中から、或る一個の個へと向かう、必ず或るものへと向かう、自己の生の活動を生きるのであり、それが個としての自己そのものでもある。その時、個は全体に先立つはずだ。勿論すべてのものにとって。どんなに矛盾に充ちた、葛藤を負ったものとしてであれ、私達の営みは、すべてその一個としての生成において、すべてに先立ち、勿論全体に先立っている。そしてそこにこそ、必ず或る対象が、内在的な対象が存在する。事物は決して判断ではなく、その一個の生の営みにおける、文字通り内なる対象であるはずだ。

　この内なる対象であるものと、私達は互いに並立的な、つまり外側の関係において、我と汝としてあらねばならないのであり、それは矛盾を生きるということでもある。しかしそれが今では私達自身が皆、人が生きるべきものとして認識し合っている、民主思想の本質であるはずだ。我と汝と言っても、この理論は、ヘーゲルやフォイエルバッハやマルティン・ブーバーが語るような、我と汝論とは異なっている。背後に神という実体が控えているわけではないからであり、つまり人間も決して根源的に個立し、並立し合った実体としての個人ではないからだ。カントは、おそらく並立し合ったものとして、人間を認識していただろう。キリスト教の本質である、百一番目の神は、カントにとっても存在していたはずなのだから。しかし彼はその神を絶対者として前提することによって、その理論を構築しようとしなかった。むしろそれは現実の百人の人間の精神にとって、必ずしも客観的真理とはなり得ないものであるという、その前提を貫ぬいている。そのために、演繹論の構造に苦しみぬいている。廣松が言うように、カントは三十年の歳月を費して、なお演繹論を成就しなかったかも知れない。しかし百人の人間の営みが、互いに事実として関係し合っており、しかも決して絶対的真理ではないかも知れないが、客観的真理と言い得る何かを共有している、ということを、その理論は論証しようとしている。百人の人間の存在を前提としているからこそ、アンチノミーの認識も生じている。感性的経験界を離れた、知性の独断を禁じているわけで、それは百人の人間の精神の実在の認識の中に止まるということだ。実在とは、自己の営みそれ自体にとって先験的対象が、つまり内なる対象が実在するということであって、それ以外に人間に実在の認識や、その受容というものはない。アンチノミーの止揚は、実在そのものの放棄にしかすぎない。

そしてここから導き出すことのできる人間的共存のあり方こそ、私達が現実にそれを認識しているはずの、民主主義というものであると思う。民主思想とは、多くの「私」が生まれ出ているこの人間的共存の世界において、互いにその「私」の共存を認めた上で、その対等の「私」の共存において、何が正しい理論であり得るか、理論の誠実が何処に見出されるかを追求し合い、そしてそのより正しい理論、誠実な理論に、私達が従っていく、ということ以外にはあり得ないのだ。私達はこの思想を、勿論ヨーロッパ思想から学んだわけだが、ところがその真の本質を、私達はヨーロッパ思想においては決して見出し得ない。廣松が言うように、それは基本的に「有の思想」と「実体主義」の上に立つものであり、個立しあった実体としての人間が、あるいは少なくとも「自分自身」が存在する、という認識に立つものであり、正しい理論は殆ど常に、自己の正さを主張する力の理論に変わってしまう。しかしそのことに辟易するからといって、近代を超克するとか否定するという思想を持つことは、間違いであるはずだ。廣松は実体主義の否定は近代の否定、あるいは近代合理主義の否定であり、二元論の否定でもあると考えている。そこで、ルソー、カント型の二元論などとも言っている。しかし私は近代が提示した二元論には、勿論ルソー、カント型の二元論にも、今なお深く学ぶべきものがあると思う。

「純粋理性批判」の全体が一体何ものであるのか、という問いをもし立てるとしても、その答は人によって様々なのかも知れないが、私はカントが人間の精神の自立性と自発性、内発性を論証しようとしたものであると思う。それは神との繫がりにおいてこそ、確証されていたものだったのだ。カントは神への信仰の内にあっただろうが、しかしそれを論理の前提とすることはなく、何ものも無条件に無批判に、思想の前提となし、思索の端緒となすことはできない、としている。たぶんそれは「唯物論」の態度であり、少なくとも「観念論」から自由になった哲学なのだ。その哲学において、意識の自発性、内発性、自立性を問い、立証することが、「純粋理性批判」の使命であったと思う。そしてだからこそ、そこには意識にとって不可知なものが介入せざるを得なかったはずだ。

意識の営みが自発的であり、内発的で自立的でもあるということは、その営みが外部世界と関係する営みである、ということだ。エンゲルスは全てのものが関係的生成としてあり、世界は或る連関の内にあるのだ、と言っている。その関係し合う営みが神の技として展開していると考えるのではなく、個々の営みにおける生成それ自体において、その関係が成立し、その関係こそ運動と生成の根拠である、ということが、営みの自発性であり、内発性、自立性でもある。そして意識の営みとは、認識なのだ。意識は印象と観念の充溢であり、認識の連続なのだから。その意識の営みが、それが神の技であるという前提なしに、ア・プリオリな綜合的認識を可能にするものであることが、その自発性の証明でもある。悟性にとってア・プリオリで、なおかつ対象に関係する営みこそ、カントにとってその証明だったはずだ。

このカントの問いが私達の心を混乱させるのは、私達は初めに神との一人と一人としての関係の認識における個立性を持っておらず、むしろ初めに、生成とは他なるもの一切と、あるいはただ漠然と自己の全周囲の一切と、関係する営みであるという認識を持っているためだ。しかし私達にとっても、意識の営みの自発性、自立性を問う問いは大切なものだ。人は皆それぞれに尊く、それぞれに独自の、唯一無二の個我性に支えられたものとして、尊厳と平等を分かち合う存在である、という認識を私達は今、少なくとも理論としてだけであっても持っているわけだが、その理論の根拠を私達は「哲学的観念論」によって支えることはできないのだから、意識それ自体、営みそれ自体の自発性、自立性を問うことより他に、それを見出す道はあり得ない。

ところでもし意識の営みとは知覚の連続であり、印象と観念の充溢でしかない、という認識を正しいとするなら、そしてこの認識をもし私達が受容するなら、そこにはもう廣松の言うヨーロッパ的な実体主義における認識の「三項図式」などというものの成立は考えられない。そのように意識にとって外なる関係というものが成立するのであれば、その意識が自己の内に見出すものが、ただ只ら印象と観念の充溢だけである、などということはないはずなのだから。もっと他のものを見出すことも可能だろう。そうでないのだから、主観はただ只ら主観以外の何ものでもなく、自己の外へ歩み出てなど行かないということだ。しかしその意識の営みが、知覚の連続であるということは、意識はどのようにであれ、外界との何らかの繋がりの内にあるものと考える以外にない。これは私達には容易に理解できることだと思う。「三位一体」の奇妙な理論に支えられる「主体―実体」論より、私達には遙かに現実的であり、歴史の血肉に支えられた、生々しいものであるはずだ。営みの全体が外界との大いなる関係と連続の内にあり、しかし主観は只ら一個の主観であるばかりで、決して外へ歩み出てなど行かない。主観は勿論自己の内に客観を意識するが、その客観は主観の内の表象であり、私達が目にし、心に意識するものは、現象であるということだ。その時、何が実在するものであるのか、という問いが大切なものなのだと思う。

廣松は「関係の一次性」ということを言い、「事的世界観」というものを語るのだが、そこで実在するものは何なのだろうか。「関係の一次性」といっても、決して関係こそ第一に実在するということではないはずだ。私達のように、営みとは外界との何らかの連続と関係の内にあるもの、という認識においては、全てが不確実であり、実際私達は互いの関わり合いという曖昧なものの内に常に佇んでいる。しかし、主観がもし只ら主観以外の何ものでもなく、そこから外へと歩み出て行くものではないとするなら、その主観にとって実在と見なし得るもの、見なし得るかも知れないものは、その自己一人の意識以外のものではあり得ないということである。どうして他のものを実在と見なす根拠を、自己の内に見出し得るだろうか。自己一人の意識の営みだけが、実在と見なし得るかも知れないものなのだ。これはヒュームの哲学の立場でもある。イギリス経験論は、基本的にこの立場に立っていると思う。ヘーゲルは、自己の営みの根拠を他のものの内に持たないものはない、などと言っているのだが、そこで普遍的実在であるものは「絶対精神」であり、つまり絶対者の実在ということなのだ。

この絶対者の実在を、思索の端緒に置くことがなかったカントが、只ら一個の主観であるばかりの意識にとって実在であるものとして語ったものは、基本的にはヒュームと同様にその自己の意識の営みそのものなのだが、その営みそのものがそれを証明するものとして、外部世界の対象の実在が語られている。しかしこの理論が、実体主義流の「三項図式」などと重なり得ないものであるのは、外部世界の実在が自己の外側に確認されるのではなく、自己の意識の営みそのものがそれを証明する、という認識に支えられているからだ。この認識は、意識の営みがそもそも外界との何らかの、大いなる連続と関係の内にある、という認識なしには確実なものとなり得ないものだと私達には思われるはずだが、カント自身がそこから出発しているわけではないため、私達には矛盾と混乱を感じさせるものとなっている。しかし演繹論の構造は、そこからでなければ理解できない、つまり成就されたもの、何かを確実に語り得たもの、として理解できるものではないと思う。

ヒュームから出発するということは――ヒューム自身がそのことを語ったわけではないのだが――意識は知覚の束であり流動であるに過ぎないということは、その意識の営みがどのようにか外部世界との繫がりの内にある、という認識から出発するということだ。私達にはそうであるしかない、と思えるはずだ。意識はその知覚の一切、印象と観念の充溢の一切を、意識自身の底から取り出してくるのではないのだから。しかしその営みは自発的で内発的で自立的なものである、ということをカントは語るのだ。

意識が自然の立法者である、ということをもって、その自発性、内発性が論証されるわけではない。自然が、私達の意識の内の合法則性に従うものである、といっても、その意識の内の自然は意識の表象なのであり、意識が目にする現象であり、カントははっきりと物自体をそこから除外している。何が実在するかと問うなら、まず意識自体が実在するのであり――意識はそれ以外のものではあり得ないから――しかしその意識の営みとは外界の事象の実在の受容であり、つまり外部世界が実在するのだ。さらにそれぞれに一個の主観としての私達の意識の営みが実在する。私達はそのことを受容することで、互いに概念的思惟を共有しているのだから、意識の内の合法則性に従う自然は、意識の表象として、私達の主観に属すものだ。しかしそれは、自然の法則に、私達の認識の法則が従っているからでもある。カントにとって「先験的主体」とは、その意識の営みである思考にとっての「先験的主体X」でしかない。つまり思考の本体である何ものかを、思考における「先験的主体X」でしかないもの、と言っている。それはただ私達の意識が常に「私は考える――」と言うべきものとしてあり、つまり私達の意識は自己を自己であるものとして意識し、自己同一性をも意識している存在である、ということから導き出されるものでしかない。つまり認識する意識とは、必然的に先験的統一においてあり、その意識の営みは認識する意識であるというその営みそのものにおいて、営み自体の背後に「先験的主体X」の存在を自ら要請する営みであるということだ。そして、この営みを実在であると見なし得るということは、営みとは、ただその営みであること以外の何ものでもないのだから、もし何かを実在と見なし得るとしたら、その自己の営み以外のものであり得ない、というだけのことなのだが。しかしカントはこの営み自体によって、外部世界の実在を証明している。

「私のそとにある対象即ち空間における対象の現実的存在を証明するところのものは私自身の現実的存在の単なる、とはいえ経験的に規定された意識である」(『純粋理性批判』上、岩波文庫、三〇二頁)

この定理の証明は、一言で言うなら、営みは営み自身以外の何かによって触発されることなしには、営みたり得ないということだ。カントは別の所で、人が自己意識を持つということも、意識自身による内的触発による、ということを言っている。

「我々が外感について、我々は我々が外的に触発される限りにおいてのみ対象を認識する、ということを認めるならば、我々はまた内感についても、我々はただ我々自身によって内的に触発せられるままに我々自身を直観する、ということを認めねばならない。つまり内感について言えば、我々は我々自身の主観を、この主観がそれ自体あるところのものに従って認識するのではなくて、これを現象としてのみ認識する、ということを承認せざるを得ないのである。」（前掲書、一九七頁）

ここで語られていることは、思惟する主観である私も、思惟された私も、共に私自体、つまり実体としての先験的主体と呼び得るようなものではないということだ。カントはこの文章の前に、次のように言っている。

「私はどうして次のようなことを言い得るのか、――知性者であり思惟する主観であるところの私は、私自身を同時に思惟された客観と認める、しかもかかる客観は単に思惟された「私」というだけではなくて、そのうえ直観においても与えられている「私」である、ただこの「私」はほかの現象と同じく、私に現われるままの私であって、悟性によってのみ思惟されるような私自体ではない、と。この問題の困難は、「どうして私が私自身に対して一般に対象となり得るのか、しかも私自身の直観と内的知覚との対象となり得るのか」という問題の困難と兄たりがたく弟たりがたいものである。しかし実際にこの通りでなければならないということは、我々が空間を外感の現象の単なる純粋形式として認める限り、次のような訳合いからはっきり説明することができる。時間が、外的直観の対象でないことは言うまでもない。しかし我々は考えのなかで直線を引いてみる以外には、時間を考えようがないのである。こういう仕方で時間を表わしてみないことには、時間を測る単位を認識することができないだろう。また我々が一切の内的知覚に対して、時間の長さ或いは時点を規定するためには、外的な物が我々に現示するところの変化を援用せざるを得ない。従って内観の規定を現象として時間のなかで整頓するには、外感の規定を空間のなかで整頓するのとまったく同じ仕方によらなければならない。」（前掲書、一九六～一九七頁）

これらの言葉から導き出せることは、一個の主観は主観以外の何ものでもなく、つまり「私」以外の何ものでもなく、またそこでその一個の主観である私達が実在と見なし得るものは、その主観である「私」と、この主観の営みにとっての外的対象の一切である、ということだ。

「内感は我々自身を我々の意識に現示しはするが、しかしこの場合に我々自身をすら、我々自体をあるがままに示すのではなくて、我々が我々自身に現われるままにしか示さないのはどうしてであるかと言えば、それは我々が、内的に触発される仕方でしか自分自身を直観することができないからである。そうすると我々は、我々自身に対して受動的な態度をとらざるを得ないわけで、そこに矛盾があるように思われる。心理学の体系において、内感と統覚の能力とが（我々はこの両者を細心に区別するが）一般に同一視されがちなのもまたかかる理由によるものである。」（前掲書、一九四頁）

この文章に続けて、カントは統覚と統一をもたらす悟性の能力と、内感とを、分離して分析しており大変興味深いものなのだが、ただこれらの演繹論の文章や、またカントの思想の全体を通じて、私達が拭い去ることのできない疑問は、この統覚の自己が外界に対して持つ関係は、——統覚の自己といっても勿論一個の主観としての「私」なのだが——内感において思惟する「私」と思惟された「私」とが離れたものであり得ないように、自己とその対象とは主観の生成の営みにおいては決して離れておらず、外なるものであると共に内なるものであるだろう。勿論内なるものであると共に外なるものであり、外なるものであること自体が否定されるわけではない。むしろそこに営みそのものの、その生命力を見出すことができる。しかし私達が互いの人間的共存において、概念的思惟を共有する中での「私」は、互いに離れた自己所有の「私」であり、離れていなければ何ものも共有するということはできない。私達は互いの「私」としてのその存在の認識を共有し、勿論外的事象の一切の実在の受容とその認識を共有している。それは自己所有の「私」としての共有であり、勿論それなしに人間社会の歴史も文化もあり得ない。しかし生成それ自体と、概念としての「私」の間の矛盾として、私達はそれを生きてきているのだ。そのために、禅者は「非思量」を説いたりしただろう。つまりそこには矛盾と軋轢があるのだが、ところがヨーロッパ哲学はこの自己所有の「私」に立脚しており、カントもまたその混乱の中にあると思える。それが廣松が「有の思想」と呼ぶものでもあるのだが、そのために私達は、ヨーロッパ哲学のその立脚地における思想のみでは、おそらく私達にとってのカント哲学を理解し得ない。これは驚くべき逆説であるのだが、しかし実際そうであると思う。おそらく民主思想を理解し得ず、理論化することもできない。大体、カントと民主思想とは切り離し得ないものだ。当然カントが論証しようとしたもの、生成の営みが自発的で内発的で自立的であり、また認識に客観性があるということ、客観的真理を人は共有し得るということをも、そこでは理論化できない。私達自身はカントからそのことを学び得るが、しかしヨーロッパ哲学がしたことは、「物自体」を悪妻と見なしたり、ヘーゲルをドイツ観念論の完成者と見なすことだった。私達は眼前の一本の木の実在の認識を互いに共有し、それによって社会と文化と歴史を成立させているが、その一本の木の実在の受容自体は、一匹の犬とも共有している。カント哲学はそのような構造の中で、なお生成の営みの自発性を論証し得るものになっていると思うが、しかし私達がそう考えることができるのは、私達自身の立脚地においてなのだ。廣松はこの逆説の認識の中で、ヘーゲルとマルクスによって、それを乗り越えようとしたのかも知れない。しかし私は、この逆説の中でなおヨーロッパ哲学から学ぶべきものがあり、そしてそれは人は一元性から二元性へと歩み出て行かなければならない存在であり、その逆では決してないということだと思う。それを学ぶことができるのは、カント哲学においてなのだ。

七　カントの二元論と根本的経験論

ウイリアム・ジェイムズは『根本的経験論』で、心的なものは拡がりを持たないというデカルトの定義を否定している。

「デカルトが、初めて、思想を絶対に広がりのないものと定義したが、それ以来、哲学者たちは、この説明を正しいものとして受け容れてきた。しかし、一フィートの物指とか一平方ヤードのものを思考するとき、私たちの思想に広がりがあるとは考えられないと言いはることに、どんな意味がありうるだろうか。どんな広がりをもつ対象でも、それに相応する心的映像は、その対象自体のもつ広がりをすべてもっているはずである。」(白水社、三七頁)

ジェイムズは観念と事物、意識と対象の分離とその二元論とを認めない人であり、意識を微妙な拡がりを持って流動する、繊細で休むことのない営みとして捉えている。そこに立てば、事物とは異なって拡がりを持たないが、しかし実体的存在物として絶対者に繋がっているようなデカルトの意識の定義は、全く不満足なものだったろう。もし物質を拡がりを持つものと定義するとしたら、心の営みもまたそれとは異なる大いなる拡がりを持つ、無限の流動として彼は捉えるのだ。バークリーを引用して、存在するとは知覚されることだという認識さえ、その意識の営みのうちでの観念と事物の非二元性の証しとして語っている。勿論その観念と事物の非二元性ということは理解できるのだが、「存在するとは知覚されること」というこの定義は、人間の意識の定義にはなり得ないはずだ。カントが言うように、或る事物を現に知覚していない時にも、私たちの意識はその事物の実在性を意識のうちに保持し、だから意識のうちにそれは存在し、しかもその実在の認識を他者と共有している。それによって社会と文化も形成されているのだから、「存在するとは知覚されること」と言うだけでは、あまりにも言葉が足りない。二元論と闘うジェイムズの思想は理解できるけれども。

ところでジェイムズは大変個人主義の印象の強い哲学者で、その点がヘーゲルのような一元論者と全く異なっており、勿論彼自身もその一元論を嫌っている。自分の心ではない他人の心を、自分の観念や想念のうちに組み入れたり、踏みにじったりしない。この著書の冒頭でも、彼は次のように言っている。

「「思想」と「事物」とは、二種類のものを表す名称であって、この両者を、常識はいつでも対照的に考えて、実際上、いつでも互いに対立させてしまう。哲学は、この対照に反省を加えて、過去においても、それをさまざまなふうに説明してきたが、将来においても、きっといろいろなふうに説明してゆくことであろう。」（前掲書、一五頁）

百人の人間がいれば百の思想が存在すると言っているわけで、大変繊細な精神の、そして珍しい哲学者だと思う。一元論のヘーゲルや、「厳密な学としての哲学」や「純粋意識」などと言うフッサールとは、全く異なっている。ただ、先に言う、意識は微妙な拡がりを持って流動する不断の営みであり、意識と対象とは非二元的であるという、その思想と、互いに決して入れ替わることのできない百人の人間の共存という、二つの思想の繋がりが明瞭ではない。意識と対象の非二元性は、主観主義的であり、独我論的という批判を生むが、ジェイムズ自身の多様の思想との繋がりが、そこに明瞭になってはいない。ところでジェイムズはカント嫌いというほどではないが、「先験的主体」を認めてはいない。「心理学」から「根本的経験論」に到るまで、それを否定し続けている。しかし私は、意識と対象の非二元性を認める主観主義が、百人の人間の実在を認識する時、そこには必ずカントの理論が加わると思う。そしてそれが、私たちにとってのカント哲学の意味でもあると思う。

私達にとってはカントより、ジェイムズの方が遙かに親しみやすい哲学者だ。大体仏教は非二元論であり、禅など、観念と事物、意識と対象との非二元性をしばしば語っている。意識は私達にとっても、微妙で無限の拡がりを持って流動する、不断の営みであるだろう。そしてそれは自己自身の営みのうちに、全世界を包含する。すべて存在するものは、それ自身が一個の須弥山であり、世界の中心であるのだから。だからそれは実体的存在物としてあるのではない。内的経験は外的経験なしに成立し得ない。「私」という意識さえ、外的経験なしに成立し得ない。カントが言うように、一切の表象を意識し得る限りにおいて、その表象の相関者として、意識自身に意識されるものが「私」であり、またそれが意識の営みそのものなのだ。だからこそ、それはその営みのうちに全世界を、つまり自己の全周囲を包含する営みとしての存在であり、その意味でこそ世界の中心でもある。ただ、当然のことだが、そのような営みとしての存在物が、この世界に互いに離れて並立しているというのではない。仏教は一個の意識は全世界を包含すると言うだろうが、またそれは全周囲のものに包含される存在でしかない。仏教がそこで、決して人間のみではなく、生成し現象するすべての事物事象のその営みを等しく捉えることができるのはそのためだろう。ただ、そこには決して百人の人間が並立し合って存在しはしないのだ。だからこそ私達は自らの一元的で根源的な関係性の中から、必ず二元的な関係へと営み出ていく存在なのだと思う。

私達にとって現実に意識の営みが成立しているということは、カントが言うように「私は考える――」がそこに伴っているということであり、この「私」が自己同一性を保つ或る存在として意識に保持されるのは、私達が外界の対象の実在を意識のうちに保持することと相関関係にあるわけで、そこで初めて百人の人間、あるいは百の事物事象が、意識のうちに並立して存在する。その外界の実在と並立を私達は互いに共有し合っているわけで、だからカントが意識を解剖した時、――ジェイムズはカントが魂を掘りくずした、などと言っている――決して二元論を破壊したり解体したりすることがなかったのだと思う。カント自身は根源的一元性などというものの中に立ちはしなかっただろうと考えることができるし、この哲学に矛盾と不明瞭を見出すこともできると思うが、しかしこの哲学なしに、私達は自分自身の置かれている立場を認識することができないのではないかと思う。私達が決して根源的に二元的な存在ではないということを認識することは簡単かも知れないのだ。むしろ私達は今なお、仏教的な一元論、あるいは儒教的なそれを、引摺り続けていると言えるはずだ。それを否定する必要はなく、むしろ認識し、対象化する必要があるだろうが、その時私達が見出すものは、二元論そのものを解体することも、超出することもできないということであると思う。

「根本的経験論」と並ぶ、ジェイムズ哲学のもう一つの柱はプラグマティズムだった。この二つの柱を、見事なアーチで結ぶことができていないと、ジェイムズ自身が語っている。

「プラグマティズムの方法の出発点は、どこかに事実上の違いをもたらさないような真理上の違いなどはおよそありえない、という要請であり、プラグマティズムの方法は、なんらかの実際的な結果ないし特殊な結果によってできるかぎり速かに議論を決着させて、意見のすべての違いの意味を決定しようとするのです。」と、ジェイムズは「根本的経験論でも書いている。

「純粋経験の原理もまた、一つの方法論的要請であります。それによりますと、ある一定の時間に、ある経験者によって経験されうるもの以外のいかなるものも、事実として許容されないし、どんな特徴をもった事実でもおよそ経験されたことのある事実には、それが占めるある一定の場所が、実在の終局的な体系内のどこかに見出されねばなりません。言いかえれば、およそ実在的なものならなんでも、どこかで経験されえなければならず、およそ経験される事物ならどんな種類のものでもどこかに実在していなければなりません。」

「さて、私たちは、何ごとかが進行しているのがみられるところならどこにでも、活動があると認めたくなるのは明白であります。最も広い意味にとりますと、何かが行なわれているということの了解は、いずれも活動の経験なのです。かりに私たちの世界が「何も起こっていない」、「何も行なわれていない」いう言葉でのみ記述されうる世界だとしますと、私たちは疑いもなくこの世界を「無活動の」世界と呼ぶべきでしょう。そうしますと、なまの活動というのは、出来事ないし変化というなまの事実のことだと申してよいでありましょう。「変化が起こっている」ということは、経験に独特の内容であり、根本的経験論がかくも熱心に復権させ、大切にしようとする「接続的」対象の一つであります。活動感は、かくして、この広い、かつごく漠然とした見方をすると、「生命」感と同義なのです。私たちは、別種の無活動の世界に留意し、それについて公然と言明する場合でさえも、少なくとも私たち自身の主観的生命を感じているはずであります。そうした単調な世界に対して私たち自身が示す反応は、何ごとかが起こっているというかたちでそこに経験される一つの事柄だと申せましょう。」(『根本的経験論』白水社、一三六〜一三八頁)

この文章は大変理解しやすいものだと思う。私達は特別に明確に、力の存在を伴った変化や活動感なしにも、単に在ることにおいて既に主観的生命を感じており、その在ることにおいて生命の活動が生じているということだ。ジェイムズは更に、「経験する人にとってはおよそ在るということは活動的であるということである」という主張は正しいだろうし、また、「私たちは経験者としてのみ在るのだから、私たちは活動的であるからこそ在るのだ」、という表現も正しいだろう、ということを言っている。

「ある一定の時間に、ある経験者によって経験されうるもの以外のいかなるものも、事実として許容されない」とか、「およそ経験されたことのある事実には、それが占めるある一定の場所が、実在の終局的な体系内のどこかに見出されねばならない」という言葉は、私にとって、カントが、意識が常に時間的意識でしかあり得ないということの認識から、意識の営みにおける外的世界の実在を論証したことを思い出させるものだった。私達自身の哲学で言うなら、禅者が常に語っているように、生成とは営みであり、それはそのままその全周囲との不二――営み自身にとっては対象世界が決して対象世界であり得ない――ということだ。そしてだからこそ、それは必ず固有の、唯一無二の活動としてのみ生起する。「柏樹」というものは存在せず、存在するものは必ず或る一本の具体的な「庭前の柏樹」ということだ。ただそこにあるものは全周囲との不二であり、生成の根源的な関係性と言うべきものであるが、それに反して人間精神が生きているのは百人の人間の実在であり、その他のあらゆる経験的事象の実在と、その実在性の共有なのだ。それが人間精神の歴史や文明を形成していることを認めない人はいないだろう。ところでジェイムズは、先の文章に続けて次のように言っている。

「しかしながら、現に与えられている私たちの世界のような、この現実の世界では、活動の少なくとも一部は、明確な方向をとっています。それは欲求や目的感を伴っております。それは、打ち勝つか屈するかするいろんな抵抗や、その抵抗感がほとんどの場合に喚び起こす努力と複雑に交錯しています。そして、このような複雑な経験において、はっきりした能動者の観念や、経験に対する受動の観念が先じるのであります。」（前掲書、一三九頁）

そこから、ジェイムズ自身は、記述と、論理と、主知主義の世界に対する、彼自身の抵抗を語っており、それはジェイムズが色々な場面でさまざまに語っていることだ。しかし私達自身にとっては、「明確な方向をとる活動や欲求」が生きられる、「この現実の世界」というものは、百人の人間の実在と、その共存の世界なのだが、その営みは、生成の根源的関係性との間に軋轢と矛盾を持つ。そして私達自身にとっては、最も根源的なものとは、生成する一切のものに唯一無二の活動をもたらす、全周囲との関係であるわけだが、そこに営みの根本を見るということは、そこにおいては一本の柏樹も、一匹の蟻も、一人の人間も等しいということであり、それが私達の基本的な生命観を形成している。決して並立し合う百人の人間が、自ずから存在しているわけではないのだ。しかしジェイムズは、百一番目の存在としての神の実在に支えられる百人の人間の実在を語ってもおり、つまり並立し合う百人の人間の存在が、その人間観の根本であり、廣松の言葉で言えば、宿痾の実体主義がそこにある。そこでは一人の人間は百人の人間に対して所有されるはずの、自らの営みの自己所有の拡がりの空間を、神から賦与された存在として存在し、当然の事だがその所有は、神に対して生きられるのではなく、全周囲の一切に対してつまり私達のすべてに対して生きられるのだ。根本的経験論は、その営みの中では、少しもプラグマティックな、つまり実質的な意味を持ち得ない。百人の人間の並立と実在とを語り、そこでの神と共にある「我と汝」論を語ることが、ヨーロッパ哲学の実体主義の真髄なのだ。そして、それ以外の生命観、世界観があり得ることを、その哲学は決して理解しないだろう。カントでさえ、そこに到る苦悩と軋轢とを理解しなかったのだから。しかし私達がそのカント哲学が持つ矛盾と、不明瞭と、暗闇とを、カントに対して見出す時、この二元論を超出することができないということをも見出すのではないだろうか。それは廣松の希求であった、近代を超出することの不可能でもある。それを認識した上で、更に悪しき近代を超えようと欲する時にも、私達は決して近代を超克することが、二元論を超出する、などと言う心にはなり得ないはずだ。

ところでジェイムズには、私達の心にふれる記述が数多くあるが、『根本的経験論』にも次のような文章がある。

「個別化された自己、これこそまさしく自己と呼ばれて然るべき唯一のものだと私は信じているが、この自己は、経験される世界の内容の一部である。経験される世界（ときによっては「意識野」とも呼ばれる）は、いつでもこの世界の中心、視界の中心、行動の中心、関心の中心としての私たちの身体と一緒に現われる。その身体のある所は「ここ」であり、身体が活動する時は「いま」であり、身体が触れるものは「これ」であって、残余のすべての事物は、「そこ」であり「そのとき」であり「あれ」である。これら位置を強調する語は、身体の中にある行動と関心の焦点を基準にした諸事物の組織化を含意しており、この組織化は、いまでは活動的なもの（そうではなかったためしがあるか）、になっているので、発達した、あるいは活動的な経験はこういう秩序づけられた形でしか私たちにとってはけっして存在しなくなっているのである。「思想」や「感情」が活動的であるかぎり、それらの活動は、身体の活動に帰着し、まず身体の活動を喚起することを通してのみ、「思想」や「感情」は残余の世界の活動を変化させはじめることができるのである。身体は、暴風雨の中心であり、座標の原点であり、全経験連鎖のうちでいつも力点のおかれる場所である。あらゆるものが身体の周囲を回り、身体の観点から感じられる。そこで、「私」という語は、もともと位置を示す名詞なのであって、それは「これ」や「ここ」と同じことである。「この」位置に結びついた活動は、特権的に強調されるもので、もしその活動が感じをもっているなら、特別なふうに感じられるに違いない。「私のmy」という語は、この種の強調を指示する。一方では「私の」活動を独特で、外的自然の活動とは対置されるものと弁じ、他方では、内省してみて私の活動は頭のなかの運動にあると断言しても、私はそこになんら矛盾を認めない。活動が「私の」だというのは、強調であり、活動を深めている、展望的関心の感じなのである。」（『根本的経験論』白水社、一四六〜一四七頁）

この「根本的経験論」の思想がプラグマティックな意味を持つとしたら、つまり実質的な結果をもたらし得るとするなら、それはそのような「私」が、他の「私」や一切の事物事象とどのような関係の仕方においてあるかということをも、その思想が捉えた時だろう。単に百人の人間が並立している、「私」と他の「私」とは対等に並立している、というのでは、どんな結果も、つまり事実上の相違をもたらすことはない。ところでその強調される「私」の内実を支えるものを、外界との対置において二元論的に捉えるか、それを私の頭の中の運動であるとして主観的観念論において捉えるかは、ジェイムズがよく言っているように、個々の人間の意識の志向に拠るものかも知れない。ただ、ジェイムズがいうように、いつでも「ここ」と「いま」と「これ」を生きる営みとしての人間の意識には、本当はそれを名付ける権利を持っていないかも知れない、そのそれぞれの営みの内実を支えるものを、私達は互いに、その互いの実在を受容し合って共存する、この人間的共存において、それぞれの「私」として認識し合っているわけだが、――そしてジェイムズが「プラグマティズム」で紹介している、その先哲たるC・ライトの言葉通り、人間の意識をも含めて世界の現象的事実の背後には何ものもないかも知れないとしても――それを名付ける言葉として、思考における先験的主体Xというカントの言葉ほど、ふさわしいものはないはずだと思う。決して根本的経験論を踏みにじりはしない。ただ、この「私」は、決して二元論を超え出ていくことができないのだ。

カントは、外的対象を表象し得る限りにおいて、その表象の相関者として「私」が意識されるに過ぎない、と言っているわけだが、この認識は、ジェイムズの「考えそれ自身が考えの主体である」という、「心理学」以来の思想と重なる。「心理学」の最も印象的な部分で、次のように言われている。

「自我の意識は一つの考え(thought)の流れを含み、その各部分は「主我」として過去に生起した諸部分を記憶することができ、その諸部分が知っていたものを知り、その中のあるものを特に「客我」と考え、その他の部分をこれに取り入れる。この客我は客観的に知られた事物の経験的集合体である。それらを知る主我はそれ自身集合体ではあり得ない。それは、心理学上の目的から、霊魂のような不変の形而上学的実体である必要もないし、「時間を超越した」ものとしての先験的自我(エゴ)のような原理である必要もない。それは一つの考えであり、各瞬間ごとにその一瞬前の考えとは異なるものであるが、この一瞬前のものをも、それが自分のものとしていたすべてのものと共に包摂しているものである。すべての経験的事実はこの記述の中に尽されているのであって、

経過する心の状態が存在することを仮定する以外に何も仮定する必要はない。」(『心理学』上、岩波文庫、二九九~三〇〇頁)

この経過する心の状態を、活動として捉えると、区別できる三つの活動がある、ということが『根本的経験論』では言われている。

「すなわち、ただのあれという経験のなかに、つまりあることが進行しているという事実のなかに含まれる基本的活動、このあることが二つの何へと特殊化されて、一つは「私たちの活動」として感じられる活動、他は対象に帰せられる活動、となるのである。」(一四五頁)

この、これやあれが何として常に私達の意識に解釈されるという、ジェイムズの思想は私達にもよく理解できるものだと思うし、あることが進行しているという事実としての基本的意識においては、分離や二元化は決して原初から存在するというものではない。外なるものを内なるものと成すことにおいて、あることが進行するのだと、私達も考えるだろう。ただそのあることが二つの何へと特殊化されるという、その分離は、その「私の活動」自身において、その内側で、つまり私の意識の営みそのものにおいて生起しているのであり、それが「主観」そのものであるはずだ。この「主観」を、ヒュームは個々ばらばらにしたけれど、カントはその「主観」そのものの内に、その営み自身の内に、「客観」が、外界の事象そのものが、実在することを論証したのではないだろうか。ところがジェイムズはここでは決して主観主義の立場を取らない。これは悪しき態度だと私は思う。客観的真理であるかも知れないものを、私達が皆、主観の内に見出すのでなかったら、私達はどうして客観的真理を見出し得るだろうか。しかしジェイムズは、世界を個々の生成するもののモザイクと見るとするなら、根本的経験論においては、或る土台がモザイクを繋いでいるのではなく、「モザイクの一片一片がそれぞれの縁《へり》でぴったりくっつきあっているようなもので、その一片一片のあいだに経験される推移が、それら各片をくっつける接着剤の役目をはたすのである。」と言っている。これでは世界を鳥瞰すると、このように見えるといった見方にしかなり得ない。根本的経験論以外の他の哲学では、「実体、先験的自我、あるいは絶対者などがその土台の役をしているとみなされよう」、と言っている。絶対者や、ヘーゲルの「主体—実体」論の実体は、本当に、言わば離れたモザイクを繋ぐ役目をはたすだろうが、カントの先験的主体については、少なくとも私はそのような見方はあり得ないと思う。むしろ、そう解釈すると、カント哲学はその全体が不合理な、理解し難いものに転落してしまう。カントの「主観」は、その営み自身の内に、客観の実在を見出すのであり、つまりジェイムズの言う、「ここ」や「いま」や「これ」において、その外部世界をその内側に取り込んでいる、或いはジェイムズ流に言うと、接着されていると解釈する方が正しいはずだ。更にその「主観」の内で、あることとの進行としてのその活動は、二つの何へと特殊化される。それらがすべて「主観」の内に見出されることであるからこそ、私達はそれを見出し得るわけだ。更にその何の一方である「私」を、私達は互いに自己同一性を保つ一つの実在として保持し、その実在を受容し合い、他の外的事物事象についても、その客観的実在の認識を共有し合う。それは個立し合う分離の関係であり、実体や絶対者が繋ぎ取めるものと等しいわけだが、その底にあるものを捉えるカントの先験的主体は、本当はそのように単なるモザイクの接着剤ではないはずなのに、それをそのように一からげにしか見られないのは、基本的に分離と対立の関係より他に、ヨーロッパ哲学が捉えなかったからであり、カント本人も不思議な中立を保ちつつ、そこに立っているのだ。ただ、私達がそのようにカントを捉えた時、その哲学が持つ矛盾や不明瞭を挙げつらうことで済ますことはできないはずだ。私達が「主観」の内に見出す、その内なる客観が持つ二元性の不合理を、ヘーゲルの言葉で乗り越えることはできないし、そこで近代を乗り越えようなどと語ることもできないだろう。カントはその何の一方としての「私」が、他のすべての「私」と共にあるために、私達が生きるべき道徳や実践的意識について、そこから語りゆくわけだが、それらの言葉が不満足であるとしても、それを近代主義の地平を超え得なかった二元論などと、評することはできないと思う。

八　根原的存在者と弁証法

カントは神の実在の証明の不可能を語っているが、その論旨は本当に明白で客観的であり、おそらく誰も否定できない。この問題に関するカントの理論を否定する人はいないだろう。『判断力批判』では、次のように語られている。

「神格としての根原的存在者の存在や、或は不死の精神としての心の存在に対しては、たとえこれらのことに関して多少の意見を立てるだけのためにもせよ、理論的見地における証明は人間理性にとって絶対に不可能である。そしてこのことは極めて明白な理由、即ち超感性的なものの理念を規定するための材料が我々にまったく与えられていないという理由によるのである。要するに我々はこの場合に、この種の材料を感覚界に仰がねばならないだろうが、しかしかかる材料は超感性的なものには絶対に適合しないのである。それだから感覚界の規定をいっさい用いないとすれば、非感性的な何か或るものしか残らないことになる。そしてこの非感性的なものが、たとえ感覚界の究極根拠を含んでいるにしても、しかしかかる根拠はこの非感性的存在者の内的性質に関する認識

（概念の拡張としての）を与えるものではない。」（『判断力批判』下、岩波文庫、一九八頁）

知的誠実、論理的誠実において——知的、論理的誠実とは他者に対する誠実である——は、その証明はあり得ないが、ただ人はその主観の内で神の存在を思いなすことが可能であり、それは道徳の支えであり得るわけだが、しかしカントは決して道徳を神の実在の観念に付着させて捉えてなどいないし、「動物の一種としての人間」といった言葉も語る人であり、大変に誠実な理論だと思う。

道徳の支えとしての神といったことは、ジェイムズも語っており、この世の荒波の中で時にくじけそうになる心を支えることなどを、神の有用性として捉えている。それが神の持つ、プラグマティックな意味だというのだ。しかしおそらく神が実質的に持つ意味ということなら、もっと人の心に決定的な作用を及ぼす実質的な意味を、その神は持っていると思う。私達にとっては本当に不可解なこととしか思えないことだと思うのだが、神は人間と同じ姿の存在であり、神学者は人が神の形姿に似せて造られた存在であるということを、人間存在の意味として語っている。更に、神が人格的で言語的な存在でもあるために、そこでは人は明らかに互いに個立し合った自己所有の存在として、並立し合って存在している。私達は言語的共存において、互いにそのような存在としてあるからだ。仏教は生成の本質と、人間の言語的共存との間の、越えることのできない深淵と、そこに生じる人間的共存における矛盾とを語り続けており、特に禅者の「非論理の論理」が最も端的にそのことを伝えている。そうでなければ、真理が「非思量」でなどあるはずはないのだ。私達はまさか、それらの言葉のすべてを、禅者の虚仮威しと考えはしないだろう。廣松をして宿痾の実体主義と言わしめた根拠も、そこにあるに違いない。言語的で人格的存在であるような神とその形姿を同じくしていることが、人間存在の根拠であるとしたら、その自己所有性は揺ぎのないものだろう。その認識を支えていることが神の持つ真にプラグマティックな意味なのだが、ジェイムズさえそれを理解しなかったように、おそらくそれは決して理解されず、矛盾は感じられることはないだろう。ヒンズー教徒の神は小文字で始まり、キリスト教の神は大文字で始まるといったことが、心に何も感じさせない世界では、どんな軋轢も感じられないはずなのだ。異教徒の善人は皆、「無名のキリスト教徒」にされてしまう。互いにすべての異教徒が「無名のイスラム教徒」、「無名のヒンズー教徒」、「無名の仏教徒」と名指し合う世界が、どんなに狂的なものかを感じ取るのは、知性にとっては簡単なことだと思えるのだが。

　カントはそこで最後まで、知的誠実、論理的誠実を守りぬいているために、ジェイムズよりも更に一層、理論の中立を保っているように感じられる。

　ジェイムズ自身は有神論の立場に立ち、――それは百人の人間の存在の傍に立つ、百一番目の存在者なのだ――更に汎神論的で多元論的なのだと自ら言っている。それは唯物論に対しては、唯心論の立場に立つ。唯心論においては、神と人間との関係の解釈が根源的な思索となる。その唯心論には三種あると、ジェイムズは分類している。

　「第一のものは古い二元論的な一神論であって、これにおいては、我々自身が、神によってつくりだされた第二義的な実体として示されていた。この哲学は、創造の原理に関しては、汎神論的な信仰のそれよりは、程度のひくい内在性しか保証しないことを我々はみてきた。汎神論的な信仰によれば、我々は創造の原理と実質的に一体なのであり、神的なものは、したがって我々の所有物の中でもっとも内在的なもの、実際、我々の心の心なのである。しかしまた我々のみたところでは、この汎神論的な信仰にはまた二つの形式がある。その一つは、一元論的な形式でこれを私は絶対者の哲学とよんだ。もう一つは多元論的な形式で、私はこれを根本的経験論とよんだ。前者は、神的なものが真に存在するのは、世界がその絶対的全体性において一時に経験される場合にかぎる、と考える。ところが根本的経験論は、事物の絶対的な総計は、その形式では、現実には経験されたり、実現されたりすることがないかもしれないということ、散乱させられ、配分され不完全に統一された外見だけが、実在が今までに獲得した唯一の形式であること、をみとめる。」(『多元的宇宙』日本教文社、三四〜三五頁)

この一元論と多元論の形式は、「全体形」と「各個形」という形でも捉えられる、と言っている。つまり全体を実在として優先させるか、個々の生命を実在として優先させるか、という問題であり、ジェイムズは勿論、個々の生命の実在を優先させるわけだ。その上で、次のように言っている。

「絶対者の哲学は、洞察と理解がとどくかぎりにおいて、我々を神的なるものに対し、ほとんど二元論的な一神論と同じように、はなれたところにおいてしまうのである。私の信ずるところでは、根本的経験論は、これに反し、各個形を奉じ、神を単に個物の一つにすぎないものとするから、より高い程度の内在性を与えるのである。」(前掲書、三五頁)

全体よりも個を優先し、「各個形」の哲学を語るジェイムズを信頼するにしても、神が単に個物の一つとして百一番目の存在者であるというのでは、もし創造の原理と神的なものとを一体のものとして捉えたいとするなら、その思想がより高い程度の内在性を得ているとは言い難いはずだ。ヘーゲル流の汎神論において、もし「主体―実体」論が信じられるのなら、その方がより内在的であるという主張に対して、説得力を持つとは思えない。しかし人は創造の原理と実質的に一体であり、それを自己自身の所有物の中で最も内在的なものとして、捉えなければならない。創造の原理とは、決して神的なものと一体なのではない。それを直ちに一体のものと捉えるのがヨーロッパ哲学なのかも知れないのだが、私達はそのようには捉えないだろう。ジェイムズにおいても、それを神的なものと切り離して、単に創造の原理として捉えようとするためには、神に寄り添おうとする心を押し殺して、恰も無理矢理唯物論の立場に立たなければならないかのようだ。しかし創造の原理が神的なものに結びつくと、神による世界創造という、どの民族の歴史にも見出される、「神話」の物語が登場してしまう。しかし、創造の原理とは、日々生まれ出る心の営みの中のもの、その営みそのものであり、だから必然的に最も内在的なものであるはずだ。「根本的経験論」は本当はそれを捉えなければならなかったはずであり、また、捉え得たはずなのに、と私は思う。

神的なものに対しては、カントが最後まで、理論的見地におけるその証明の不可能という判断を守ったことを、最も心の深い、知的誠実に充ちた態度だと思う。理論的見地における、ということは、一個の主観が単にその主観の内で思いなすことは可能だが、他者と共にあるこの共存の世界において、それを客観的真理たり得るものとして主張し得る根拠は何もない、ということであり、この見解には、多くの人間が互いの他者としてあり得る、人間の共存の原理と、他者それ自体とが息づいている。

一元論的観念論の究極のものはヘーゲルの思想だから、ジェイムズは先のような分類に続けて、ヘーゲル批判の章を綴っている。ヘーゲル嫌いの人間には大変に理解しやすい批判なのだが、ヘーゲルをマルクスに繋がる哲学として捉える廣松のような人を、説得し得るもののようには思えなかった。廣松はフッサールには同情的だったが、ジェイムズについて語った文章は殆ど目にしないのだが。その批判の肝心の点は、ヘーゲルが生成における真の創造の原理たるべきものと、概念の領域とを全く混同して捉えているということと、絶対的で確実な真理を自分が語ろうという気持が強いために、弁証法の複雑な運動が捉えられている、ということだ。その弁証法の運動とは、——つまり、「AではなくBだ」と言っただけでは、この判断はまだ不安な立場にある。誰かが「BではなくAだ」と言うかもしれないからだ。だから自分の判断をより自己保存的なものとするためには、予め批判の契機を、つまり否定自体を内に含んでいなければならない。選択肢の残りの部分を自分の要素として既に含んでいるような選択肢は、「それ自身の他者」としてあり得、確実さと安心をもたらす。この批判はヘーゲルの論理学にふさわしいし、納得し得るものなのだが、ジェイムズ自身はヘーゲルが生成における創造の原理と概念の領域を混同していることを、「感覚から概念にうつることによって、全き真理をえることができると考えている」という問題に重点を置いて捉えている。しかし、ヘーゲルは、その弁証法の論理が、それ自体完全に生成における創造の原理と重なるものと考えたはずであり、——そのことをこそ彼は自ら言っているようにヘラクレイトスから引き出したはずだ——その創造の原理に対する解釈の方が、少なくとも私達にとっては重要だと思う。「感覚から概念にうつることによって全き真理を得る」などということは、仏教徒は元から考えていないから、その点で私達はジェイムズには親しみの感情を持つわけだが、批判としては改めて取り上げるに足るものとなり得ない。自己自身を完全なものとなす、弁証法の論理とその運動をジェイムズは定式化して見せているが、ヘーゲルは本当にそれを論理学としてのみでなく、生成そのものの原理として捉えたはずであり、そのことの方が問題だ。

そのヘーゲル主義を、マルクスが本当のところどのように解していたのか、定かには解らない。マルクスはあまりに早く、激しく歴史をかけ抜けている。少々暢気なエングルスは、あるいは策士(?)のエンゲルスは、そのことの方をヘーゲル哲学の真髄として捉えており、その論理学における観念性や概念的な装飾を取り去ってしまった後、なお残るヘーゲルの本質と考えている。一人の創造神によって創造された多くの個物が、その技によって動いていると考えることはできない。すべてのものは関係し、流動し、その営みの原理を基本的に自らの内に持ち、つまりそれが弁証法的な創造の原理であるとして、少なくともエンゲルスによって捉えられている。私達自身はもともと、一人の創造神によって創造された多くの個物が、その技によって動いている、などと考えていないからこそ、この途方もない弁証法的な創造の原理には全く納得できない。他の一切をそのものの内に含んでいると言い得る状態を、私達は考えることができるかも知れないが――カントなら、それを経験的意識が何と規定することができないと言うだろうが――その「有即無」と言うべき状態の中から、必ず一個の有であるものとして、つまり暖かい、具体的な、経験的意識となって生起したものが、この世界の現象であって、これらのすべての有であるものが、そこから互いにヘーゲルの言うような弁証法的な創造の原理を生きていくわけではない。「有即無」は、私達の生成の根源にあり、それを創造の原理として捉えることができないわけではなく、仏者はそのように捉えたかも知れない、と私達は考えることができると思うのだが、そこから互いに一個の有となったものが、その後、弁証法の論理を、カントの言う虚妄の弁証論としてではなく、ヘーゲルの言う生成における創造の原理それ自体として、生きていくことはできない。私達はいつでも有それ自体としてあり、そしてだからこそ他者と共にあることは、他者をその他在において受容し合うことなのだ。だからその一個の有である私達の意識は、いつか完全な真理となって、何かを成就することもできないだろう。少なくともヘーゲルの言うように、「現象が本質に等しくなって、意識の叙述はまさに精神の固有の学の立場と一致し、そして最後には、意識自身が精神としての己れの本質を把握して、意識そのものが絶対知自身の本性を示す」ということにはならない。互いに矛盾を抱えた、一個の有であるものは、その共存の中で、忍耐強く他者と共にあり、知的誠実、論理的誠実を追求していく以外にないはずだ。形式論理学を融通の利かないもの見本のように愚弄して、捨て去ることはできないし、主知主義と論理学が大嫌いなジェイムズに対してもーーその点も、私達にとっては親しみやすい、言わば馴じみの思想なのだがーー私達はそのように言わなければならないと思う。二元論を否定することも、論理学を否定することもできないのだ。

著者紹介

余語ルリ（よご　るり）

1949年　千葉県生まれ。

現住所　千葉県成田市寺台264。

カントが語り得たもの

——廣松渉の事的世界観に寄せて——

2000年1月11日　第1版第1刷発行001

発行者　編集工房INABA

発行所　信山社出版株式会社

〒113-0033　東京都文京区本郷6-2-9-102

電　話 03（3818）1019

FAX 03（3818）0344

印刷・製本／松澤印刷・文泉閣

ISBN4-7972-9016-1 C3010

(B200,200)9016-012